T0161136

TOPIQUES

ORGANON V

DU MÊME AUTEUR
À la même librairie

BIBLIOTHÈQUE DES TEXTES PHILOSOPHIQUES

Fondateur H. GOUHIER — Directeur J.-F. COURTINE

ARISTOTE

TOPIQUES

ORGANON V

Traduction et notes
par
J. TRICOT

PARIS
LIBRAIRIE PHILOSOPHIQUE J. VRIN
6, Place de la Sorbonne, V e
2012

© *Librairie Philosophique J. VRIN*, 1987

Imprimé en France

ISBN 978-2-7116-0019-9

www.vrin.fr

INTRODUCTION

Les huit livres composant les *Topiques*, d'un intérêt très inégal, ont pour objet l'étude de la Dialectique, considérée comme l'instrument de la connaissance probable. Ils contiennent surtout une collection de τόποι ou *lieux communs*, qu'on peut définir, avec la *Logique de Port-Royal* (3ᵉ partie, l. XVII), comme « certains chefs généraux auxquels on apporte toutes les preuves dont on se sert ». L'argumentation est ici profondément différente de la démonstration scientifique qui a été approfondie dans les *Premiers* et les *Seconds Analytiques* : le nécessaire fait place au probable, et la science à l'opinion ; la discussion ne tend pas à chercher et à découvrir la vérité elle-même, mais seulement à réduire loyalement un adversaire à l'impuissance et à l'aveu.

C'est dire que la composition des *Topiques* paraît être, dans son ensemble, antérieure à la rédaction des deux *Analytiques*, et se rattacher aux premiers traités de l'*Organon*. Les livres II à VII sont probablement les plus anciens et doivent venir immédiatement après les *Catégories*. La théorie de la science démonstrative y est encore ignorée, et le sens des termes n'a aucune rigueur technique : les mots συλλογισμός et συλλογίζεσθαι, par exemple, sont employés pour signifier le raisonnement en général et ne désignent nullement la déduction syllogistique telle qu'elle est définie au début des *Premiers Analytiques*. Au contraire, les réminiscences de la Dialectique platonicienne y abondent, témoin l'emploi fréquent du verbe μετέχειν. – Les livres I et VIII (ainsi que de courts passages des autres livres) sont assurément plus récents : mais, tout en faisant de fréquents appels à la théorie du syllogisme, ils ont été rédigés après les *Analytiques*. L'argumentation, en effet, continue à manquer de rigueur, et la terminologie est toujours aussi incertaine que dans les livres de la première période.

Tels sont, dans leur ensemble, les résultats auxquels on est parvenu pour fixer la chronologie des *Topiques*. Quant aux références assez nombreuses aux *Analytiques*, elles s'expliquent par des corrections ultérieures, des remaniements et des retouches partielles. Au reste, les *Analytiques* contiennent aussi des références aux *Topiques*, dont la doctrine se trouve parfois même expressément contredite.

On doit ainsi considérer les *Topiques* comme une œuvre de la jeunesse d'Aristote. La composition et la rédaction, à l'exception de certains passages manifestement revus, sont imparfaites et paraissent se ressentir de l'inexpérience de l'auteur. Contrairement à l'opinion de beaucoup d'interprètes anciens, la logique du probable n'est donc pas un complément de la logique du nécessaire ; elle n'est pas une seconde logique s'appliquant à un domaine où la vérité scientifique ne saurait être atteinte. Elle apparaît plutôt comme une sorte d'exercice préparatoire à la théorie de la démonstration et de la science, théorie qui, dans l'esprit d'Aristote, devait compléter la dialectique traditionnelle, telle que Platon, les Sophistes et lui-même l'avaient pratiquée.

L'authenticité de l'ensemble du traité est certaine; elle est prouvée notamment par les citations nombreuses de l'œuvre d'Aristote, dont on trouvera la liste dans l'*Index aristotelicus* (102 *a* 40). Des doutes ont été élevés sur certaines parties, et même sur le livre V tout entier, mais les raisons invoquées (voir surtout J. Pflug, *De Aristotelis Topicorum libro quinto dissertatio*, Leipzig, 1908) sont loin d'être décisives.

Nous avons réservé pour un dernier volume le *De Sophisticis Elenchis*, qui n'est en réalité qu'un appendice aux *Topiques*, dont il constitue le neuvième livre.

Jules Tricot

[N.d.É.] : Les références aux nouvelles éditions des textes de la *Métaphysique* – t. II, des *Catégories* et de l'*Interprétation* ont été ajoutées entre crochets, notées [2004, p. 20].

BIBLIOGRAPHIE

TEXTES

La présente traduction a été faite sur l'édition de I. Strache et M. Wallies, Leipzig (Bibl. Teubner), 1923, qui est, à l'heure actuelle, le meilleur texte que nous possédions. Toutefois, pour certains passages, indiqués en note, nous avons préféré les leçons de Waitz ou de Bekker : les références à cette dernière édition figurent en marge, selon l'usage [1].

COMMENTAIRES GRECS ET LATINS

ALEXANDRE D'APHRODISE, *In Aristotelis Topicorum libros octo Commentaria*, M. Wallies (éd.), Berlin, 1891 (Coll. Ac. Berol., II, 2).

---

1. Nous signalons, à ce propos, que l'édition de Bekker contient, pages 153 *sq.*, une erreur de numérotation que nous avons dû rectifier.

PACIUS J., *Aristotelis… Organum*, Morgiis, 1584, texte, traduction et notes marginales (désigné par « I » dans nos notes).

– *In Porphyrii Isagogen et Aristotelis Organum commentarium*, Aureliae Allobrogum, 1605 (désigné par « II » dans nos notes).

MAURUS Sylvester, *Aristotelis Opera…*, tomus I, Rome, 1668.

WAITZ Th., *Aristotelis Organon Graece*, Leipzig, 1844-1846, 2 vol.

PRINCIPAUX OUVRAGES CONSULTÉS

Nous renvoyons à la Bibliographie des volumes précédents. Nous avons utilisé, en outre, la traduction anglaise de Pickard-Cambridge, dans *The Works of Aristotle*, Oxford, I, 1928.

TOPIQUES

LIVRE I

1
< Plan général du Traité >

Le but de ce traité[1] est de trouver une méthode qui nous 100 a 18
mette en mesure d'argumenter sur tout problème proposé,
en partant de prémisses probables, et d'éviter, quand nous 20
soutenons un argument[2], de rien dire nous-mêmes qui y soit
contraire. Il nous faut donc indiquer d'abord ce que c'est qu'un
syllogisme et quelles sont ses variétés, de façon à saisir ce
qu'est le syllogisme dialectique, car c'est lui qui sera l'objet
de notre investigation dans le présent traité.

---

1. Sur la dialectique d'Aristote et ses différences avec celles de Platon,
cf. Hamelin, *Le système d'Aristote*, p. 226 *sq.*; A. Lalande, *Vocabulaire
philosophique*, t. 1, p. 160-161. On trouvera aussi, à ces mêmes références,
d'intéressantes précisions sur les domaines propres de l'Analytique et de la
Dialectique.

2. Quand on joue le rôle de *répondant*, et non plus de *questionneur*.

25   Le *syllogisme*[1] est un discours dans lequel, certaines
choses étant posées, une autre chose différente d'elles en
résulte nécessairement, par les choses mêmes qui sont posées.
– C'est une *démonstration*[2] quand le syllogisme part de prémisses vraies et premières, ou encore de prémisses telles que la
connaissance que nous en avons prend elle-même son origine
30 dans des prémisses premières et vraies[3]. – Est *dialectique* le
syllogisme qui conclut de prémisses probables[4]. – Sont *vraies*
100 b 18 et *premières* les choses qui tirent leur certitude, non pas
d'autres choses, mais d'elles-mêmes : car on ne doit pas, pour
les principes de la science, avoir à en rechercher le pourquoi,
20 mais chacun de ces principes doit être par soi-même certain[5].
– Sont *probables* les opinions qui sont reçues par tous les
hommes, ou par la plupart d'entre eux, ou par les sages, et,
parmi ces derniers, soit par tous, soit par la plupart, soit enfin
par les plus notables et les plus illustres. – Est *éristique*[6] le

---

1. Définition du syllogisme, déjà donnée dans *Anal. prior*, I, 1, 24 *b* 18.
Aristote va ensuite définir les différentes sortes de syllogismes.

2. Cf. *Anal. post.*, I, 2, 71 *b* 16.

3. La démonstration, au sens large, renferme non seulement les démonstrations à prémisses immédiates, mais encore les démonstrations dérivées
et subordonnées aux premières. *Cf.* Alexandre, 15, 28 : εἰ διὰ τοιούτων εἴη
δεικνύμενόν τε καὶ συλλογιζόμενον τὸ προκείμενον, οἷς ἀρχαί τε καὶ
αἴτια τῆς γνώσεως τὰ ἀληθῆ τε καὶ πρῶτα.

4. Ainsi, tout en n'étant pas la recherche de la vérité (ce qui est du ressort de
l'Analytique), la Dialectique participe de la vérité en ce qu'elle raisonne *recte* et
en ce que ses premisses sont probables.

5. Autrement dit, les principes sont indémontrables : cf. *Anal. post.*, I, 10,
76 *a* 31, et Trendel., *Elementa*, p. 138. – L. 19, ἐπιστημονικαῖς = ἀπο-
δεικτικαῖς, car la science ne s'acquiert que par la démonstration (*Anal. post.*,
II, 19, 100 *b* 10).

6. Le syllogisme *contentiosus* ou *sophisticus* (sur une légère différence
entre ces deux sortes de syllogismes, cf. *de Soph. Elench.*, 11, 171 *b* 25) est de

syllogisme qui part d'opinions qui, tout en paraissant probables, en réalité ne le sont pas ; et encore, le syllogisme qui ne
conclut qu'en apparence d'opinions probables ou paraissant **25**
probables : en effet, tout ce qui paraît probable n'est pas
probable, car rien de ce qui est dit probable ne présente au
premier coup d'œil un caractère certain de fausseté [1], comme
c'est le cas pour les principes des arguments éristiques, où
c'est immédiatement que se révèle la nature de la fausseté, et
cela, la plupart du temps, même pour des esprits doués d'une **30**
médiocre compréhension. Ainsi donc, des syllogismes éris- **101 a**
tiques dont nous venons de parler, appelons le premier *syllogisme* aussi, mais appelons l'autre *syllogisme éristique* et non
pas simplement *syllogisme*, puisque c'est seulement en apparence qu'il conclut, alors qu'en réalité il ne conclut pas.

De plus, outre tous les syllogismes que nous avons **5**
mentionnés, il y a encore les *paralogismes* [2], qui se forment de
prémisses propres à des sciences déterminées, comme c'est le
cas pour la Géométrie et les sciences du même genre qu'elle.
En effet, cette forme de raisonnement semble différer des
syllogismes précédemment indiqués. Celui qui, par exemple,
trace des figures fausses ne conclut ni à partir de prémisses **10**
vraies et premières, ni à partir de prémisses probables : il ne

---

deux espèces : l'une conclut correctement de prémisses, probables seulement
en apparence, l'autre ne conclut pas correctement de prémisses soit probables,
soit probables seulement en apparence. Voir aussi *de Soph. Elench.*, chap. 2.

1. L. 27, ἐπιπόλαιον ἔχει παντελῶς τὴν φαντασίαν = εὐθὺς
φαίνεται ψευδές (Bonitz, *Index arist.*, 811 b 3). Voir aussi Waitz, II, 440, et
ses références sur le sens de φαντασία.

2. Cf. *Anal. post.*, I, 12, 77 b 16, sur le syllogisme ἀγεωμέτρητος qui
n'emploie pas correctement les principes propres de la Géométrie.

tombe pas sous notre définition[1], puisqu'il n'assume pas des propositions reçues soit par tous les hommes, soit par la plupart, soit par les sages, et, parmi ces derniers, soit par eux tous, soit par la plupart, soit par les plus illustres; mais il effectue son syllogisme à partir de propositions qui, bien que
15 propres à la science en question, ne sont pas vraies. C'est, en effet, soit en traçant des demi-cercles autrement qu'il ne faut, soit en tirant certaines lignes comme elles ne doivent pas être tirées, qu'il fait son paralogisme[2].

Admettons donc, pour nous tenir dans les limites d'une simple esquisse, que les différentes espèces de syllogismes sont bien celles que nous avons indiquées. D'une façon générale, en ce qui concerne à la fois tous les syllogismes dont nous avons parlé et ceux dont nous parlerons par la suite, nous
20 pouvons arrêter là nos distinctions. Notre dessein n'est pas, en effet, de donner une définition rigoureuse de chacun d'eux. Nous ne voulons en faire qu'une description sommaire, et nous estimons qu'il est tout à fait suffisant, pour la méthode que nous avons adoptée, d'être capable de reconnaître d'une manière quelconque chacun d'eux.

---

1. Notre définition des syllogismes démonstratif, dialectique et éristique. – L. 14, λήμματα a le sens de θέσεις (cf. *Anal. post.*, I, 2, 72 *a* 15), ou, plus simplement (*cf.* Alexandre, 23, 21; Bonitz, *Index arist.*, 430 *a* 22) de προτάσεις.
2. *Cf.* les développements d'Alexandre, 23, 25 *sq.*

2

< Utilité de la Dialectique >

À la suite de ces remarques, nous devons dire le nombre **25** et la nature des avantages qu'on peut retirer de ce traité. – Il est utile de trois façons : comme exercice, dans les rencontres journalières[1], et pour les sciences philosophiques. Qu'il soit utile comme exercice, cela va de soi : la possession de cette méthode nous rendra plus capable d'argumenter sur le sujet proposé[2]. – Il est utile aussi dans les rencontres journalières, **30** car, une fois que nous aurons fait l'inventaire des opinions du vulgaire[3], nous pourrons nous rencontrer avec lui sur le terrain de ses propres opinions[4], et non pas d'opinions qui lui sont étrangères, et nous écartons tout argument de sa part qui ne nous paraîtrait pas bien fondé. – Pour ce qui est enfin de l'étude des sciences philosophiques[5], la possibilité

---

1. Cf. *Métaph.*, Γ, 5, 1009 *a* 17 ; *Rhét.*, I, 1, 1355 *a* 29. – Ἔντευξις signifie exactement *la discussion avec le premier venu*, au hasard de la rencontre, c'est une πρὸς τοὺς πολλοὺς συνουσία (Alexandre, 28, 2), une conversation d'honnêtes gens, où les arguments apodictiques ne seraient pas compris et où il faut se contenter du probable.

2. Surtout à une époque où, comme le remarque Alexandre, 27, 13, les livres étaient rares et où toutes les discussions étaient verbales, procédant par des arguments pour ou contre (κατασκευάζοντές τε καὶ ἀνασκευάζοντες... τὸ κείμενον, Alexandre, 27, 16), appuyés uniquement sur des opinions probables. À la γυμνασία, Aristote rattache la πεῖρα, l'*examen* (cf. *infra*, VIII, 5, *init.*, et 11, 161 *a* 25).

3. Qui nous sont ainsi devenues familières.

4. L. 32, δόγμα est synonyme de δόξα (Bonitz, *Index arist.*, 202 *b* 56).

5. En vue de la découverte et de la connaissance de la vérité (Alexandre, 28, 24).

35 d'apporter aux problèmes [1] des arguments dans les deux sens [2] nous fera découvrir plus facilement la vérité et l'erreur dans chaque cas. – Autre avantage encore [3], en ce qui regarde les principes premiers de chaque science : il est, en effet, impossible de raisonner sur eux en se fondant sur des principes qui sont propres à la science en question, puisque les principes

101 b sont les éléments premiers de tout le reste ; c'est seulement au moyen des opinions probables qui concernent chacun d'eux qu'il faut nécessairement les expliquer. Or c'est là l'office propre, ou le plus approprié, de la Dialectique : car en raison de

---

1. Cf. *infra*, VI, 6, 145 *b* 17, et *Métaph.*, B. – « L'ἀπορία, dit Hamelin, est la mise en présence de deux opinions contraires et également raisonnées, en réponse à une même question », *Le système d'Aristote*, p. 233. Développer l'aporie, c'est διαπορῆσαι ; la résoudre, c'est εὐπορῆσαι. La méthode *diaporématique* est très employée par Aristote. C'est ainsi que le livre B de la *Métaphysique* pose des problèmes qui seront résolus dans les livres suivants.

2. À la fois pour et contre. – δυνάμενοι, explique Alexandre, 28, 26, τὰ πιθανὰ πρὸς τὰ ἀντικείμενα. Et Alexandre donne l'exemple du juge qui connaît le juste après avoir entendu les parties. *Cf.* aussi le *Parménide* de Platon, 135 *d*, dont les correspondances avec les *Topiques* ont été soulignées par H. Maier, *Die Syll. der arist.*, II, 2, p. 51, note 1.

3. Quatrième unité de la Dialectique, qui est d'ailleurs une subdivision de la troisième (Alexandre, 29, 19). La Dialectique aide à découvrir les principes des sciences, qui ne peuvent être connus par les principes spéciaux de chaque discipline, puisque les principes sont logiquement antérieurs à tout le reste. On ne peut raisonner sur les principes qu'en se servant de la Dialectique (voir, par exemple, *Métaph.*, Γ, 4, où Aristote établit ἐλεγκτικῶς, le principe de contradiction). – L. 37, c'est avec raison, croyons-nous, que W. A. Pickard-Cambridge propose de supprimer ἀρχῶν, conformément à la leçon de certains manuscrits Même si, avec Bekker et Waitz, on maintient ἀρχῶν, il faut traduire, comme le fait Pacius, I, 552, *prima cujusque scientiae principia* (« ceux des principes qui sont premiers », génitif partitif), et non pas « les éléments premiers des principes », ce qui est compliquer inutilement la pensée d'Aristote.

sa nature investigatrice [1], elle nous ouvre la route aux principes de toutes les recherches [2].

3
< L'habileté dialectique >

Nous posséderons parfaitement la méthode, quand nous [5] serons à son égard dans la position où nous sommes à l'égard de la Rhétorique, de la Médecine et des autres capacités [3] de ce genre, c'est-à-dire être capable d'accomplir, à l'aide des possibilités dont on dispose, la fin proposée. Car ce n'est pas n'importe comment que le rhétoricien persuadera ou que le médecin guérira ; mais s'il n'a négligé aucune des possibilités qui s'offrent à lui, nous dirons qu'il possède sa science d'une [10] façon adéquate.

4
< Généralités sur les éléments du raisonnement dialectique >

Nous devons d'abord considérer de quelles parties notre méthode est constituée. Si nous arrivions à appréhender, d'une part, le nombre et la nature des choses [4] auxquelles s'appliquent les raisonnements dialectiques, ainsi que les éléments

---

1. L. 3, ἐξεταστικὴ = ζητητικὴ καὶ ἐπιχειρηματική (Alexandre, 32, 9-10).

2. Sans avoir elle-même aucun objet déterminé.

3. La Dialectique est δύναμις, un art qui se perfectionne par l'action. – *Cf.* Waitz, II, 433 : *neque orator quodcumque vult auditoribus persuadere, neque medicus omnem morbum sanare potest* (il est seulement tenu de faire tout son possible pour guérir, et non de guérir, remarque Alexandre, 33, 1) *sed uterque artem suam optime callet, si consideratis omnibus quae pro re nata et pro tempore fieri possint nihil negligat quod ad finem propositum conducat.*

4. Les problèmes ou conclusions (Alexandre, 34, 24).

dont ils partent[1], et, d'autre part, la façon dont nous pouvons nous en procurer en abondance, nous aurions suffisamment rempli la fin que nous nous sommes proposée.

Les éléments à partir desquels les arguments dialectiques sont constitués sont numériquement égaux et sont identiques
15 à ceux qui servent de sujets au raisonnement[2]. En effet, les arguments dialectiques viennent de propositions, tandis que les sujets des syllogismes sont des problèmes. Or toute proposition comme tout problème expriment soit le propre, soit le genre, soit l'accident[3], car la différence aussi, étant donné qu'elle est de la nature du genre, doit être mise sur le même rang que le genre[4]. Puisque, d'autre part, le propre tantôt signifie la quiddité de la chose, et tantôt ne la signifie pas,
20 divisons le propre en ces deux parties que nous venons

---

1. Les propositions (Alexandre, 34, 27), ou, plus exactement, les *lieux* dialectiques. *Cf.* Pacius, II, 353 : *resolvit* [Aristote] *disputationem in propositiones, ex quibus disseritur, et problemata, de quibus disseritur. Rursus resolvit tam propositiones quam problemata in genus, definitionem, proprium et accidens.*

2. Les problèmes sont égaux aux propositions. *Cf.* Alexandre, 37, 15 *sq.*; Sylvius Maurus, I, 424 : *Rationes dialecticae constant ex propositionibus et versantur circa problemata. Propositiones et problemata quaerunt vel declarant de subjecto aliquod praedicatum, adeoque versantur circa praedicata, tanquam circa propriam materiam, et diversificantur secundum diversitatem praedicotorum : ergo totidem sunt et eadem sunt genera propositionum et problemata desumpta ex generibus praedicatorum.*

3. Ce sont là les prédicats généraux (*voces, modi praedicandi*) de la Dialectique. – Aristote ne fait pas mention de l'*espèce*, car il la considère comme étant non pas un prédicat, mais le sujet lui-même (*contra*, Porphyre, *Isagoge*, I. – Sur les rapports entre la classification d'Aristote et celle de Porphyre, *cf.* H. W. Joseph, *Introd. to Logic*, chap. IV, Oxford, 1906).

4. La différence n'est pas, en effet, séparable du genre, mais *cum ejus natura ita conjuncta sit, ut qui de genere quaestionem instituat differentiam simul non contemplari non possit* (Waitz, II, 443).

d'indiquer : l'une, celle qui signifie la quiddité, sera appelée *définition*, et l'autre restera appelée *propre*, du nom couramment donné à ces notions. – Ce que nous venons de dire montre donc bien que, selon notre présente division, les éléments obtenus sont en tout au nombre de quatre : la définition, le propre, le genre et l'accident. Qu'on ne suppose pas d'ailleurs 25 que nous disions que chacun d'eux, pris en soi, constitue à lui seul une proposition ou un problème[1] : nous voulons dire que c'est de ces notions que partent les problèmes et les propositions. – La différence entre le problème et la proposition tient surtout à la tournure de la phrase[2]. Si on dit, par exemple : *Animal-pédestre-bipède est la définition de l'homme, n'est-ce* 30 *pas ?* ou : *Animal est le genre de l'homme, n'est-ce pas ?* on obtient une proposition ; si, par contre, on dit : *Est-ce que animal-pédestre-bipède est, ou non, la définition de l'homme ?* c'est là un problème. Et de même pour toutes les autres notions[3]. Il en résulte tout naturellement que les problèmes et les propositions sont en nombre égal, puisque de toute 35

1. En elle-même, la notion ne constitue ni une proposition, ni un problème (Alexandre, 39, 25), mais, dans toute proposition et dans tout problème, il s'agit de l'une de ces quatre notions.

2. Dans le cas de la proposition (ἆρά γε, interrogation simple, attendant une réponse affirmative), on prend parti dans un sens déterminé, soit pour l'affirmation, soit pour la négation (Alexandre, 40, 13. *Cf.* aussi *Anal. prior*, I, 1, 24 *a* 22-*b* 15, p. 3 et p. 4 et notes de notre traduction) ; dans le cas du problème (πότερον, interrogation double, *utrum*), on pose véritablement une question à l'adversaire, c'est une ἐρώτησις ἀντιφάσεως. En somme, la forme interrogative n'a qu'une importance secondaire dans le cas de la proposition.

L. 33, il est bien inutile d'ajouter, avec Pacius et Bekker (qui suivent la leçon d'un seul manuscrit), καὶ πότερον τὸ ξῷον γένος ἐστίν ;

3. Savoir, le propre et l'accident, car les exemples qui précèdent appartiennent à la définition et au genre (Alexandre, 41, 12).

proposition on peut faire un problème [1], en changeant simplement la tournure de la phrase.

5

< Étude spéciale des éléments dialectiques >

Nous avons à dire maintenant ce qu'est la définition, le propre, le genre et l'accident.

La *définition* est un discours qui exprime la quiddité de la chose. Or on peut la rendre dans la forme soit d'un discours qui tient la place du terme, soit d'un discours qui tient la place

102 *a* du discours, car certaines choses signifiées par un discours peuvent aussi être définies [2]. Mais quand, de quelque façon que ce soit, on rend la chose à définir par un seul terme [3], il est évident que ce n'est pas là donner la définition de la chose, attendu qu'une définition est toujours un discours d'une

5 certaine espèce. Le caractère de définition doit cependant être reconnu dans des cas comme *le convenable est beau*, ou encore comme dans la question : *La sensation et la science sont-elles une seule et même chose, ou quelque chose de différent ?* car, dans les définitions, c'est surtout d'une question d'identité ou de différence dont on s'occupe [4]. En un mot, nous pouvons

---

1. Et réciproquement.

2. Le défini peut être soit un simple terme que la définition développe, soit même une proposition que la définition explique par une autre proposition. – Sur le sens du verbe ἀποδιδόναι, cf. *Catég.*, 1, 1 *a* 4, note de notre traduction, p. 1 [2004, p. 7]. – Aristote traite de la définition, *infra*, I, 6.

3. Et non par un λόγος.

4. Les questions *de eodem* et *de diverso* se ramènent au problème de la définition. *Cf.* Alexandre, 44, 14 *sq.*, et Waitz, II, 444 : *ad definitionis quaestionem pertinent de quibuscumque ambigitur utrum eadem sint an*

accorder le caractère de définition à tout ce qui tombe sous le
même ordre de recherche que les définitions [1]. Or que tous les 10
exemples que nous venons de prendre possèdent bien ce caractère, cela est de soi évident. En effet, si nous sommes capables
d'établir dans la discussion que deux choses sont identiques ou
différentes, nous serons aussi capables de la même façon de
trouver en abondance des arguments en vue des définitions [2] :
c'est ainsi que, une fois que nous avons montré que les choses
ne sont pas identiques, nous aurons détruit la définition.
Remarquons pourtant qu'il n'y a pas réciprocité pour la règle
que nous venons de poser, car il ne suffit pas, pour constituer la 15
définition, de démontrer l'identité des deux choses [3], tandis
que, pour détruire la définition, il sufiit de démontrer que cette
identité n'est pas.

Le *propre*, c'est ce qui, tout en n'exprimant pas la quiddité
de la chose, appartient pourtant à cette chose seule et peut se
réciproquer avec elle [4]. Par exemple, c'est une propriété de
l'homme d'être susceptible d'apprendre la grammaire : car si 20

---

*diversa, nam qui definit is definitionem idem exprimere contendit quod res
definienda.*

   1. *Cf.* Alexandre, 44, 19 : πάντα δὲ τὰ ἐν οἷς ἡ ξήτησις πότερον ταὐτὰ
ἢ οὐ ταὐτά ἐστιν ἀλλήλοις, ὑπὸ τήν περὶ ὁρισμῶν μεθοδόν ἐστιν.

   2. *Cf.* Sylvius Maurus, I, 425 : *Qui abundat argumentis ad probandum
quod aliquid sit idem vel diversum, abundat etiam argumentis ad probandum
quod aliquid sit definitio, vel non sit definitio.*

   3. Par exemple, ἱμάτιον est identique à λωπίον : il n'en est pourtant pas la
définition.

   4. Le propre, comme la définition, appartient au seul défini (μόνῳ), et à
tout le défini (παντί), mais n'exprime pas son essence ; ce qu'il exprime, c'est
seulement une διάθεσις de la chose (Alexandre, 45, 15 *sq.*). – Sur le propre,
d'après Aristote et Porphyre, cf. *Vocab. philos.*, II, p. 640-642 et l'intéressante
note de Robin. – Aristote traitera du propre, *infra*, livre V.

A est homme, il est capable d'apprendre la grammaire, et s'il est capable d'apprendre la grammaire, il est homme. En effet, on n'appelle jamais propre ce qui peut appartenir à une autre chose, par exemple *dormir* dans le cas de l'homme, même s'il se trouve en fait que, pour quelque temps, cet attribut lui appartient à lui seul. Si donc une détermination de ce genre peut être appelée un propre, on l'appellera propre non pas au 25 sens absolu, mais en un sens temporaire ou relatif. En effet, *être à droite* est un propre en un sens temporaire, tandis que *bipède* est, en fait, appelé propre en un sens relatif : pour l'homme, par exemple, c'est par relation au cheval et au chien. Mais que rien de ce qui peut appartenir aussi à quelque autre chose que le sujet ne puisse se réciproquer avec lui, c'est là une chose évidente, car il ne suit pas nécessairement que, si un être 30 dort, il soit un homme.

Le *genre*[1] est ce qui est attribué essentiellement à des choses multiples et différant spécifiquement entre elles. Et on doit considérer comme prédicats essentiels tous les termes d'une nature telle qu'ils répondent d'une façon appropriée à la question : *Qu'est-ce que le sujet qui est devant vous ?* Par exemple, dans le cas de l'homme, si on demande ce qu'il est, 35 la réponse appropriée est que c'est un animal. La question : *Est-ce qu'une chose rentre dans le même genre qu'une autre ou dans un genre différent ?* est aussi une question qui concerne le genre, car une telle question tombe sous le même ordre de recherche que le genre : ayant montré, dans la discussion, que l'animal est le genre de l'homme, et pareillement

----

1. Cf. *infra*, livre IV.

aussi du bœuf, nous aurons montré que l'un et l'autre rentrent
dans le même genre, tandis que si nous montrons que l'animal 102 *b*
est le genre de l'un et n'est pas le genre de l'autre, nous aurons
montré que ces choses ne sont pas dans le même genre.

L'accident[1] est ce qui, n'étant rien de tout cela, c'est-à-dire
ni définition, ni propre, ni genre, appartient cependant à la
chose; ou encore, c'est ce qui peut appartenir ou ne pas appar- 5
tenir à une seule et même chose, quelle qu'elle soit : comme,
par exemple, *être assis* peut appartenir ou ne pas appartenir à
un même être déterminé, et, de même encore, *blanc*, car rien
n'empêche que la même chose soit tantôt blanche, et tantôt
non-blanche. De ces deux définitions de l'accident, la seconde
est la meilleure : car, en adoptant la première, il faut néces- 10
sairement, si on veut la comprendre, connaître déjà ce qu'est
la définition, le propre et le genre, tandis que la seconde se
suffit à elle-même pour nous faire connaître ce qu'est en soi
le terme en question. – On peut rattacher aussi à l'accident
toutes les comparaisons des choses entre elles; de quelque 15
façon qu'elles se produisent, elles sont dites provenir de l'accident[2]. C'est le cas, par exemple, pour les questions : *Est-ce le
beau ou l'utile qui est préférable ?* et : *Est-ce la vie selon la
vertu ou la vie selon la jouissance qui est la plus agréable ?* et
pour tout autre problème pouvant se trouver énoncé d'une

---

1. Sur l'accident, *cf.* livres II et III.

2. Nous comprenons ce dernier membre de phrase comme Alexandre, 52,
9 : ὅπως γὰρ ἂν αἱ συγκρίσεις γίνωνται, ἀπὸ τοῦ συμβεβηκότος λέγον-
ται. *Cf.* aussi Waitz, II, 445 : *ad quaestiones de accidente accedunt etiam eae
quaestiones per quas inter se comparantur gradus eorum quae aliis accidunt.*
Le plus et le moins relèvent ainsi de l'accident (Alexandre, 51, 23), et non du
genre, de la définition ou du propre.

façon à peu près semblable. Car, dans tous les cas de ce genre,
ce qu'on demande c'est : *Auquel des deux termes le prédicat en*
20 *question se trouve-t-il[1] s'appliquer davantage ?* – Il est de soi
évident que rien n'empêche l'accident de devenir un propre
temporaire ou relatif : ainsi, *être assis*, qui est un accident,
peut, quand un homme est seul assis, être un propre temporaire, tandis que si l'homme n'est pas seul assis, ce sera aussi
un propre relatif, par rapport à ceux qui ne sont pas assis[2]. Rien
ne s'oppose donc à ce que l'accident devienne un propre relatif
25 ou un propre temporaire ; par contre, au sens absolu, ce ne sera
pas un propre.

6
< *L'étude des Prédicables* >

Ne manquons pas d'observer que tout ce qui a trait au
propre, au genre et à l'accident, peut s'appliquer aussi bien aux
définitions[3]. En effet, une fois que nous aurons montré que
l'attribut en question n'appartient pas au seul terme qui tombe
30 sous la définition[4] (comme on le fait aussi d'ailleurs dans le
cas du propre)[5], ou que le genre assigné dans la définition n'est
pas en réalité le genre, ou que l'un des éléments mentionnés

---

1. *Accidit.*
2. Sur la nécessité de maintenir la négation μή, l. 23, *cf.* Waitz, II, 445.
3. La raisonnement d'Aristote est le suivant. Les arguments qui détruisent
le propre, le genre et l'accident (δι᾽ ὧν γὰρ ἕκαστον τούτων ἔστι καὶ τὸν
ὁρισμὸν ἀνελεῖν, Alexandre, 54, 2 *sq.*) détruisant aussi la définition, on
pourrait en conclure que le propre, le genre et l'accident sont des sortes
de définitions.
4. *Non soli definitio* (Pacius, I, 557).
5. *Proprium enim evertitur si ostendatur non soli inesse* (Pacius, *ibid.*).

dans la définition n'appartient pas au défini (ce qu'on peut
remarquer aussi pour l'accident)[1], nous aurons détruit la définition elle-même; de sorte que, suivant l'explication que nous
avons donnée antérieurement[2], toutes les notions que nous
avons énumérées pourraient, en un certain sens, être de la
nature de la définition.

Mais il ne faut pas pour cela espérer de découvrir une **35**
méthode unique qui s'appliquerait universellement à toutes
ces notions[3]; car c'est là une chose qu'il n'est pas facile de
trouver, et, même si on la trouvait, cette méthode serait d'une
obscurité complète et d'un faible secours pour notre présente
étude. Au contraire, si on assigne une méthode propre à chacun
des genres que nous avons distingués[4], alors, en partant des
règles appropriées à chaque notion, il sera peut-être plus facile
d'explorer notre sujet. – Ainsi donc, comme nous l'avons dit **103 a**
plus haut[5], nous devons nous borner à une division schéma-
tique; quant aux autres questions, il faut les rattacher, chacune
à la question qui lui convient le plus naturellement, en parlant
d'elles comme de questions se rapportant à la définition et au

---

1. *Ad evertendum accidens* (Pacius, I, 557).

2. 5, 102 *a* 9 (*Cf.* Alexandre, 54, 20).

3. Il faut étudier à part chacun des quatre prédicables, et ne pas ramener
toute discussion à la seule question de la définition, comme l'a tenté
Théophraste, au dire d'Alexandre, 55, 24. C'est que, explique Pacius, II, 355,
*non omnes loci sunt communes; sed nonnulli quorundam attributorum, quidam
unius attributi speciales et proprii sunt.*

4. Savoir, la définition, le propre, le genre et l'accident.

5. 1, 101 *a* 22.

genre[1]. Les questions dont je parle ici ont d'ailleurs déjà été
5 pratiquement rattachées à leurs différents chefs.

7
< Différentes sortes d'identités >

Avant tout, il nous faut définir en combien de sens est pris
le terme *identique*[2].

On pourrait penser que l'identique, pour nous en tenir à
un simple aperçu, se divise en trois espèces : nous entendons
d'ordinaire par identité, une identité soit numérique, soit spécifique, soit générique. – L'identité est *numérique* dans les cas
ou il y a plusieurs dénominations, mais seulement une seule
10 chose : par exemple, *vêtement* et *manteau*[3]. Elle est *spécifique*,
quand il y a plusieurs choses ne présentant aucune différence
selon l'espèce : par exemple, un homme est identique à un
homme, un cheval à un cheval, car les choses de cette nature
qui tombent sous la même espèce sont appelées identiques par
l'espèce. De même encore, sont identiques *génériquement* les
choses qui tombent sous le même genre, telles qu'un cheval et
un homme. – On pourrait croire que le sens dans lequel l'eau

---

1. *Cf.* Waitz, II, 445 : *E reliquis, h. e. ex iis autem quae capitibus vel generibus quae proposuimus*, 101 *b* 25, (ὅρον *dicit*, ἴδιον, γένος, συμβεβηκός) *non
subjecta sunt, sed ab iis aliena videntur, singula, pro ut cum unoquoque capite
maxime cognata sunt, singulis adjicienda sunt*. La question des différences, par
exemple, sera rattachée à la question du genre, celle de la comparaison à celle de
l'accident (Alexandre, 57, 10-14).

2. Cf. *Métaph.*, Δ, 9, 1017 *b* 27-1018 *a* 11. – Sur la liaison de ce chapitre
avec les précédents et les suivants, *cf.* Alexandre, 57, 17 et *sq.*, et Pacius, II, 355.
On peut se reporter notamment *supra* 5, 102 *a* 6.

3. Exemple usuel chez Aristote. Voir notamment *Phys.*, I, 2, 185 *b* 20, et le
commentaire de Ross, p. 469 (Oxford, 1938); *Métaph.*, Γ, 4, 1006 *b* 25.

provenant de la même source est appelée *la même eau* est 15
quelque peu différent des sens précédents. Mais, en réalité, une
identité de cette sorte doit être rangée dans la même classe que
les choses qui sont, d'une façon ou d'une autre, appelées identiques en raison de l'unité de l'espèce, car de pareilles choses
sont toutes, semble-t-il bien, de la même famille, et très voisines les unes des autres, Toute eau, en effet, est dite spécifiquement identique à toute autre eau du fait de posséder une
certaine similitude avec elle, et la seule différence, dans le 20
cas de l'eau provenant de la même source, c'est de rendre
cette similitude plus forte encore[1]. Voilà pourquoi nous ne
la mettons pas à part des choses qui, d'une façon ou d'une
autre, sont appelées identiques en raison de l'unité de l'espèce.

On admet généralement que le terme *identique* est de
préférence usité au sens courant d'identité numérique. Mais,
même ainsi, il est apte d'ordinaire à revêtir plusieurs sens. En 25
son sens fondamental et premier, c'est quand l'identité est
rendue par un nom ou par une définition : par exemple, lorsque
manteau est identifié à *élement*, et *animal-pédestre-bipède*, à
homme. Un second sens, c'est quand l'identité est rendue par le
propre : par exemple, quand ce qui est susceptible de recevoir
la science est identifié à l'homme, et ce qui se porte d'un mouvement naturel vers le haut, au feu. Un troisième sens enfin,
c'est quand l'identité se tire de l'accident : par exemple, quand 30
ce qui est assis ou musicien est identifié à Socrate. Dans tous
ces cas, en effet, ce qu'on veut signifier, c'est l'unité numérique. – Que les remarques qui précèdent soient vraies, on

---

1. Du fait de la communauté d'origine.

pourra surtout s'en convaincre dans les cas où une appellation est substituée à une autre. Car souvent, quand nous commandons, par exemple, d'appeler l'une des personnes qui sont assises, en la désignant par son nom, nous changeons cette
35 désignation toutes les fois que la personne à laquelle nous donnons l'ordre se trouve n'avoir pas compris, et, dans la pensée qu'elle nous comprendra mieux si nous partons d'un caractère accidentel, nous lui ordonnons d'appeler *l'homme qui est assis ou qui discute*. C'est qu'évidemment nous supposons nous-mêmes que c'est la même chose que de signifier soit par le nom, soit par l'accident.

8

< Les différentes preuves des Prédicables >

103 b   Ainsi le terme *identique*, comme nous l'avons dit[1], présente trois sens distincts.

Que les éléments que nous avons indiqués plus haut[2] soient ceux à partir desquels les arguments dialectiques sont constitués, par lesquels ils procèdent et auxquels ils s'appliquent, une première façon de s'en convaincre, c'est par l'induction[3]. Si, en effet, on examine une par une les propo-
5 sitions et les questions, on verra que chacune d'elles vient soit de la définition d'une chose, soit du propre, soit du genre, soit

---

1. 7, *a* 7.
2. Savoir, la définition, le propre, le genre et l'accident. Antérieurement, 4, 101 *b* 26, Aristote a montré que propositions et problèmes dialectiques sont constitués à partir de ces notions. – Comme le remarque Alexandre, 62, 2, ἐκ et διά, l. 2, se rapportent aux propositions, et πρός aux problèmes.
3. Par l'examen des cas particuliers.

de l'accident. – Une autre façon de s'en convaincre, c'est par le raisonnement[1]. En effet, tout prédicat d'un sujet est nécessairement soit réciprocable, soit non-réciprocable avec la chose. Et s'il est réciprocable, ce sera ou sa définition ou son propre : sa définition s'il exprime la quiddité, son propre 10 s'il ne l'exprime pas, car, avons-nous dit, un propre c'est ce qui se réciproque avec la chose sans pourtant en exprimer la quiddité. Si, au, contraire, le prédicat ne se réciproque pas avec la chose, il est ou il n'est pas l'un des termes contenus dans la définition du sujet ; et s'il est l'un des termes compris dans la définition, il sera un genre ou une différence, puisque la défi- 15 nition est composée du genre et des différences, tandis que, s'il n'est pas l'un des termes compris dans la définition, il sera évidemment un accident, puisque nous avons appelé accident ce qui, tout en n'étant ni définition, ni propre, ni genre, appartient cependant à la chose.

9

< *Les Catégories et leur relation avec les Prédicables* >

Après ce que nous venons de dire, il faut déterminer les 20 genres de catégories dans lesquels se rencontrent les quatre prédicables dont nous avons parlé[2].

Ces catégories sont au nombre de dix : Essence, Quantité, Qualité, Relation, Lieu, Temps, Position, Possession, Action, Passion. L'accident, le genre, le propre et la définition seront

---

1. On peut déterminer *a priori* le nombre des prédicables, par un simple raisonnement, qui se trouve exposé dans les lignes qui suivent.

2. Sur les catégories, cf. *Catég.*, 4, et les notes de notre traduction, p. 5 et 6 [2004, p. 21-23]. – L. 21, le mot διαφοραί doit être supprimé (Waitz, II, 446).

25 toujours dans l'une de ces catégories, car toutes les propositions formées par ces quatre notions[1] signifient soit l'essence,
soit la qualité, soit la quantité, soit l'une des autres catégories.
– Et il est de soi évident qu'en signifiant ce qu'est la chose[2], on
signifie tantôt la substance, tantôt la qualité, tantôt l'une des
autres catégories. Quand, en effet, se trouvant en présence
d'un homme, on dit que ce qu'on a devant soi est un homme ou
30 un animal, on indique ce qu'il est, et on signifie une substance;
mais quand, se trouvant en présence d'une couleur blanche, on
dit que ce qu'on a devant soi est blanc ou est une couleur, on
indique ce qu'elle est, et on signifie une qualité. De même
encore, si, se trouvant en présence d'une grandeur d'une
coudée, on dit que ce qu'on a devant soi est une grandeur d'une
coudée, on indiquera ce qu'elle est, et on signifie une quantité.
35 Et de même dans les autres catégories[3] : pour chacune des
notions de cette nature, si, d'une chose donnée, on affirme soit
la chose elle-même, soit son genre, c'est l'essence qu'on
exprime; quand, au contraire, c'est sur une chose autre que

---

1. Les propositions qui expriment la définition, le genre, le propre ou
l'accident peuvent se ramener aux dix catégories.

2. Le terme τί ἐστι qui, l. 22, est synonyme de οὐσία, n'exprime plus ici,
et dans la suite, que la nature, l'essence de la chose, quelle que soit cette chose,
aussi bien les autres catégories que la substance. Comme le remarque Pacius,
II, 357, même les accidents (c'est-à-dire toutes les catégories autres que la
substance) ont une certaine essence et une définition.

3. Pour les l. 35 et *sq.*, nous adoptons la traduction de Waitz, II, 447. Voici
comment Alexandre, 87, 3 et *sq.*, interprète ce difficile passage. Quand le sujet
et l'attribut sont dans la même catégorie (que la définition soit attribuée au défini : *l'homme est un animal pédestre-bipède*, ou le genre à l'espèce : *le blanc est
une couleur*), l'attribution exprime l'essence; s'ils appartiennent à des catégories différentes (*l'homme est blanc*), l'attribution n'exprime plus l'essence,
mais seulement l'une des autres catégories.

la chose elle-même que porte l'affirmation, ce n'est pas l'essence qu'on exprime, mais bien la quantité, ou la qualité, ou l'une des autres catégories. Il en résulte que les catégories sont bien, en nature et en nombre[1], les sujets[2] et les éléments[3] des arguments dialectiques. Quant à la façon de pouvoir les **104 a** acquérir et aux moyens de nous les procurer en abondance, c'est ce que maintenant nous devons dire.

10
< Les propositions dialectiques >

Définissons d'abord ce qu'est une *proposition* dialectique et ce qu'est un *problème* dialectique. On ne doit pas, en effet, considérer toute proposition ni tout problème comme dialectique; car nul homme en possession de son bon sens n'avan- **5** cerait ce qui n'est admis par personne[4], ni ne poserait en question ce qui est évident pour tout le monde ou pour la majorité des gens[5] : dans le second cas, la difficulté n'existe pas, et, dans le premier, personne ne donnerait son assentiment.

La proposition dialectique est une interrogation[6] probable soit pour tout le monde, soit pour la plupart, soit pour les sages,

---

1. Elles sont dix, ni plus ni moins. De toute façon, une énonciation contient l'une des catégories.

2. Les problèmes.

3. Les propositions.

4. Par exemple, injurier ses parents ou mépriser les dieux (Alexandre, 68, 16).

5. Quand il fait jour, s'il est jour ou non (Alexandre, 68, 19).

6. Ce qui ouvre à l'adversaire une option entre l'affirmation et la négation. Par exemple, *le Monde est-il, ou non, éternel ?* Par contre, la question : *Qu'est-ce que le Monde ?* n'est pas dialectique (Pacius, II, 357).

et, parmi ces derniers, soit pour tous, soit pour la plupart, soit
10 pour les plus notables ; interrogation qui ne doit d'ailleurs pas
être paradoxale, car on peut admettre ce qui est reçu par les
sages à la condition que ce ne soit pas contraire aux opinions
du grand nombre[1].

Sont aussi des propositions dialectiques ce qui est semblable aux opinions probables[2], ainsi que les propositions qui
contredisent les contraires des opinions tenues pour probables[3], et aussi toutes les opinions qui sont en accord avec ce
15 qu'enseignent les arts reconnus[4]. – Ainsi, si c'est une opinion
probable que la science des contraires est une et la même, il
paraîtra probable aussi que la sensation des contraires est une
et la même. De même si c'est une opinion probable que la
Grammaire est numériquement une, il paraîtra probable aussi
que l'art de jouer de la flûte est numériquement un, tandis que
si c'est une opinion probable qu'il y a plusieurs sciences de la
grammaire, il paraîtra probable aussi qu'il y a plusieurs arts de
jouer de la flûte. Toutes ces opinions, en effet, paraissent bien
20 être semblables et appartenir à la même famille. – De même
encore, les propositions contredisant les contraires des opinions probables paraîtront, elles aussi, probables. Si, en effet,
c'est une opinion probable qu'il faut faire du bien à ses amis,
c'est aussi une opinion probable qu'il ne faut pas leur faire du
mal. Or la proposition qu'il faut faire du mal à ses amis est

---

1. Sinon, c'est une thèse (cf. *infra*, 11, 104 *b* 19).

2. Exemples, l. 15-20 *infra*. – Ce qui est semblable au probable est lui-
même probable.

3. Exemples, l. 20-28. – Le texte de Strache-Wallies, que nous suivons,
diffère ici assez sensiblement de celui de Waitz.

4. Exemple, l. 33-37.

contraire à l'opinion courante, et la proposition qu'il ne faut pas leur faire du mal contredit cette proposition contraire. De même encore, s'il faut faire du bien à ses amis, il ne faut pas en **25** faire à ses ennemis : ceci aussi contredit des opinions contraires aux opinions courantes, l'opinion contraire étant qu'il faut faire du bien à ses ennemis. Et de même dans tous les autres cas. Dans la comparaison aussi, il paraîtra conforme à l'opinion courante que le prédicat contraire appartienne au sujet contraire[1] : par exemple, s'il faut faire du bien à ses amis, il faut aussi faire du mal à ses ennemis. Il peut sembler que faire **30** du bien à ses amis est contraire à faire du mal à ses ennemis ; mais la question de savoir si, en réalité, il en est ainsi ou non, sera traitée dans notre discussion sur les contraires[2]. – Il est évident, enfin, que toutes les opinions en accord avec l'enseignement des arts sont des propositions dialectiques, car on peut admettre les opinions reçues par ceux qui sont versés dans ces matières[3] : par exemple, sur les questions de médecine on **35** jugera comme le médecin, sur les questions de géométrie comme le géomètre, et ainsi de suite.

---

1. À une proposition donnée on compare une proposition ayant un sujet et un attribut contraires à ceux de la première (*bien-mal*, *amis-ennemis*).

2. Renvoi (selon Alexandre, 72, 24) à *Top.*, II, 7, 143 *a* 1-18, et à *de Interpr.*, 14, 23 *b* 3-7.

3. Par exemple, le jurisconsulte Paul prouve par l'autorité d'Hippocrate, *perfectum partum nasci septimo mense* (Pacius, II, 358).

11
< Le problème dialectique et la thèse dialectique >

104 b   Un problème dialectique est un objet de recherche[1] qui
tend, soit à choisir et à éviter[2], soit à acquérir la vérité et la
connaissance[3], et cela, soit en lui-même, soit comme un adjuvant[4] à la solution de quelque autre problème de ce genre ; ce
doit être une chose sur laquelle le vulgaire n'a aucune opinion
ni dans un sens, ni dans l'autre, ou a une opinion contraire aux
sages, ou bien encore sur laquelle les sages ont une opinion
contraire au vulgaire, ou bien enfn sur laquelle il y a désaccord
5 parmi les sages ou au sein du vulgaire. – Il existe, en effet[5],
certains problèmes qu'il est utile de connaître en vue de choisir
ou d'éviter une chose : savoir si, par exemple, le plaisir est
ou non ce qu'il faut choisir. Pour d'autres problèmes, au
contraire, c'est en vue de la connaissance pure : savoir si, par
exemple, le Monde est ou non éternel. Il en est d'autres, enfin,
qui en eux-mêmes et par eux-mêmes ne présentent d'utilité
pour aucun de ces deux objets[6], mais qui constituent seulement un adjuvant à l'égard de quelque problème de ce genre :
10 car il y a beaucoup de choses que nous ne souhaitons pas
connaître en elles-mêmes et par elles-mêmes, mais seulement

---

1. θεώρημα = ζ ήτημα (Alexandre, 74, 2).
2. Problème *pratique*, éthique, en vue d'accomplir le bien et d'éviter le
mal.
3. Problème *théorique*, tendant à la connaissance pure (Alexandre, 74, 24).
4. Dans le cas du problème *logique*, cf. Alexandre, 74, 29 : ή γὰρ λογικὴ
πραγματεία ὀργάνου χώραν ἔχει ἐν φιλοσοφίᾳ
5. Aristote donne des exemples de chacune des espèces de problèmes qu'il
a distinguées.
6. Savoir la pratique et la connaissance pure.

en vue d'autres choses, de façon à connaître, par leur intermédiaire, une autre chose.

Sont encore des problèmes les questions au sujet
desquelles il existe des raisonnements contraires (la difficulté
étant alors de savoir si les choses sont ainsi ou non ainsi, du fait
qu'on peut produire des arguments convaincants dans les deux
sens), et aussi les questions au sujet desquelles nous n'avons
aucun argument, parce qu'elles sont trop vastes et que nous 15
croyons qu'il est difficile d'en fournir la raison : si, par
exemple, le Monde est ou non éternel, car même des questions
de ce genre peuvent faire l'objet d'une investigation.

Problèmes et propositions doivent donc être définis
comme nous l'avons dit. – Une *thèse*[1] est un jugement
contraire à l'opinion courante, émis par quelque philosophe
notable : par exemple, qu'il n'y a pas de contradiction pos- 20
sible, comme le soutenait Antisthène, ou que tout est en
mouvement, selon Héraclite, ou que l'Être est un, comme le dit
Melissus. < J'ajoute *notable* >, car ce serait une sottise que de
se préoccuper des opinions, contraires aux opinions courantes,
professées par le premier venu. – La thèse peut encore être une
assertion que nous pouvons justifier par un raisonnement
contraire aux opinions courantes[2] : par exemple, que tout ce 25

1. Cf. *Anal. post.*, I, 2, 72 *a* 96.
2. Pacius, I, 584, traduit inexactement (il est vrai que l. 24, au lieu de
ἐναντίον, il lit ἐναντίων, leçon que ne mentionne aucun manuscrit) : *Thesis est
sententia de his quorum rationem habemus, cum sint opinionibus contraria.*
Il faut comprendre, avec Waitz, II, 448, que la thèse est une proposition
παράδοξος, défendue par un raisonnement qui est lui-même παράδοξος. –
L'exemple sophistique qui suit est suffisamment clair. Sur des subtilités de
même nature, cf. *Métaph.*, E, 2, 1028 *b* 45 (I, p. 229 et 230, avec les notes de
notre traduction) et K, 8, 1064 *b* 23.

qui est n'est ni devenu, ni éternel, d'après ce que les Sophistes
prétendent, car, disent-ils, un musicien qui est grammairien *est*
ainsi, sans être devenu grammairien et sans l'être éternelle-
ment. Cette assertion, en effet, même si on ne l'accepte pas,
pourrait cependant être admise du fait qu'elle est justifiée
rationnellement.

30   La thèse est aussi un problème, mais tout problème n'est
pas une thèse, puisqu'il y a certains problèmes d'une nature
telle que nous n'avons, à leur égard, aucune opinion ni dans un
sens, ni dans l'autre. Que la thèse pourtant soit aussi un problème, c'est là une chose évidente, car il résulte nécessairement de ce que nous avons dit, ou bien que le vulgaire est,
sur la thèse, en désaccord avec les sages, ou bien qu'il y a
désaccord parmi les sages ou au sein du vulgaire, attendu
que la thèse est un jugement contraire à l'opinion commune.
35 Pratiquement, on désigne aujourd'hui du nom de thèses tous
les problèmes dialectiques. Mais quel que soit le terme, peu
importe : notre objet n'a pas été de créer une terminologie, en
105 a opérant ces distinctions, mais bien de ne pas perdre de vue
quelles peuvent être les différences de ces notions.

Il ne faut pas, du reste, examiner toute thèse, ni tout
problème : c'est seulement au cas où la difficulté est proposée
par des gens en quête d'arguments, et non pas quand c'est un
5 châtiment qu'elle requiert, ou quand il suffit d'ouvrir les yeux.
Ceux qui, par exemple, se posent la question de savoir s'il faut
ou non honorer les dieux et aimer ses parents, n'ont besoin que
d'une bonne correction, et ceux qui se demandent si la neige
est blanche ou non, n'ont qu'à regarder. La discussion ne doit
donc porter ni sur les choses dont la démonstration est toute

proche, ni sur celles dont elle est par trop éloignée : dans le premier cas, il n'y a pas de difficulté du tout, et, dans le second, les difficultés sont trop grandes pour un simple exercice[1].

12
< Le raisonnement et l'induction dialectiques >

Ces distinctions établies, il faut déterminer le nombre 10 des espèces de raisonnements dialectiques. Il y a, d'une part, l'induction, et, de l'autre, le raisonnement. – Ce qu'est le raisonnement, nous l'avons dit plus haut[2]. – Quant à l'induction, c'est le passage des cas particuliers à l'universel[3] : si, par exemple, le plus habile pilote est celui qui sait, et s'il en est de même pour le cocher[4], alors, d'une façon générale, c'est 15 l'homme qui sait qui, en chaque cas, est le meilleur. L'induction est un procédé plus convaincant et plus clair, plus facilement connu par le moyen de la sensation, et par suite accessible au vulgaire. Mais le raisonnement a plus de force, et il est plus efficace pour répondre aux contradicteurs.

1. Cf. Waitz, II, 449 : *Neque ea quorum ad demonstratio in promptu est et per se intelligitur neque ea quae doctrinam quandam reconditam et disputationem abstrusionem requirunt ad disserendum proponenda sunt : nam dialectica non nisi hoc propositum habet, ut animi facultates disputando exercitentur.*

2. Cf. 1, 100 a 25 et sq.

3. Sur toute la fin du chapitre, cf. Trendel., *Elementa*, p. 111-113. – L. 13, il faut lire ἀπὸ, avec Bekker et Waitz, et non διὰ.

4. Et pareillement encore pour d'autres professions déterminées (cf. Alexandre, 86, 16).

13
< Les instruments dialectiques en général >

20   Les genres de choses[1] auxquels s'appliquent les raisonnements dialectiques et à partir desquels ils sont constitués,
doivent donc être divisés comme nous l'avons indiqué plus
haut[2]. – Quant aux instruments qui nous procureront en abondance des raisonnements[3], ils sont au nombre de quatre : le
premier, c'est l'acquisition des propositions ; le second, c'est
le pouvoir de distinguer en combien de sens une expression
particulière est prise ; le troisième, c'est la découverte des
25 différences ; et le quatrième, l'examen de l'identité. Ces trois
derniers instruments sont aussi, en un certain sens, des propositions, car on peut, pour chacun d'eux, faire une proposition[4] ;
par exemple, *ce qu'il faut choisir peut être soit le beau, soit le
plaisant, soit l'utile ; la sensation diffère de la science en ce
que celle-ci peut être recouvrée une fois perdue, tandis que*
30 *l'autre ne peut l'être*, et enfin *le sain est à la santé, comme
le bien-constitué à la bonne constitution* : la première de ces
propositions est tirée de la diversité de sens d'un même terme,
la seconde, des différences des choses, et la troisième, de leurs
ressemblances.

---

1. Les quatre prédicables : la définition, le propre, le genre et l'accident
(Alexandre, 87, 16).

2. Sur la division des problèmes (περὶ ὧν) et des propositions (ἐξ ὧν),
cf. *supra*, chap. 4 et *sq*.

3. L. 22, il faut supprimer καὶ τῶν ἐπαγωγῶν (*cf*. Waitz, II, 449).

4. *Cf*. Waitz, II, 449 : *quum autem etiam reliqua tria in propositionibus
investigandis versentur, ad primum caput (h. e. ad propositiones conquirendas)
reducuntur omnia*. Aristote le montre par des exemples.

14
< Le choix des propositions >

Il y a autant de façons de choisir les propositions que nous avons distingué[1] d'espèces dans la proposition elle-même : ainsi nous pouvons recueillir les opinions de tout le monde ou **35** celles de la majorité, ou celles des sages, et, parmi ces derniers, celles de tous ou celles de la plupart ou celles des plus notables ; ou encore les opinions contraires à celles qui semblent généralement adoptées[2] ; ou, enfin, toutes les opinions conformes à l'enseignement des arts. Nous devons aussi retenir **105 b** comme propositions les opinions contradictoires des opinions contraires à celles qui semblent généralement admises, ainsi que nous l'avons indiqué plus haut[3]. Il est utile encore de faire entrer dans notre choix comme propositions, non seulement les opinions qui sont probables, mais encore celles qui leur sont semblables : par exemple, que la sensation des contraires **5** est une et la même (puisque la science des contraires l'est aussi), et que la vision consiste dans une réception de quelque chose en nous et non dans une émission venant de nous, du fait qu'il en est de même aussi pour les autres sensations, l'audition consistant dans une réception de quelque chose en nous et non dans une émission venant de nous, comme il en est de même pour le goût, et aussi pour tous les autres sens. En outre, toutes les propositions qui semblent vraies de tous les cas ou de **10**

1. *Cf.* 10, 104 *a* 8-15, et, peut-être aussi, 28-30.
2. Notre texte, qui est celui de Strache-Wallies, diffère, pour les l. 37-61, de la leçon de Waitz (II, 450), qui propose de lire, l. 37, μὴ τάς au lieu de ἢ τάς (*cf.* un passage parallèle 10, 104 *a* 10), ou de supprimer ἢ... φαινομέναις.
3. *Cf.* 10, 194 *a* 13 et 20.

la plupart[1], doivent être prises pour principe, et pour thèse reçue de tous, car elles sont posées par des adversaires qui n'aperçoivent pas en même temps quelle exception la règle pourrait présenter. On doit aussi faire son choix dans les recueils d'arguments écrits[2], et dresser des listes pour chaque genre, en les posant sous des chefs séparés tels que *du Bien* ou
15 *de l'Animal*, *du Bien* devant être pris dans sa généralité, en commençant par l'essence. On devra aussi noter en marge les opinions de chaque philosophe : que, par exemple, suivant la doctrine d'Empédocle, les éléments des corps sont au nombre de quatre ; car on peut donner son assentiment à l'assertion d'une autorité généralement reconnue.

Or il y a, pour nous borner à une simple esquisse[3], trois
20 espèces de propositions et de problèmes. Les propositions sont, les unes des propositions éthiques, les autres des propo-

---

1. L'amour des mères pour leurs enfants, par exemple (Pacius, I, 567). – On doit prendre ces propositions comme des principes toujours vrais (ὡς ἀρχὰς ὄντα καὶ ἀληθῆ, Alexandre, 91, 11) bien qu'elles ne le soient pas en réalité : cela se peut sans inconvénient, car l'adversaire qui les pose n'y voit lui-même aucune exception.

L. 12, il faut lire ἐπὶ τίνος et non ἐπὶ τινος (Waitz, II, 450).

2. Et ne pas se contenter de propositions exprimées de vive voix. Quand on a choisi ces propositions, explique Alexandre, 92, 20, il ne faut pas les laisser en désordre, mais les disposer κατὰ διαγραφάς, d'une façon propre à chaque genre. En outre, dans chaque genre, on doit observer un certain ordre, en commençant par la définition et l'essence et en continuant par les qualités. – Sur la précision καὶ περὶ ἀγαθοῦ παντός, l. 15, cf. *infra*, l. 31.

3. Car (Pacius, II, 361) il y a bien d'autres sortes de propositions : les propositions mathématiques, métaphysiques, médicales, et toutes celles qui sont propres à une science déterminée. Il ne s'agit donc que d'une division commode, qui ne saurait être opposée à celle de *Métaph.*, E, 1, 1020 *a* 18.

L. 20, μέρη = εἴδη (Alexandre, 93, 27). Nous avons traduit en conséquence.

sitions physiques, les autres enfin des propositions logiques. Sont des propositions éthiques des propositions telles que : *faut-il obéir à ses parents plutôt qu'aux lois, en cas de désaccord entre les deux ?*, des propositions logiques, par exemple : *la science des contraires est-elle, ou non, une et la même ?*, des propositions physiques, par exemple : *le Monde est-il éternel* **25** *ou non ?* La division est la même pour les problèmes. Quant à la nature de chacune des espèces ci-dessus indiquées, on ne peut pas facilement en rendre compte par une définition ; on doit seulement essayer de reconnaître chacune d'elles au moyen de l'habitude que donne l'induction, en les examinant à la lumière des exemples donnés plus haut [1].

En Philosophie, il faut traiter de ces choses selon la vérité, **30** mais en Dialectique il suffit de s'attacher à l'opinion [2]. Toutes les propositions doivent être prises dans leur plus grande généralité, et d'une seule il faut en tirer plusieurs [3]. Par exemple, on pose que la science est une et la même pour les opposés [4] ; ensuite qu'elle est la même pour les contraires, et la même pour les relatifs. De la même façon, ces deux dernières **35** propositions devront à leur atour être divisées, aussi loin que la division pourra être poursuivie : on dira, par exemple, qu'est

---

1. Il est difficile, dit Aristote, de définir chacune de ces sortes de propositions, on peut seulement en donner des exemples.

2. La Philosophie et la Dialectique considèrent les mêmes propositions et les mêmes problèmes, mais d'une façon différente.

3. De l'universelle on tire, par division, les particulières, ainsi qu'Aristote va le montrer par les exemples qui suivent.

4. Sur les différentes oppositions, cf. *Catég.*, 10, 11 *b* 15, p. 55 et *sq.* de notre traduction [2004, p. 67 *sq.*].

une et la même la science du bien et du mal, ou du blanc et du noir, ou du froid et du chaud ; et ainsi de suite.

15
< La recherche des termes homonymes >

106 a   Sur le choix des propositions, ce que nous venons de dire doit suffire.

En ce qui concerne la pluralité de sens d'un terme, il nous faut non seulement traiter de ces termes qui présentent des sens différents, mais encore essayer d'en fournir les définitions [1] : par exemple, nous devons dire non seulement que la justice et
5   le courage sont appelés *bien* en un sens, et le bien-constitué et le sain en un autre, mais encore que les premières de ces notions sont ainsi appelées en tant qu'elles expriment une certaine qualité intrinsèque, et les dernières en tant qu'elles produisent un certain résultat et non plus en tant qu'elles expriment en elles-mêmes une certaine qualité. Et il en est de même dans les autres cas.

La question de savoir si un terme est pris spécifiquement [2] en plusieurs sens ou en un seul, doit être considérée de la façon
10   suivante. Il faut d'abord examiner si le contraire du terme présente plusieurs significations, que la différence soit spécifique ou seulement nominale. En effet, dans certains cas, la différence apparaît tout de suite jusque dans les noms : par exemple, l'aigu dans la voix [3] a pour contraire le grave, et, dans le cas

---

1. Il s'agit d'expliquer et non pas seulement d'exposer.
2. Autrement dit, par la définition (Alexandre, 97, 21).
3. Φωνή, la voix, est le genre, la matière de la *parole*, qui est la voix articulée de l'homme seul (cf. *Hist. Anim.*, IV, 9, 535 *a* 27 ; *Gen. Anim.*, V, 7,

d'un solide[1], l'émoussé. On voit donc que le contraire de l'aigu présente plusieurs significations. Et s'il en est ainsi, **15** l'aigu doit avoir aussi plusieurs sens, car à chacun des termes précédents correspondra un contraire différent. En effet, ce n'est pas le même aigu qui sera contraire à l'émoussé et au grave, bien que l'aigu soit contraire à l'un et à l'autre. À son tour, le grave dans la voix a l'aigu pour contraire, mais dans le cas d'un solide c'est le léger, de telle sorte que le grave est pris dans plusieurs sens, puisque son contraire l'est aussi. Il en est **20** de même pour le beau, qui, appliqué à un être animé, a pour contraire le laid, et, appliqué à une maison, a pour contraire le délabré, de telle sorte que le beau est un terme homonyme.

Pour certaines choses, il n'y a aucune différence dans les noms, c'est une différence spécifique qui se révèle immédiatement en elles; c'est le cas, par exemple, du clair et du sombre[2] : on dit d'une voix qu'elle est claire ou sombre, et on **25** en dit autant de la couleur. Pour ces choses, il n'y a pas de différence dans les noms, c'est une différence d'espèce qui se révèle immédiatement en elles, car la couleur n'est pas appelée claire pour la même raison que la voix. Et cela est rendu évident aussi par la sensation : des choses qui sont les mêmes spécifiquement nous avons la même sensation, tandis que **30** nous ne jugeons pas la clarté par la même sensation dans le cas du son et de la couleur, mais dans le second cas c'est par la vue,

---

780 *b* 21, et surtout *de Anima*, II, 8, 420 *b* 5, et, sur ce dernier texte, une note intéressante de R. D. Hicks, *de Anima*, p. 386 (Cambridge, 1907).

1. Le terme ὄγκος a le sens de *masse*, de *solide*, de *corps*.

2. Littéralement *blanc* (λευκός) et *noir* (μέλας). Nous sommes obligé de modifier légèrement les termes employés par Aristote pour rendre les exemples intelligibles en français.

et dans le premier par l'ouïe. De même encore, pour l'aigu [1] et l'émoussé dans les saveurs et dans les solides : dans le dernier cas, c'est par le toucher, et dans le premier par le goût ; car, ici encore, il n'y a pas de différence entre les noms, ni pour les termes originaires eux-mêmes, ni pour leurs contraires, car on 35 appelle émoussé ce qui est contraire à l'un et à l'autre sens d'aigu.

En outre, il faut examiner si l'un des sens du terme a un contraire, tandis qu'un autre n'en a absolument aucun. Par exemple, le plaisir de boire a pour contraire la souffrance d'avoir soif, tandis que le plaisir de voir que la diagonale est 106b incommensurable avec le côté n'a aucun contraire. Ainsi le plaisir revêt plusieurs significations. Autre exemple : *aimer*, au sens spirituel, a un contraire, *haïr*, mais, pris au sens de l'acte charnel [2], il n'en a aucun ; c'est donc qu'évidemment *aimer* est un terme homonyme. – Il faut encore voir, en ce qui concerne leurs termes intermédiaires, si certaines significations et leurs contraires ont un intermédiaire tandis que 5 d'autres n'en ont aucun, ou si, dans les deux cas, il y en a bien un mais qui ne soit pas le même. Par exemple, le clair et l'obscur, dans la couleur, ont un intermédiaire, le gris, tandis que dans la voix ils n'en ont aucun, ou s'ils en ont un, c'est le rauque, comme certains prétendent qu'une voix rauque est un intermédiaire. Il en résulte que le clair est un terme homonyme, ainsi que l'obscur. Il faut voir, en outre, si certains de ces sens ont plus d'un intermédiaire, tandis que d'autres n'en 10 ont qu'un, comme c'est le cas pour le clair et l'obscur : dans les

1. Plus exactement, piquant.
2. *Coïtus*.

couleurs il y a plusieurs intermédiaires, mais dans la voix il n'y en a qu'un, le rauque.

De même, dans le cas de l'opposition de contradiction, on doit examiner si le terme présente plusieurs significations : s'il a plusieurs sens, son opposé sera pris aussi en plusieurs sens. Par exemple, *ne pas voir* s'entend de plusieurs façons : l'une, **15** c'est n'avoir pas la faculté de voir, l'autre, ne pas faire acte de vision. Mais si *ne pas voir* est pris en plusieurs sens, il s'ensuit nécessairement que *voir* se prend aussi en plusieurs sens, car à chaque sens de *ne pas voir* il y aura un opposé : par exemple, ne pas avoir la faculté de voir a pour opposé avoir la faculté de voir, et ne pas faire acte de vision, faire acte de vision.   **20**

En outre, il faut examiner le cas des termes qui sont opposés selon la privation et la possession. Si en effet l'un des deux termes a plusieurs sens, le terme restant en aura aussi plusieurs. Par exemple, si *sentir* a plusieurs sens, suivant qu'il s'applique à l'âme ou au corps[1], *ne pas sentir* en aura aussi **25** plusieurs, suivant qu'il s'applique à l'âme ou au corps. Or que l'opposition entre les termes dont nous parlons soit selon la privation et la possession, c'est là une chose évidente, puisque les êtres animés possèdent naturellement chacune des deux espèces de sensations, tant pour l'âme que pour le corps.

De plus, on doit aussi regarder aux inflexions[2] des mots. Si, en effet, *justement* se prend en plusieurs sens, *juste* se prendra aussi en plusieurs sens, car à chacun des sens de **30**

1. *Cf.* Alexandre, 103, 1 : κατὰ τὸ σῶμα τὸ δι' αἰσθητηρίου αἰσθητοῦ τινος ἀντιλαμβάνεσθαι.
2. Sur le sens, très général, de πτῶσις, *cf.* Alexandre, 103, 30 : πτώσεις λέγουσι κοινότερον καὶ τὰς ὁπωσοῦν ἐγκλίσεις τε καὶ ἐκφοράς.

justement correspond un sens de *juste*. Par exemple, si
justement se dit tant du fait de juger selon son propre sentiment
que de juger comme il faut, il en sera de même de *juste*. De la
35 même façon aussi, si *sain* est pris en plusieurs sens, *sainement*
sera pris aussi en plusieurs sens. Par exemple, si *sain* est à
la fois ce qui produit la santé, ce qui la conserve et ce qui
l'annonce, *sainement* aussi signifiera *d'une façon qui produit*,
ou *d'une façon qui conserve* ou *d'une façon qui annonce* la
santé. De même encore dans les autres cas, quand le terme
107 *a* originaire présente plusieurs significations, l'inflexion aussi
qui en est formée présentera plusieurs significations ; inversement, si c'est l'inflexion qui a plusieurs sens, le terme originaire aura lui-même plusieurs sens.

Il faut considérer aussi les genres de catégories auxquels se
rapporte le terme, et voir si ce sont les mêmes dans tous les cas.
Si ce ne sont pas les mêmes, il est évident que le terme est homo-
5 nyme. Par exemple, le bien, en fait d'aliments, est l'agent du
plaisir, et, en Médecine, l'agent de la santé, tandis qu'appliqué
à l'âme il signifie être d'une certaine qualité, comme tempérant, courageux ou juste ; et de même encore si on l'applique
à l'homme[1]. Quelquefois le bien a pour catégorie le temps :
par exemple, le bien qui arrive au moment opportun, car on
appelle un bien ce qui vient en temps opportun. Souvent, c'est
10 la catégorie de la quantité, quand le bien s'applique à la juste

---

1. Le Bien, comme l'Être, s'affirme dans toutes les catégories. Pour une
doctrine plus élaborée, cf. *Éth. Nic.*, I, 4, 1096 *a* 23-29, et surtout *Métaph.*, Γ, 2,
1003 *a* 33-*b* 16. Voir aussi une intéressante note de Robin, *La théorie
platonicienne des Idées*, p. 153-164, note 171. – Dans cet exemple du *Bien*,
Aristote considère son application aux quatre catégories ποιεῖν, ποιόν, ποτέ et
ποσόν.

mesure, car la juste mesure est aussi appelée un bien. Ainsi le bien est un terme homonyme. Il en est de même du clair qui, appliqué au corps, est une couleur, et, appliqué à la voix, ce qui est aisé à entendre[1]. L'aigu est aussi à peu près dans le même cas, car le même terme n'a pas le même sens dans toutes ses applications : ainsi une voix aiguë est une voix rapide, comme **15** l'assure la théorie mathématique de l'Harmonie[2], tandis qu'un angle aigu est un angle plus petit qu'un angle droit[3], et un sabre aigu un sabre ayant la pointe aiguë[4].

Il faut aussi examiner les genres des choses tombant sous le même nom[5], et, voir s'ils sont différents sans être subordonnés l'un à l'autre, comme, par exemple, le mot *âne* qui désigne à la fois l'animal et l'engin[6], car la définition qui répond au nom est différente pour l'un et pour l'autre : l'un sera dit un animal **20** d'une certaine espèce, et l'autre un engin d'une certaine espèce[7]. Mais si les genres sont subordonnés l'un à l'autre, il n'y a aucune nécessité pour que les définitions soient

1. Qualité et action.

2. Les Pythagoriciens (Alexandre, 106, 24). – Catégorie de l'action, le caractère aigu du son tenant à l'action de couper l'air avec rapidité (Alexandre, *ibid.*).

3. Relation.

4. Qualité

5. Examen de l'homonymie dans le cas où, tombant sous une même catégorie (genre suprême), les genres inférieurs et prochains sont différents, que ces genres soient subordonnés ou non-subordonnés (Waitz, II, 452).

6. Le terme ὄνος, signifie *machina* (Bonitz, *Index arist.*, 516 *b* 29) ou, plus précisément, *succula* (treuil, cabestan). Cf. *Quaest. mechan.*, 13, 852 *b* 12 ; 18, 853 *b* 12. Il ne faut pas traduire, comme Pacius, I, 572, et Bailly, *Dictionnaire*, p. 1385, par *vas* (*broc* ou *pot au vin*).

7. L'homonymie n'est alors pas douteuse.

différentes[1]. Ainsi, l'animal est le genre du corbeau, et
l'oiseau aussi. Quand donc nous disons que le corbeau est un
oiseau, nous disons aussi qu'il est une certaine espèce d'ani-
25 mal, de telle sorte que les deux genres sont l'un et l'autre affirmés de lui. De même encore, quand nous disons que le corbeau
est un animal ailé-bipède, nous disons qu'il est un oiseau ; de
cette façon donc, dans ce cas aussi, les deux genres sont l'un
et l'autre affirmés du corbeau ainsi que leurs définitions. Par
contre, pour les genres non-subordonnés entre eux, cela ne se
produit pas : quand nous appelons une chose un engin nous ne
30 l'appelons pas un animal, ni quand nous l'appelons un animal,
un engin.

On doit examiner encore si les genres sont différents sans
être subordonnés, non seulement en ce qui concerne le terme
proposé, mais encore en ce qui concerne son contraire. Si, en
effet, le contraire est pris en plusieurs sens, il est clair qu'il en
35 est de même aussi pour le terme proposé.

Il est utile aussi de porter son attention sur la définition du
terme composé[2], par exemple de *corps clair* ou de *voix claire*.
Car si on ôte ce qui est propre[3] dans chaque cas, il doit rester la
même définition[4]. Or cela n'arrive pas dans le cas de termes
107 b homonymes comme ceux que nous venons de citer. Le premier,
en effet, sera défini un corps ayant telle couleur déterminée,
tandis que le second sera une voix facile à entendre. Si on ôte

---

1. On peut définir soit par le genre le plus rapproché, soit par le genre le
plus éloigné.

2. Waitz, II, 452, voudrait, avec raison, supprimer, l. 37, ἐκ... γινόμενον,
qui n'ajoute rien au sens.

3. Savoir *corps* et *voix*.

4. La définition de *clair*.

corps et *son*, ce qui reste ne sera pas identique dans chaque cas.
Or il fallait, si le clair était un terme synonyme, qu'il eût la
même définition dans chaque cas[1].　　　　　　　　　　5

Souvent c'est dans les définitions mêmes que se glisse à
l'improviste l'homonymie, et c'est pour cette raison qu'il faut
examiner aussi les définitions[2]. Si, par exemple, on définit ce
qui annonce et ce qui produit la santé comme ce qui se rapporte
d'une façon mesurée à la santé[3], on ne doit pas rejeter cette
définition, mais il faut examiner en quel sens le terme *d'une
façon mesurée* a été employé dans chaque cas : par exemple, si, 10
dans le dernier cas, il signifie ce qui est quantitativement capable de produire la santé, et, dans le premier, ce qui est qualita-
tivement apte à indiquer quelle est la nature de l'état du sujet[4].

Il faut voir, en outre, si les termes ne peuvent pas être
comparés entre eux selon le plus et le moins ou selon l'égalité

---

1. Avec ses significations différentes, le terme *clair* est donc un homonyme. Il ne serait synonyme (ou plutôt, non-homonyme, car le sens de συνώνυμος, déterminé dans *Catég.*, 1, 1 *a* 6, ne s'applique pas ici : *cf.* Waitz, II, 452)
que s'il avait la même définition dans les deux exemples. D'où le principe posé
par Pacius, II, 364 : *Si duo conjuncta definiantur separatim, et sublatis propriis
non maneat utrobique eadem definitio, verbum est multiplex.*

2. *Cf.* Waitz, II, 452 : *Si quis vocem ambiguam una definitione complexus
est, definitio examinanda est, ut quam ipsa reconditam habeat ambiguitatem
appareat.* – L. 8, il faut mettre τὸ devant ποιητικόν.

3. Soit pour annoncer, soit pour produire la santé.

4. L'expression συμμέτρως, explique Alexandre, 110, 18, σημαίνει ἐν
τῷ ποιητικῷ τὸ ποσόν· τὸ γὰρ κατὰ ποσὸν σύμμετρον ποιητικὸν
ὑγείας. Mais ἐν τῷ ὡς σημείῳ, elle signifie τὸ τοιοῦτον (τὸ ποιόν), ὡς
σημαίνειν τὴν ἕξιν ὅτι τοιαύτη. En un mot, il y a différence dans les
catégories mêmes, et l'opposition de τὸ τοιοῦτον, l. 11, doit être marquée.

de degré[1], comme dans le cas d'une voix claire et d'un
15 manteau clair, d'un goût aigre et d'une voix aigre. En effet ces
choses ne peuvent être dites claires ou aigres, ni au même
degré, ni l'une plus que l'autre. Le clair et l'aigre sont donc des
termes homonymes : les synonymes, en effet, sont toujours
comparables, étant donné qu'on dira toujours d'eux qu'ils sont
au même degré ou que l'un est plus que l'autre.

Et puisque des genres différents non-subordonnés entre
20 eux les différences sont aussi spécifiquement différentes[2], par
exemple celles d'animal et de science (car les différences de ces
notions sont différentes), il faut examiner si les significations
comprises sous la même dénomination sont des différences de
genres différents non-subordonnés entre eux, comme, par
exemple, l'aigu est une différence de la voix et du solide : en
effet, une voix diffère d'une voix parce qu'elle est aiguë, et
pareillement un solide d'un solide. Il en résulte que l'aigu est
25 un terme homonyme, car il constitue des différences de genres
différents non-subordonnés entre eux.

En outre, il faut voir si des significations comprises sous
la même dénomination les différences sont elles-mêmes

---

1. Un terme qui ne peut être attribué ni également (ὁμοίως, l. 13), ni
inégalement (κατὰ τὸ μᾶλλον) à deux choses, est un terme homonyme. *Clair*,
par exemple, est homonyme de la couleur et de la voix, car la couleur et la voix
ne sont comparables (συμβλητά) sous le rapport du clair ni ὁμοίως, ni κατὰ τὸ
μᾶλλον.

2. Cf. *Catég.*, 3, 1 *b* 17 (Alexandre, 112, 7). – Est homonyme le terme qui
exprime les différences des genres non-subordonnés entre eux : par exemple,
aigu, qui est une différence de la voix et du solide, lesquels sont des genres non-
subordonnés entre eux.

différentes[1], par exemple la couleur dans les corps et la couleur dans les mélodies : car les différences de la couleur sont, dans le corps, le dissociant et le comprimant de la vision, 30 tandis que, dans les mélodies, ce ne sont pas les mêmes différences. Il en résulte que la couleur est un terme homonyme ; car les choses qui sont les mêmes ont les mêmes différences.

Enfin, puisque l'espèce n'est jamais une différence de rien, il faut examiner si des significations comprises sous le même nom, l'une est une espèce et l'autre une différence[2], comme, par exemple, le clair qui, appliqué à un corps, est une espèce de 35 la couleur, et, appliqué à une voix, une différence, une voix se différenciant d'une voix parce qu'elle est claire.

16
< Recherche des différences >

Les différentes significations d'un terme doivent donc être examinées par les moyens que nous avons indiqués et par d'autres de même nature.

Quant aux différences que les choses ont entre elles, on doit les considérer à l'intérieur des mêmes genres[3] : par exemple, il faut rechercher par quoi la justice diffère du 108 a

---

1. Est homonyme le terme qui se distingue tantôt par telles différences, tantôt par telles autres. La couleur dans les corps a pour différence le dissociant (διακριτικόν) pour le blanc, et le comprimant (συγκριτικόν) pour le noir, qui ne sont pas celles de la couleur dans les mélodies. – Sur τὸ διακριτικόν et τὸ συγκριτικόν, cf. *Timée*, 67 d et e, et *Métaph.*, I, 7, 1057 b 8 sq.

2. Le terme qui signifie tantôt une espèce (*clair*, autrement dit *blanc*, pour la couleur), tantôt une différence (*clair* pour la voix), est un homonyme, l'espèce ne pouvant être une différence.

3. L. 39, nous lisons, avec Pickard-Cambridge, ἐν τοῖς αὐτοῖς γένεσι.

courage, et la sagesse de la tempérance (car toutes ces déterminations relèvent du même genre); et aussi d'un genre à un
autre, à la condition qu'ils ne soient pas par trop éloignés l'un
de l'autre, comme par exemple si on recherche par quoi la
sensation diffère de la science[1] : car, pour ceux qui sont très
5 éloignés, les différences sont parfaitement évidentes[2].

17
< Recherche des ressemblances >

La ressemblance doit être étudiée d'abord dans les choses
qui appartiennent à des genres différents, de la façon suivante :
ce qu'un terme est à un second, un troisième l'est à un quatrième (par exemple, ce que la science est à son objet, la sensa-
10 tion l'est au sensible), et : comme un terme est dans un second,
ainsi un troisième est dans un quatrième (par exemple : comme
la vue est dans l'œil, ainsi la raison est dans l'âme, et comme le
calme est dans la mer ainsi le silence des vents est dans l'air)[3].
C'est surtout dans les termes qui sont très éloignés l'un de
l'autre qu'il faut s'exercer à trouver les ressemblances, car,
dans les autres cas, nous pourrons alors plus aisément découvrir des points de ressemblance. Il faudra aussi examiner les
15 choses qui rentrent dans le même genre, et voir si un attribut
identique leur appartient, à toutes, à l'homme, au cheval et au

---

1. *Cf.* Alexandre, 116, 13. La science et la sensation sont les mêmes par
analogie, car ὡς αἴσθησις πρὸς αἰσθητά, οὕτως ἐπιστήμη πρὸς ἐπιστητά,
καὶ ἀμφότερα κριτικά. – L. 3 et 5, nous suivons Pacius, I, 574 : *Item in
diversis generibus, inter quae non est permagna distantia.*
2. Et il est inutile de les rechercher.
3. Cf. *Métaph.*, H, 1043 *a* 21.

chien, par exemple, car c'est dans la mesure où elles ont un attribut identique que ces choses sont semblables.

18
< Utilité des trois derniers instruments dialectiques >

Il est utile d'avoir examiné le nombre des acceptions d'un terme, tant pour la clarté de la discussion (car on peut mieux connaître ce qu'on soutient, une fois qu'a été mise en lumière la **20** diversité de ses significations), qu'en vue de nous assurer que nos raisonnements s'appliquent à la chose elle-même et non pas seulement à son nom. Faute, en effet, de voir clairement en combien de sens un terme se prend, il peut se faire que celui qui répond, comme celui qui interroge, ne dirigent pas leur esprit vers la même chose. Au contraire, une fois qu'on a mis en lumière les différents sens d'un terme et qu'on sait sur lequel d'entre eux l'interlocuteur dirige son esprit en posant son assertion, celui qui interroge paraîtrait ridicule de ne pas **25** appliquer son argument à ce sens-là[1]. – Cette étude nous est utile aussi tant pour ne pas être trompés nous-mêmes que pour tromper les autres, par des paralogismes. Connaissant, en effet, le nombre de significations d'un terme, nous ne serons pas trompés par des paralogismes, mais nous verrons si celui qui interroge ne dirige pas son raisonnement sur le même point ; et si c'est nous-mêmes qui interrogeons, nous serons en mesure de tromper l'autre par des paralogismes, à moins que celui qui **30** répond ne se trouve connaître tous les sens divers du terme.

1. *Cf.* Pacius, II, 365 : *si verbum multiplex in alio sensu accipiatur ab opponente, in alio a respondente, nulla erit inter eos de re controversia, sed tantum de nomine.*

Ceci cependant n'est pas possible dans tous les cas, mais seulement quand les différents sens sont les uns vrais et les autres
faux[1]. Cette sorte d'argumentation, au surplus, n'est pas propre
à la Dialectique[2]; aussi les dialecticiens doivent-ils à tout prix
35 se garder de ce genre de discussion verbale, à moins qu'on ne
soit absolument incapable de discuter d'une autre façon le sujet
proposé.

La découverte des différences sert pour les raisonnements
qui portent sur le même et l'autre, ainsi que pour la connais-
108 b sance de l'essence de chaque chose[3]. Que, d'une part, elle soit
utile pour les raisonnements qui portent sur le même et l'autre,
c'est évident : car une fois que nous aurons découvert une différence, quelle qu'elle soit, entre les objets qui nous sont proposés, nous aurons par là même montré qu'ils ne sont pas une
seule et même chose. D'autre part, elle est utile en vue de la
connaissance de l'essence, du fait que nous distinguons d'ordi-
5 naire la définition qui est propre à la substance de chaque chose,
au moyen des différences propres à cette chose[4].

L'étude de la ressemblance est utile tant pour les
arguments inductifs que pour les raisonnements hypothétiques; elle sert aussi à fournir les définitions. – Elle est utile
10 pour les arguments inductifs parce que c'est par l'induction

---

1. *Nam si utravis significatione accepta vera exiret propositio, etiam
ratiocinatio, per quam coacta est, non esset paralogismus, sed verus syllo-
gismus quamvis reprehendendus propterea quod non unum, sed plura simul
coegerit* (Waitz, II, 454).

2. Mais plutôt à la Sophistique.

3. *Cf.* Alexandre, 121, 24.

4. Car la définition est composée du genre et des différences (Alexandre,
122, 4).

des cas particuliers qui sont semblables que nous pensons dégager l'universel, car il n'est pas facile d'induire sans connaître les ressemblances. – Elle est utile aussi pour les raisonnements hypothétiques[1], en ce qu'on admet généralement que ce qui est vrai de l'un des cas semblables l'est aussi de tous les autres. Si donc à l'égard de l'un quelconque d'entre eux nous disposons en abondance d'arguments pour la discussion, nous prendrons comme préalablement concédé que tout **15** ce qui vaut pour ce cas-là vaut aussi pour le cas en question. Alors, quand nous aurons prouvé le premier, nous aurons par là même prouvé, en nous appuyant sur l'hypothèse, ce qui nous est proposé ; car, ayant pris pour hypothèse que tout ce qui vaut pour ce cas-là vaut aussi pour le cas en question, nous avons effectué la démonstration demandée. – Enfin la recherche des ressemblances est utile pour fournir les définitions[2], du fait **20** que, en étant capables d'apercevoir ce qu'il y a d'identique dans chaque cas, nous ne serons pas en peine de savoir à quel

---

1. Aristote entend par raisonnement hypothétique celui qui repose sur une proposition concédée par l'adversaire (ἐξ ὁμολογίας, Alexandre, 122, 30. Cf. *Anal. prior*, I, 23, 40 *b* 17 *sq.*, p. 116 *sq.*, avec les notes de notre traduction). Les propositions concédées sont, dans notre passage, indiquées l. 13 et 15. On prouve, par exemple, que la *science* des contraires est une, parce que la *sensation* des contraires est une. Les cas étant semblables, on admet que ce qui est vrai de l'un est vrai de l'autre. – En dépit du changement de nombre (Aristote emploie souvent, par négligence, singulier pour le pluriel, et inversement. *Cf.* Waitz, II, 454), les mots ἐπὶ τούτων, l. 15 et 18 se rapportent à ce qu'indiquent ὅ τι, l. 14, et ἐκεῖνο, l. 16.

2. Pour les choses contenues dans le même genre (*homme, cheval, lion*, espèces d'*animal*), le genre est tiré des attributs essentiels (ἐν τῷ τί ἐστι, l. 22) communs aux diverses espèces ; et on choisira celui qui est le plus universel (pour la définition de l'homme, par exemple, on prendra *animal*, plutôt que *raisonnable* ou *mortel*). *Cf.* Pacius, II, 365.

genre nous devons rapporter la chose en question quand nous la définissons, car, parmi les prédicats communs, c'est celui qui appartient le plus à l'essence qui sera le genre. De même encore, dans les choses qui sont très éloignées l'une de l'autre[1], l'étude de la ressemblance est utile en vue des défi-
25 nitions : par exemple, le calme dans la mer est la même chose que le silence des vents dans l'air (chacun étant une forme de repos), et le point dans la ligne la même chose que l'unité dans le nombre, car point et unité sont l'un et l'autre un principe. Par suite, en donnant comme genre ce qui est commun à tous les cas, nous ne définirons pas, semble-t-il, d'une façon impro-
pre[2]. Or c'est à peu près ainsi que ceux qui définissent forment d'ordinaire leurs définitions, car ils disent que l'unité est le
30 principe du nombre, et le point le principe de la ligne. On voit ainsi qu'ils posent comme genre ce qui est commun à chacune de ces notions[3].

Tels sont donc les instruments par le moyen desquels procèdent les raisonnements[4] : quant aux lieux communs en vue desquels les instruments dont nous venons de parler sont utiles, ce sont les suivants.

---

1. Qui n'appartiennent pas au même genre, mais qui ont entre elles une certaine analogie.
2. Mais bien d'une façon appropriée et exprimant la nature de la chose : *repos* est le genre de *calme* de la mer et de *silence* des vents, et *principe*, le genre de *point* et d'*unité*.
3. L'unité et le point.
4. Résumé des chapitres 13-18.

LIVRE II

1

< Généralités >

Les problèmes sont, les uns universels, les autres particuliers : universels, comme, par exemple, *tout plaisir est un bien*, et *nul plaisir n'est un bien*; particuliers, comme, par exemple, *quelque plaisir est un bien* et *quelque plaisir n'est pas un bien*. À ces deux sortes de problèmes sont communs les **109 a** lieux servant à établir ou à réfuter l'universel[1] : en effet, quand

---

1. Nous suivons Alexandre, 130, 5 *sq.* Par exemple, si on prouve que tout homme respire, on prouve par là même que quelque homme respire.

Aristote a défini le *lieu* (τόπος, *locus, locus communis*), non pas dans les *Topiques*, mais *Rhét.*, II, 26, 1403 *a* 18 : c'est en quoi se rencontrent un grand nombre de raisonnements oratoires portant sur différents sujets. *Cf.* aussi la définition de Théophraste, rapportée dans Alexandre, 126, 14, et les développements de ce dernier. Les lieux sont, en somme, « certains chefs généraux auxquels on peut rapporter toutes les preuves dont on se sert dans les diverses matières que l'on traite » (*Logique de Port-Royal*, 3e partie, chap. XVIII). Ross (*Aristote*, trad. fr., p. 86) les compare d'une manière pittoresque, à des « trous à pigeons d'où le raisonnement dialectique doit tirer ses arguments ».

nous aurons prouvé une attribution universelle affirmative,
nous aurons par là même démontré l'attribution particulière
affirmative ; de même aussi, quand nous aurons démontré une
5 attribution universelle négative, nous aurons par là même
démontré l'attribution particulière négative.

Pour commencer, nous devons donc parler des lieux
servant à réfuter une proposition universelle[1], parce que de
tels lieux sont communs à la fois aux problèmes universels et
aux problèmes particuliers, et aussi parce que, l'interlocuteur
posant plutôt des thèses affirmatives que des thèses négatives,
10 ceux qui argumentent doivent par conséquent les réfuter. Mais
il est très difficile de convertir la dénomination propre tirée de
l'accident[2], car c'est exclusivement dans le cas des accidents
qu'une chose peut être vraie d'une certaine façon seulement
et non universellement. Les dénominations tirées de la définition, du propre et du genre, sont, elles, nécessairement conver-
tibles : par exemple, si le fait d'être animal-pédestre-bipède est
15 un attribut de quelque sujet, il sera vrai de dire par conversion

---

1. L'accent doit porter sur *réfuter* et sur *universelle*. Aristote indique
d'abord (l. 7-8) la raison pour laquelle il est inutile de parler pour le moment des
propositions particulières, et ensuite (l. 8-10) la raison pour laquelle il convient
de parler des propositions négatives.

2. *Cf.* Waitz, II, 455. – L. 10-11, il faut comprendre comme s'il y avait :
ἔστι δὲ χαλεπώτατον τὸ ἀντιστρέφειν τὴν ἀπὸ τοῦ συμβεβηκότος
ὀνομασίαν (κατηγορίαν) ὥστ᾽ εἶναι οἰκείαν τοῦ πράγματος. L'accident
affirmée d'un sujet n'est vrai, la plupart du temps, que *quodammodo, ex parte*
(τῇ, l. 12 = κατὰ τι, l. 19), et non pas *simpliciter, universaliter* (καθόλου, l. 12
= ἁπλῶς, l. 20). La conversion de l'accident et du sujet est donc impossible,
puisque l'attribut n'exprime pas la nature de la chose, comme le fait la
définition, le genre ou le propre, dont Aristote donne des exemples dans les
lignes suivantes. – Sur les différents sens de ἀντιστρέφειν, *cf.* la note 2 de notre
traduction des *Premiers Analytiques*, p. 20 (sur I, 2, 25 *a* 1).

que ce sujet est un animal-pédestre-bipède. De même encore, si la dénomination, est tirée du genre : si le fait d'être animal est un attribut de quelque sujet, ce sujet est un animal. Même remarque dans le cas du propre : si le fait d'être apte à apprendre la grammaire appartient à quelque sujet, ce sujet sera apte à apprendre la grammaire. Aucun de ces prédicats, en effet, ne peut appartenir ou ne pas appartenir au sujet d'une façon relative, mais leur attribution ou leur non-attribution 20 est absolue. Au contraire, dans le cas des accidents, rien n'empêche qu'un attribut, par exemple la blancheur ou la justice, n'appartienne d'une certaine façon à la chose, de telle sorte qu'il ne suffit pas de prouver que la blancheur ou la justice est un attribut de l'homme pour prouver que l'homme est blanc ou juste[1], car il y a doute sur ce point et on peut toujours dire que l'homme est blanc ou juste seulement d'une certaine façon. Il n'y a donc pas nécessairement conversion 25 pour les accidents.

Mais il faut aussi déterminer les erreurs qui peuvent survenir dans les problèmes. Elles sont de deux sortes : ou bien on se trompe, ou bien on détourne un terme de son acception reçue. Ceux qui se trompent et qui disent que ce qui n'appartient pas à une chose lui appartient, commettent une erreur ; et 30 ceux qui appellent les choses par les noms d'autres choses (en appelant, par exemple, le platane, *homme*), détournent la dénomination de son acception courante.

---

1. *Blanc* ou *juste* κατά τι (Waitz, II, 455).

2
<Lieux>

Un premier lieu[1] est de regarder si l'adversaire a assigné à
35 un sujet pour accident, un attribut qui lui appartient d'une autre
façon[2]. Cette erreur se commet surtout à l'égard des genres[3], si
l'on a dit, par exemple, que c'est un accident pour le blanc
d'être une couleur, car ce n'est pas par accident que le blanc est
une couleur, mais la couleur est son genre. Il peut se faire que
celui qui pose la thèse définisse l'attribut en employant la
dénomination même de l'accident[4], en disant, par exemple,
109 *b* que c'est un *accident* pour la justice d'être une vertu. Mais
souvent, même sans une telle définition[5], il est évident que le
genre a été pris pour accident : par exemple, si l'on a dit que la
blancheur est colorée ou que la marche est en mouvement. Car

1. Alexandre, 135, 2, rapporte que Théophraste proposait de distinguer
entre la *règle* (παράγγελμα) et le *lieu* proprement dit. Il est sûr que, dans ce
chapitre, il s'agit de la règle ἀφ' οὗ ὁ τόπος εὑρίσκεται. Aussi Alexandre,
appelle-t-il le lieu, τόπος παραγγελματικός.

2. C'est-à-dire comme genre, ou propre, ou définition.

3. Le genre ayant plus de rapport avec l'accident que n'en ont le propre
ou la définition : le genre et l'accident ont une extension plus grande que le
sujet, tandis que le propre et la définition ont la même extension que lui
(Alexandre, 136, 3).

4. *Nominatim*. On dit alors ouvertement que le genre est un accident et
rentre ainsi dans sa définition. *Cf.* Alexandre, 136, 12 : προφανῶς... ἂν
προσθῇ τῷ λεγομένῳ ὑπάρχειν τὸ « συμβέβηκεν ».

5. *Ubi fines accidentis non constituti sunt* (Waitz, II, 455). Dans ce cas on
ne dit pas προφανῶς que la blancheur est un accident, mais l'attribut est affirmé
du sujet παρωνύμως : le verbe *est colorée* est un paronyme (une forme dérivée,
cf. *Catég.*, 1, 1 *a* 12) de *couleur*, qui est le genre du *blanc*, et le verbe *est en
mouvement*, un paronyme de *mouvement*, genre de *marche*. Or une attribution
παρωνύμως est exclusivement accidentelle (*Catég.*, 5, 2 *a* 27 *sq.*) et ne peut être
celle du genre à ses espèces. *Cf.* Alexandre, 136, 15, que nous résumons.

le prédicat tiré du genre n'est jamais, dans sa forme dérivée,
affirmé de l'espèce, mais c'est toujours d'une façon synonyme 5
que les genres sont affirmés de leurs espèces[1], les espèces
recevant à la fois le nom et la définition de leurs genres. Si donc
l'on dit que le blanc est coloré, on n'a pas pris *coloré* comme
son genre, puisqu'on a employé une forme dérivée, ni non plus
comme son propre ou comme sa définition, car la définition et
le propre n'appartiennent à aucune autre chose que le sujet, 10
alors que beaucoup d'autres choses que le blanc sont colorées,
le bois, par exemple, la pierre, l'homme, le cheval[2]. Il est donc
clair qu'on prend cet attribut comme accident.

Un autre lieu, c'est d'examiner tous les cas où un prédicat a
été affirmé ou nié universellement d'un sujet[3]. Mais l'examen
de ces cas doit porter sur les espèces et non sur la multitude
infinie des individus, car alors l'enquête se fera d'une façon
plus méthodique et par des étapes moins nombreuses[4]. Et il 15
faut procéder à cet examen en commençant par les groupes

1. Le genre est toujours affirmé *lui-même* de l'espèce, de telle façon que le
nom et la notion (la définition) soient l'un et l'autre attribués συνώνυμως à
l'espèce. Ce n'est donc pas ce qui est dérivé du genre (le paronyme), mais le
genre lui-même qui doit être affirmé de l'espèce. Et quand on affirme de
l'espèce un attribut dérivé du nom du genre, on prend forcément le genre pour
accident, ce qu'Aristote prouve l. 8-12 (*cf.* Waitz, II, 455-456).

2. Aristote procède par élimination. L'attribution de *coloré* à *blanc* est
accidentelle, car *coloré* n'est ni un genre (le genre étant pris συνώνυμως) ni un
propre, ni une définition (l'attribut *coloré* étant attribuable à d'autres sujets que
blanc, et ne se réciproquant pas avec lui).

3. Dans la thèse qu'on veut combattre. – *Propositio problemate universali,
consideranda sunt inferiora de quibus praedicatum universaliter affirmatur
aut negatur* (Sylvius Maurus, I, p. 448).

4. *Certiori methodo… et in paucioribus : quia multo pauciores sunt species
quam individua* (Pacius, II, 368).

primordiaux et descendre progressivement jusqu'aux espèces indivisibles[1]. Si, par exemple, l'adversaire a dit que des opposés il y a une science une et la même, il faut examiner si des relatifs, des contraires, des termes opposés selon la privation et la possession, et des termes opposés selon la contradiction[2] la
20 science est aussi une et la même. Et si pour ces derniers cas aucun résultat n'est encore clairement atteint, il faut les diviser à leur tour, jusqu'à ce qu'on arrive à des cas qui ne soient plus susceptibles de division : voir, par exemple, s'il en est ainsi des actions justes et injustes[3], du double et de la moitié[4], de la cécité et de la vue[5], de l'être et du non-être[6]. Et si, pour l'un de ces cas, il a été prouvé que la science n'est pas une et la même, nous aurons ainsi réfuté le problème[7]. – Il en est de même pour
25 une attribution universelle négative[8]. – Ce lieu s'emploie d'ailleurs réciproquement, aussi bien pour établir une assertion que pour la réfuter[9] : s'il apparaît, en effet, en énonçant la

---

1. C'est-à-dire, aller des genres aux espèces infimes, qui ne sont pas elles-mêmes susceptibles de division.

2. Qui sont les différentes espèces du genre *opposé*.

3. Contraires.

4. Relatifs.

5. Privation et possession.

6. Contradictoires.

7. Posé comme proposition universelle : la science des opposés est une et la même. – L. 23-24, nous mettons, avec Pickard-Cambridge, un point en haut après εἶναι, et un point après προβλήμα.

8. Posée comme thèse par l'adversaire : la science d'aucun des opposés n'est une et la même.

9. L. 25, ὁ τόπος ἀντιστρέφει = ὁ τόπος πρὸς ἀμφότερα χρήσιμος ἐστιν. Il ne faut donc pas donner son sens technique habituel à ἀντιστρέφει; il faut comprendre, avec Pacius, I, 584, *hic locus convertitur, id est ad confirmandum et refutandum valet.* – Le lieu en question sert non pas seulement à

division, que le prédicat s'applique à tous les cas ou à un grand nombre [1], on peut exiger de l'adversaire qu'il pose l'assertion comme universelle, ou qu'alors il oppose un exemple négatif en vue de montrer dans quel cas il n'en est pas ainsi : car s'il ne fait ni l'un ni l'autre, il paraîtra absurde de sa part de refuser son assentiment à la thèse.

Un autre lieu, c'est de donner les définitions [2] tant de **30** l'accident que du sujet auquel il est attribué, ou de tous les deux séparément ou de l'un d'eux seulement, et voir ensuite si un élément non-vrai a été pris pour vrai dans les définitions. Par exemple si le problème est : *Est-il possible de faire du tort à Dieu ?* on demande : *Qu'est-ce que « faire du tort » ?* Si c'est, en effet, *nuire délibérément*, il est clair qu'on ne saurait faire du tort à Dieu, puisqu'il est impossible de nuire à Dieu. Autre exemple : si l'adversaire pose que l'homme vertueux est **35** envieux, on demandera : *Qu'est-ce que l'envieux ?* et *Qu'est-ce que l'envie ?* Car si l'envie est un sentiment de tristesse à la vue du bonheur de quelqu'un d'honorable, il est clair que l'homme vertueux n'est pas envieux, car il serait méchant. Autre exemple encore : si l'homme porté à l'indignation [3] est posé comme étant envieux, on demandera ce que c'est que l'un

---

réfuter une proposition universelle affirmative ou négative, mais encore à l'établir (Alexandre, 140, 17 *sq.*).

1. *Cf.* Alexandre, 140, 21 : οὐδὲ γὰρ οἷόν τε πάντα ἐπεξελθεῖν.

2. On doit décomposer la proposition dans ses termes, sujet et attribut (accident) et définir chacun d'eux séparément, ou tout au moins celui des deux qui n'est pas suffisamment connu, et voir ensuite si les éléments de chacune de ces définitions ne se combattent pas entre eux et se rapportent bien tous au défini. Si le résultat est défavorable, la proposition est par là même réfutée (Alexandre, 141, 7).

3. Νεμεσητικός : dans cet exemple, on définit le sujet et l'attribut.

110 a et l'autre [1]. Car ainsi, on verra si l'assertion émise est vraie ou
fausse : par exemple, si l'envieux est celui qui s'attriste du
succès des bons, et l'homme porté à l'indignation celui qui
s'attriste du succès des méchants, il est évident que l'homme
porté à l'indignation ne saurait être un envieux. – On doit aussi
5 remplacer les termes contenus dans ces définitions par leurs
propres définitions [2], et ne pas s'arrêter avant d'arriver à un
terme bien connu : car souvent, en prenant dans son entier la
définition, on n'aperçoit pas encore la solution cherchée [3],
tandis que si l'un des termes contenus dans la définition est
remplacé par sa propre définition, il devient aussitôt évident.

10   De plus, du problème nous pouvons nous faire pour
nous-mêmes une proposition, et diriger alors contre elle nos
objections [4] : car l'objection sera une attaque contre la thèse.
Ce lieu est à peu près le même que celui où l'on examine les cas
où un prédicat a été attribué ou nié universellement ; la seule
différence est dans le tour de l'argumentation.

En outre, il faut déterminer quelles sortes de choses il
convient, et quelles sortes de choses il ne convient pas
15 d'appeler comme le commun des hommes. Cela est, en effet,

1. Savoir *homme porté à l'indignation* et *envieux*.
2. Les définitions du sujet et de l'attribut peuvent parfois constituer une
analyse insuffisante pour montrer la vérité ou la fausseté de la thèse. On doit
alors définir à leur tour chacun des termes composant ces définitions mêmes, et
poursuivre ainsi jusqu'à ce qu'on arrive à des termes évidents. Voir l'exemple
d'Alexandre, 143, 20.
3. Savoir si le problème est vrai ou faux.
4. Faisons en nous-mêmes, dit Aristote, ce que notre adversaire ferait :
convertissons le problème en proposition universelle (affirmative ou négative).
Nos réfutations s'appliqueront alors à cette thèse. On retombe ainsi dans le
second lieu examiné ci-dessus, l. 109 *b* 13.

utile à la fois pour établir et pour réfuter un problème. C'est ainsi que nous pouvons dire qu'il faut distinguer les choses par leurs dénominations courantes[1], mais quand nous demandons quelles sortes de choses sont ou ne sont pas de telle espèce, il ne faut plus s'en remettre au vulgaire. Par exemple, il faut dire que le sain est l'agent de la santé, comme tout le monde sait; **20** quant à savoir si l'objet en question est ou non agent de la santé, ce n'est plus le vulgaire dont il faut adopter le langage, mais bien le médecin.

3
< Autres lieux >

En outre[2], si un terme est pris en plusieurs sens, et que l'on ait posé[3] qu'il appartient ou n'appartient pas à un sujet, il faut prouver l'une des deux différentes acceptions, si on ne le peut pour toutes les deux. Il faut se servir de ce lieu dans les cas où **25** l'homonymie demeure cachée; car s'il n'est pas ignoré que le terme se prend en plusieurs sens, l'interlocuteur[4] objectera que ce n'est pas le sens qu'il a lui-même mis en question qui a été discuté, mais bien l'autre. – Ce lieu sert à la fois réciproquement, pour établir et pour réfuter un problème[5].

---

1. *Cf.* pour tout ce passage, qui ne présente pas de difficulté, les développements d'Alexandre, 146, 25 et *sq.*

2. Premier lieu : homonymie cachée.

3. Dans le problème ou la thèse. – Aristote ne parle que des termes qui ont deux sens, mais ce qu'il dit s'applique aux termes ayant plus de deux sens (*cf.* d'ailleurs *infra*, 110 *b* 14-15).

4. Celui qui défend la thèse.

5. Sur une expression analogue, où le verbe ἀντιστρέφει revêt un sens spécial, cf. *supra*, 2, 109 *b* 25.

Si, en effet, nous voulons établir une thèse, nous montre-
30 rons que, dans l'un de ses deux sens, l'attribut appartient au
sujet, quand nous ne pouvons le montrer pour les deux sens ;
si, par contre, il s'agit de réfuter, nous montrerons que, dans
l'un de ses deux sens, l'attribut n'appartient pas au sujet, quand
nous ne pouvons le montrer pour les deux sens. Seulement,
dans le cas de la réfutation, il n'est nullement besoin de faire
dépendre la discussion d'une concession de l'adversaire[1], que
la thèse pose une attribution universelle affirmative ou une
attribution universelle négative : car si nous prouvons que,
dans un cas quelconque, l'attribut n'appartient pas au sujet,
35 nous aurons par là même réfuté l'attribution universelle affirmative ; et de même encore, si nous montrons que, dans un seul
cas, l'attribut appartient au sujet, nous aurons par là même
réfuté l'attribution universelle négative. Au contraire, quand
nous établissons une thèse, nous devons admettre préalablement avec l'adversaire que si, dans un cas quel qu'il soit,
l'attribut appartient au sujet, il lui appartient universellement,
en faisant la supposition qu'il s'agit là d'un postulat plau-
110 b sible[2]. Il ne suffit pas, en effet, pour prouver une attribution

1. Pour *réfuter* une thèse universelle, soit affirmative, soit négative, nous
procédons *categorice* : la proposition étant universelle, il suffit que nous prou-
vions que, dans tel cas particulier quel qu'il soit, elle ne s'applique pas, pour que
cette proposition soit ruinée. Au contraire, pour *établir* une thèse, nous serons
forcés de procéder *hypothetice* (ἐξ ὁμολογίας, cf. *supra*, I, 18, 108 *b* 7) et de
supposer préalablement, d'accord avec l'adversaire, que ce qui est vrai dans un
cas est vrai dans tous.

2. *Cf.* Sylvius Maurus, I, 451 dont l'exposé est très clair. – Pour prouver
une proposition universelle (par exemple, *toute âme est immortelle*), il ne suffit
pas de prouver qu'il en est ainsi dans tel cas déterminé (*l'âme humaine est
immortelle*) : il faut encore présupposer, comme postulat vraisemblable

universelle de discuter sur un seul cas : par exemple, il ne suffit pas de prouver que l'âme de l'homme est immortelle pour établir que toute âme est immortelle ; par conséquent, il faut tomber préalablement d'accord que si une âme quelconque est immortelle, toute âme sera immortelle. Or c'est là une chose qu'on ne doit pas toujours faire, mais seulement là où nous ne **5** pouvons pas facilement produire un argument commun à tous les cas, à la façon du géomètre, par exemple, quand il affirme que le triangle a ses angles égaux à deux droits [1].

En outre [2], si les différents sens d'un terme ne sont pas cachés, nous devons distinguer en combien de sens il se prend, avant de réfuter ou d'établir la thèse. Par exemple, supposant que le devoir est l'utile ou l'honnête, il faut s'efforcer d'établir **10** ou de réfuter ces deux assertions pour le sujet proposé, en montrant, par exemple, qu'il est honnête et utile, ou qu'il n'est ni honnête, ni utile. Mais si on ne peut pas prouver à la fois les deux sens, il faut prouver au moins l'un d'eux, en avertissant en outre que le sujet proposé est vrai dans l'un des deux sens, et faux dans l'autre. La règle est la même, quand bien même le nombre des sens en lesquels le sujet se divise est supérieur à deux.   **15**

(πιθανόν... τὸ ἀξίωμα, l. 38), que ce qui est vrai dans un cas est vrai dans l'autre, *eo quod de omnibus sit eadem ratio*.

L. *b* 2, conformément à une suggestion de Waitz, II, 457, suivie par Strache-Wallies, il faut lire ὅτι (et non διότι) ψυχὴ πᾶσα.

1. On ne doit pas employer le postulat en question, qui donne évidemment une preuve imparfaite, quand on peut démontrer universellement la proposition (l'immortalité de l'âme, par exemple, par son automotricité) : le géomètre démontre καθόλου et non pas δι᾽ ὁμολογίας (Alexandre, 151, 9 et *sq.*).

2. Second lieu : homonymie évidente.

Il faut considérer encore les expressions qui ont plusieurs sens non pas par homonymie, mais d'une autre façon[1]. Par exemple : *la science de plusieurs choses est une et la même.* Ici, *plusieurs choses* peut signifier : ou bien la fin et les moyens d'atteindre cette fin, comme, par exemple, la Médecine est science à la fois de la production de la santé et du régime[2] ; ou bien, les deux choses prises comme fins, comme on dit, par exemple, que la science des contraires est une et la même
20 (car l'un des contraires n'est pas plus fin que l'autre)[3] ; ou bien encore, un attribut par soi et un attribut par accident, comme, par exemple, l'attribut essentiel que le triangle a ses angles égaux à deux droits, et l'attribut accidentel que la figure équilatérale a ses angles de cette façon, car c'est parce que c'est un accident pour le triangle équilatéral d'être un triangle, que
25 nous connaissons qu'il a ses angles égaux à deux droits[4]. Si donc, en aucun des sens du terme[5], il n'est possible que la science de plusieurs choses soit une et la même, on peut dire évidemment qu'il est absolument impossible que la science de plusieurs choses soit une et la même ; ou, si en l'un de ces sens elle peut être une et la même, il est évident qu'on peut dire que

---

1. Troisième lieu : terme à plusieurs sens non homonymes.

2. Considéré comme l'ensemble des moyens conduisant à la santé.

3. La science des couleurs, par exemple, considère comme fins aussi bien le blanc que le noir.

4. Sur ce dernier exemple, *cf.* Sylvius Maurus, I, 452 : *Potest una disciplina esse unius per se, alterius per accidens : ex. gr., geometria per se demonstrat quod triangulum habet tres angulos aequales duobus rectis, per accidens autem ostendit, quod triangulum aequilaterum habet tres angulos aequales duobus rectis, eo quod accidit triangulum esse aequilaterum.*

5. Indiqués ci-dessus, I, 18 et *sq.* – *Cf.* Waitz, II, 457, dont nous suivons la traduction.

la science de plusieurs choses est une et la même. – Il faut **30**
diviser en autant de sens que l'utilité le demande[1] : par
exemple, si nous voulons établir une thèse, il faut avancer
les sens qui sont de nature à pouvoir s'accorder avec elle,
et diviser en ceux-là seulement qui sont utiles aussi pour
l'établir; si, au contraire, c'est réfuter que nous voulons, nous
produirons tous les sens qui ne sont pas susceptibles de
s'accorder avec la thèse, et laisserons le reste de côté[2]. Et il
faut faire cela également quand nous ne voyons pas en
combien de sens le terme est pris. – En outre, on doit établir au
moyen des mêmes lieux qu'une chose est ou n'est pas dite
d'une autre chose[3], par exemple que telle science est *de* telle **35**
chose particulière, prise soit comme fin, soit comme moyen
pour arriver à cette fin; soit comme accident, ou, inversement,
que telle chose n'est *de* telle chose selon aucune des façons
indiquées[4]. La même règle s'applique encore au désir et à
toutes les autres choses qui sont dites *de* plusieurs choses. En
effet, le désir de cette chose-ci peut signifier le désir de la
chose, prise soit comme fin (par exemple, le désir de la santé), **111 *a***

1. Et dans cette mesure seulement. – L. 29, nous mettons la virgule avant τὰ
τοιαῦτα, et non après, comme le fait Strache-Wallies, par suite d'une erreur
matérielle.
2. En un mot, il faut prendre seulement les sens favorables à la thèse à
établir, ou défavorables à la thèse à réfuter (*cf.* Pacius, II, 370).
3. Aristote généralise ce qu'il vient de dire. Les lieux en question
s'appliquent dans tous les cas où il s'agit d'établir ou de réfuter qu'une chose
quelconque s'applique ou ne s'applique pas à une autre chose comme à son
objet, que, par exemple, la Médecine est ou n'est pas agent de la santé.
Cf. Alexandre, 155, 3.
4. Que la Physique, par exemple, n'est pas la science des êtres immobiles
(Pacius, II, 370). – L. 36, avec Pickard-Cambridge, nous supprimons τι.

soit comme moyen pour atteindre la fin (par exemple, le désir
de se soigner), soit comme accident, dans le cas du vin, par
exemple, où celui qui aime les choses douces désire le vin, non
parce que c'est du vin, mais parce que c'est doux : car, essentiellement, c'est le doux qu'il désire, et le vin, seulement par
5 accident, puisque, quand le vin est sec, il ne le désire plus ; c'est
donc bien par accident qu'il le désire. – Ce lieu est utile aussi
pour les relatifs[1], car les choses de ce genre rentrent presque
toutes[2] dans les relatifs.

4

< Autres lieux >

En outre, il est bon de passer d'un terme à un autre plus
connu : par exemple, remplacer, dans un jugement, *exact* par
clair, et *le fait de se mêler à beaucoup d'affaires* par *le fait*
10 *d'aimer à se mêler à beaucoup d'affaires*[3], car l'expression
étant devenue plus connue, il est aussi plus facile d'attaquer
la thèse. Ce lieu est d'ailleurs, lui aussi[4], commun à nos deux
desseins, à savoir pour établir et pour réfuter une assertion.

1. Car, explique Alexandre, 156, 15-16, τό τί τινος λέγειν εἶναι καὶ
ἄλλο ἄλλου ἐν τοῖς πρός τι.
2. Cf. Pacius, II, 370 : *Potest dici aliquid esse alicujus, nec tamen esse*
relatum ; ut haec manus dicitur Socratis manus, nec est in categoria relationis,
sed substantiae (Catég., 7).
3. Ces deux expressions, πολυπραγμοσύνη et φιλοπραγμοσύνη que l'on
rencontre déjà dans Platon (*Rép.*, 444 *b* et 549 *c*), ont un sens péjoratif, et
signifient une *ingérence indiscrète* dans les affaires d'autrui. Le terme
φιλοπραγμοσύνη est plus approprié, car il indique non pas seulement une
ingérence d'occasion, mais une διάθεσις, incompatible, par exemple, avec la
notion d'homme vertueux (Alexandre, 156, 25 et *sq.*).
4. Comme ceux qui précèdent.

Pour prouver que les contraires appartiennent au même sujet, il faut envisager le genre de ce sujet[1] : par exemple, si, **15** nous voulons montrer que, dans la perception sensible, il peut y avoir rectitude et erreur, nous dirons que percevoir c'est juger, et qu'on peut juger avec rectitude ou sans rectitude, si bien que pour la perception sensible il peut y avoir aussi rectitude et erreur. Dans le présent exemple, la démonstration se fait à partir du genre et s'applique à l'espèce, car juger est genre de percevoir[2], puisque celui qui perçoit fait en quelque sorte un jugement. Inversement, on peut aller de l'espèce au **20** genre : en effet, tous les attributs de l'espèce sont aussi ceux du genre[3] ; par exemple, s'il y a une bonne et une mauvaise science, il y a aussi une bonne et une mauvaise disposition[4], car la disposition est genre de la science. – Le lieu donné en premier est faux pour établir une thèse, tandis que le second est vrai. Il n'est pas nécessaire, en effet, que tous les attributs du **25** genre soient aussi attributs de l'espèce : ainsi l'animal est ailé et quadrupède, mais l'homme ne l'est pas. Par contre, tous les attributs de l'espèce appartiennent nécessairement aussi au genre : si l'homme est vertueux, l'animal aussi est vertueux. D'autre part, pour réfuter une thèse, c'est le lieu donné en premier qui est vrai, et le dernier qui est faux : car tout ce qui **30** n'appartient pas au genre n'appartient pas non plus à l'espèce,

---

1. Autre lieu.

2. Nous jugeons, en effet, non seulement par la sensation, mais aussi par l'intellect (Alexandre, 158, 15).

3. *Non tamen omni et universaliter* (Pacius, I, 589). – Autre lieu.

4. *Cf.* Alexandre, 158, 24 : διαθέσεις οὐ μόνον αἱ ἐπιστῆμαί τε καὶ τέχναι ἀλλὰ καὶ αἱ ἀρεταί.

tandis que tout ce qui est nié de l'espèce n'est pas nécessairement nié du genre.

Puisque les choses auxquelles le genre est attribué doivent
aussi nécessairement recevoir pour attribut quelqu'une des
espèces, et que tout ce qui possède le genre [1], ou est désigné par
35 des termes dérivés du genre [2], doit aussi nécessairement posséder quelqu'une des espèces, ou être désigné par des termes
dérivés d'une des espèces (par exemple, si *science* est affirmé
d'une chose, alors la Grammaire, la Musique ou l'une des
autres sciences sera aussi affirmée de la chose, et si quelqu'un
111 b possède la science ou est désigné par un terme dérivé de la
science, il possédera aussi la Grammaire ou la Musique ou
l'une des autres sciences, ou sera désigné par un terme dérivé
d'elles, comme, par exemple, *grammairien* ou *musicien*); si
donc est posée quelque expression tirée, d'une façon quel-
5 conque, du genre (par exemple, que l'âme est en mouvement),
il faut examiner si, suivant l'une des espèces du mouvement,
l'âme peut se mouvoir : si elle peut, par exemple, augmenter,
ou se corrompre, ou devenir, ou avoir telle autre espèce de
mouvement [3]. Car si elle ne se meut d'aucun de ces mouvements, il est évident qu'elle ne se meut pas du tout. Ce lieu, du
reste, est commun pour nos deux desseins, tant pour réfuter
que pour établir la thèse : car si l'âme se meut suivant l'une des
10 espèces de mouvement, il est clair qu'elle se meut, tandis que

---

1. *Cf.* Waitz, II, 458 : ὅσα ἔχει τὸ γένος, *intell.* ὡς ὑπάρχον αὐτοῖς, *h. e.*
ὅσοις ὑπάρχει τὸ γένος.

2. Sur les paronymes, cf. *supra*, 2, 109 *b* 1 et *sq.*, et les notes.

3. Sur les différentes sortes de mouvement, cf. *Métaph.*, *passim*, et,
notamment, Z, 7, 1032 *a* 15, et la note de notre traduction, I, p. 259.

si elle ne se meut suivant aucune des espèces de mouvement, il est clair qu'elle ne se meut pas.

Si on ne dispose pas d'arguments en nombre suffisant pour attaquer la thèse [1], il faut examiner si on ne peut pas les prendre parmi les définitions réelles de la chose en question ou de ses définitions apparentes [2], et, s'il n'y a pas assez d'une définition pour cela, les tirer de plusieurs. Car la chose une fois définie, il sera plus facile d'attaquer la thèse, l'attaque contre les **15** définitions étant toujours plus facile [3].

Il faut examiner aussi, en ce qui concerne le sujet en question, de quelle chose donnée le sujet suit, ou bien quelle chose suit nécessairement si le sujet est donné [4] : quand on veut établir une thèse, il faut rechercher de quelle chose donnée la chose en question suivra (car si on a prouvé l'existence de la **20** première, on aura par là même prouvé l'existence du sujet en question) [5] ; par contre, quand on veut réfuter une thèse, il faut rechercher quelle chose est si le sujet proposé est donné, car quand nous aurons montré que le conséquent du sujet proposé

---

1. Autre lieu. – Sur les rapports du présent lieu avec celui qui est développé *supra*, 2, 109 *b* 30, *cf.* Alexandre, 163, 21 et *sq.*, et Pacius, II, 371.

2. La Dialectique ayant pour objet les choses simplement probables.

3. *Cf.* I, VI et VII, *infra*.

4. Lieu de l'antécédent et du conséquent.

5. Par exemple (Pacius, I, 590), si nous avons à *établir* que tout plaisir est un bien, nous nous servirons de l'argument *ab antecedente*, dans un syllogisme en *Barbara* tel que :

Tout ce qui est naturel est un bien ;
Tout plaisir est naturel ;
Tout plaisir est un bien.

n'existe pas, nous aurons par là même ruiné la chose en question[1].

De plus, il faut faire attention au temps[2], et voir s'il y a
25 quelque discordance à cet égard. Si, par exemple, l'interlocuteur a dit que ce qui se nourrit croit nécessairement, on peut répondre que les animaux, tout en se nourrissant toujours, ne croissent cependant pas toujours. De même encore, si on a dit que savoir c'est se souvenir[3] : car le souvenir se rapporte au temps passé, et le savoir au présent et au futur, puisque nous disons que nous connaissons les choses présentes et les choses
30 futures (qu'il y aura, par exemple, une éclipse), tandis qu'il n'est pas possible de se rappeler rien d'autre chose que le passé.

5
<Autres lieux>

Il y a aussi la façon sophistique de discuter, qui consiste à amener l'adversaire sur un point[4] de nature à nous permettre d'y opposer des arguments en abondance. Cette façon de procéder sera tantôt une nécessité réelle, et tantôt une nécessité

---

1. *Cf.* Pacius, *ibid.* – Soit à *réfuter* que tout plaisir est un bien. Nous procèderons *a consequenti* par un syllogisme en *Baroco* tel que :
Tout bien est désirable ;
Quelque plaisir n'est pas désirable ;
Quelque plaisir n'est pas un bien.
2. Lieu relatif au temps.
3. Critique probable de la théorie de la Réminiscence.
4. Qui n'est plus le problème posé.

apparente [1] ; tantôt enfin, ce ne sera ni une nécessité apparente, 35
ni une nécessité réelle. – Ce sera une nécessité réelle quand,
celui qui répond ayant nié quelque assertion utile pour attaquer
la thèse [2], celui qui questionne dirige son argumentation sur
ce point contesté, et que ce point se trouve être un de ceux sur
lesquels il a de nombreux arguments. De même, il y a encore
nécessité réelle quand, celui qui questionne, ayant effectué
une induction reposant sur l'assertion de celui qui répond, 112 *a*
s'applique à réfuter la proposition à laquelle il a abouti : car,
celle-ci une fois détruite, l'assertion, posée d'abord s'écroule
aussi [3]. – Il y a nécessité apparente [4], quand apparaît utile et
propre à la thèse, sans toutefois l'être en réalité, le point sur
lequel se porte la discussion ; soit que celui qui soutient le
poids de l'argument ait refusé de concéder quelque point [5], soit 5

---

1. Et, dans ces deux premiers cas, la μετάληψις (*translatio disputationis*)
n'a rien de sophistique : c'est seulement un moyen de prouver le problème.

2. Une assertion qui doit être concédée au questionneur. – La μετάληψις
est alors nécessaire pour démontrer la proposition originaire (Alexandre, 168,
14 et *sq.*).

3. *Cf.* Waitz, II, 459 dont nous adoptons l'interprétation pour ce difficile
passage : *Sit e.g. thesis quam defendat adversarius A praedicari de B. Jam qui
hoc redarguere vult inductionem facit hoc modo : sicut A praedicatur de B
(quod tu sumpsisti), ita etiam de C, de D et de E, BCD et E autem species vel
etiam individua sunt quae continentur communi genere F : quare praedicari
debet A de genere F ; quod si redarguitur, satis refutatum erit etiam id quod
contendit adversarius A praedicari de B.*

4. Même argumentation et mêmes distinctions que dans le cas de nécessité
réelle (l. 111 *b* 35-38, d'une part, et l. 112 *a* 1-2, d'autre part,), avec cette différence que μετάληψις n'a qu'une utilité apparente au lieu d'une utilité réelle.
C'est donc un artifice dialectique, mais légitime, pour faciliter la discussion.

5. Comme pour les l. 111 *b* 35-38, il s'agit de celui qui répond, lequel refuse
de concéder à l'adversaire un point servant à démontrer la proposition
originaire.

que celui qui questionne, par une induction vraisemblable
reposant sur la thèse de celui qui répond étant parvenu à
atteindre ce point, s'efforce de le détruire. – Le cas restant,
c'est lorsque le point sur lequel la discussion se porte n'est
nécessaire ni en réalité, ni en apparence[1], et que c'est sur une
toute autre question que celui qui répond se trouve réfuté. Il
10 faut d'ailleurs éviter ce mode de discussion indiqué en dernier
lieu, car il est, semble-t-il bien, complètement en dehors de la
Dialectique et étranger à elle. Pour cette raison encore, celui
qui répond doit[2], non pas s'en irriter, mais concéder les points
qui ne sont d'aucune utilité pour la réfutation de la thèse, en
signalant tous les points qui ne sont pas conformes à son
opinion personnelle, bien qu'il les concède. En effet, la plupart
du temps, la confusion de ceux qui posent les questions se
trouve accrue, si, après que toutes les propositions de ce genre
15 leur ont été concédées, ils n'arrivent pas à tirer de conclusion.

De plus[3], toutes les fois qu'on a énoncé une assertion
quelconque, on énonce, en un certain sens, une multiplicité, attendu que chaque assertion entraîne nécessairement
plusieurs conséquences. Par exemple, quand on a dit qu'un tel

---

1. Mais εἰς τὸ τυχόν (Alexandre, 172, 7). *Cf.* Waitz, II, 460 : *Quum
disputatio traducitur ad aliud quid quod plane alienum est ab eo de quo disputatur, ut non id ipsum quod defendat adversarius refellatur, sed aliud quidquam*
(ἄλλως παρεξελέγχεται) *quod nobis quidem facilius sit ad everiendum, cum
eo vero de quo agatur omnino non cohaereat.* – Nous avons traduit comme
Waitz. Mais on pourrait comprendre, plus exactement peut-être, en mettant
l'accent sur συμβαίνη, l. 9 : « Et si celui qui répond se trouve réfuté, c'est par
une heureuse coïncidence et d'une façon étrangère au sujet (ἄλλως, l. 8 = *sine
causa*) ».

2. Quand il s'aperçoit que son adversaire emploie ce procédé sophistique.

3. Autre lieu : passage d'une proposition ἐν ἀρχῇ à ses conséquences.

est un homme, on a dit aussi qu'il est un animal, qu'il est animé, qu'il est bipède, et qu'il est susceptible de raison et de science, de telle sorte que si une seule de ces conséquences, quelle qu'elle soit, est détruite, la proposition originaire l'est **20** aussi. Mais il faut éviter le passage d'un sujet à un autre plus difficile[1] : parfois, en effet, tantôt ce qu'il est plus aisé de réfuter c'est la conséquence, et tantôt c'est la thèse en question elle-même.

6
<Autres lieux>

En ce qui concerne les sujets auxquels doit nécessairement appartenir un seul de deux attributs contraires[2] (comme, par exemple, à l'homme appartient nécessairement la maladie ou la santé), si nous avons de nombreux arguments pour prouver **25** que l'un de ces attributs appartient ou n'appartient pas au sujet, nous en aurons aussi pour l'autre. Ce lieu peut servir réciproquement, à la fois pour nos deux desseins[3] : après avoir prouvé que l'un des deux attributs appartient au sujet, nous aurons par là même prouvé que l'autre ne lui appartient pas ; si, au contraire, nous avons prouvé que l'un des deux attributs n'appartient pas au sujet, nous aurons par là même, prouvé que l'autre lui appartient. On voit donc que ce lieu est utile pour les **30** deux cas.

---

1. L. 21, nous suivons Strache-Wallies et supprimons τὰ τοιαῦτα.
2. Lieu tiré des contraires : si l'un appartient au sujet, l'autre ne lui appartient pas ; si l'un n'appartient pas au sujet, l'autre lui appartient.
3. C'est-à-dire pour établir ou pour réfuter une thèse.

On peut encore attaquer l'adversaire en transposant un
terme en son sens littéral [1], avec cette idée qu'il est plus convenable de prendre le terme de cette façon que dans son sens
couramment posé [2] : par exemple, on peut dire que l'expression *qui a un grand cœur* ne signifie pas l'homme courageux,
suivant l'usage actuellement établi, mais bien l'homme dont le
35 cœur est bon [3], à la façon dont l'expression *qui a bon espoir*
peut signifier l'homme qui attend de bonnes choses. Pareillement, on peut dire que *heureux* signifie celui dont le *génie*
est vertueux [4], à la façon dont Xénocrate [5] dit qu'est heureux
celui qui a l'âme vertueuse, car c'est l'âme qui est le génie de
tout homme.

112 b   Puisque certaines choses [6] arrivent nécessairement,
d'autres le plus souvent, et d'autres enfin en vertu d'un

---

1. Autre lieu, tiré de l'étymologie.

2. *Quasi propria nominis potestas melius perspiceretur ex ejus origine
quam ex communi more verborum* (Waitz, II, 460-461). – Sur l'emploi du
superlatif μάλιστα au lieu du comparatif (l. 33), *cf.* Waitz, *ibid.*

3. Si nous voulons prouver, explique Alexandre, 176, 2, que tout homme
possédant une vertu quelconque est εὔψυχος, et non pas seulement, au sens
usuel, l'homme courageux (ὁ ἀνδρεῖος), nous prendrons εὔψυχος dans son
sens étymologique, ὁ εὖ τὴν ψυχὴν ἔχων, c'est-à-dire celui qui a l'âme bonne,
et qui peut être juste, sage ou prudent. On le prouve par comparaison avec les
notions semblables telles que εὔελπις (*bon espoir*), qui, étymologiquement,
signifie *qui espère de bonnes choses* (ὁ ἀγαθὰ ἐλπίζων). – La traduction ne
peut évidemment, en raison des jeux de mots, être qu'approximative.

4. Jeu de mots sur εὐδαίμων et δαίμων (*génie*, démon). *Cf.* Alexandre,
176, 10.

5. Fragment 81, dans Heinze, *Xenokrates. Eine Darstellung der Lehre und
Sammlung der Fragmente*, Leipzig, 1892.

6. Lieu tiré de la division des choses en nécessaires, constantes et fortuites.
– Il faut examiner si notre interlocuteur ne confond pas ces différentes notions :
quelle que soit la confusion, elle donne contre lui un *locus arguendi*. Aristote
donne des exemples de chacune de ces différentes erreurs.

hasard quelconque; si on pose le nécessaire comme constant, ou le constant (soit lui-même, soit son contraire)[1] comme nécessaire, on donne toujours lieu à une attaque contre soi. En effet, si on a posé le nécessaire comme constant, il est évident qu'on a refusé à un attribut d'être universel, alors qu'il est universel, et ainsi on a commis une erreur; on se trompe également, si on a énoncé l'attribut constant comme nécessaire, car on affirme son attribution universelle, alors qu'elle n'est pas universelle. De même encore, si on dit que le contraire de ce qui est constant est nécessaire, car le contraire d'un attribut constant est toujours un attribut moins fréquent que lui[2]: si, par exemple, les hommes sont la plupart du temps méchants, c'est qu'ils sont moins fréquemment bons, de telle sorte que l'on a commis une erreur plus forte encore si on a dit que les hommes sont bons nécessairement[3].

Cela est vrai aussi, si on a pris ce qui arrive par un pur hasard comme nécessaire ou constant, car ce qui dépend d'un hasard quelconque n'est ni nécessaire, ni constant. S'il s'agit d'une chose qui arrive le plus souvent, alors, même en supposant que l'interlocuteur n'ait pas déterminé si elle est constante ou nécessaire, on peut admettre dans la discussion[4] qu'il a dit qu'elle arrive nécessairement: par exemple, s'il a déclaré, sans plus distinguer, que les personnes exhérédées sont

---

1. Cf. *infra*, l. 9.
2. *Cf.* Alexandre, 178, 17.
3. Le raisonnement est clair. Si le constant n'est pas nécessaire, *a fortiori* le rare ne l'est-il pas.
4. Pour le réfuter.

des méchants [1], on peut, en discutant, admettre que c'est
20 nécessairement qu'elles sont ainsi.

De plus, il faut examiner aussi [2] si l'adversaire a posé la
chose comme attribut accidentel d'elle-même, en la prenant
pour une chose différente parce qu'elle porte un nom différent,
à la façon dont Prodicos divisait les plaisirs en joie, délectation
et contentement : car ce ne sont là que les noms de la même
chose, le plaisir. Si donc on dit que *se réjouir* est un attribut
25 accidentel d'*avoir du contentement*, cela reviendra à dire que
la chose est un attribut accidentel d'elle-même.

7

<Autres lieux>

Puisque les contraires se combinent entre eux de six
façons [3], et que quatre de ces combinaisons constituent une

---

1. On n'exhérède que des héritiers indignes. Mais c'est là un fait, non pas
nécessaire, mais constant : il y a des exceptions.

2. Lieu tiré de l'impossibilité pour une chose d'être attribut d'elle-même.
L'erreur provient de la pluralité de noms signifiant en fait la même chose. Si
donc, avec le Sophiste Prodicos de Céos, qui se flattait de définir les mots avec
précision (*cf.* le *Protagoras*, où il est mis en scène), on divise le plaisir en
notions qui ne sont que des nuances du plaisir même, on ne fait qu'attribuer
à la chose la chose elle-même. – Sur le sens précis des termes ἡδονή, χάρα,
τέρψις et εὐφροσύνη, l. 23, *cf.* Alexandre, 181, 2. Dans tout le paragraphe,
συμβεβηκός signifie l'attribut pouvant ou non appartenir au sujet.

3. Soit deux sujets contraires (*amis*, que nous pouvons désigner par α, et
ennemis, désigné par β) et deux attributs contraires (*faire le bien*, γ, et *faire le
mal*, δ). On a les quatre propositions suivantes :
Faire du bien à ses amis (αγ);
Faire du mal à ses amis (αδ);
Faire du bien à ses ennemis (βγ);
Faire du mal à ses ennemis (βδ).

contrariété, il faut prendre les contraires en vue de l'utilité qu'ils peuvent présenter à la fois pour réfuter et pour établir une thèse. – Que les contraires se combinent de six façons, 30 c'est là une chose évidente. En effet, ou bien chacun des attributs contraires se combinera avec chacun des sujets contraires, et cela de deux façons : par exemple, *faire du bien à ses amis* et *faire du mal à ses ennemis*, ou, inversement, *faire du mal à ses amis* et *faire du bien à ses ennemis*. Ou encore, les deux attributs contraires peuvent se rapporter à un seul sujet, et cela aussi de deux façons : par exemple, *faire du bien à ses amis* et 35 *faire du mal à ses amis*, ou *faire du bien à ses ennemis* et *faire du mal à ses ennemis*. Ou enfin, un seul des attributs contraires peut se rapporter à deux sujets, et cela encore de deux façons : par exemple, *faire du bien à ses amis* et *faire du bien à ses ennemis*, ou *faire du mal à ses amis* et *faire du mal à ses ennemis*.

Les deux premières combinaisons que nous avons indi- 113 *a* quées ne constituent pas une contrariété : *faire du bien à ses amis* n'est pas contraire à *faire du mal à ses ennemis*, car ce

---

Ces propositions se combinent de six façons, dont quatre seulement donnent naissance à une contrariété. On a :

1) αγ et βδ ;

2) αδ et βγ (*contraria de contrariis*, l. 31-34). – Ces deux couples n'engendrent pas de contrariété (l. 113 a 1), car il y a identité de sentiment chez celui qui les énonce, et elles reviennent au même. Elles n'ont aucune utilité pour établir ou pour réfuter une thèse (l. 28-30) ;

3) αγ et αδ ;

4) βγ et βδ (*contraria de eodem*, l. 34-36) ;

5) αγ et βγ ;

6) αδ et βδ (*idem de contrariis*, l. 36-38).

Cf. les diagrammes de Pacius (I, 595, et II, 374-375), et, sur l'opposition des contraires en général, *de Interp.*, 14.

sont là deux choses à désirer et qui relèvent de la même disposition morale ; et *faire du mal à ses amis* n'est pas contraire non
plus à *faire du bien à ses ennemis*, car ce sont là deux choses à
5 éviter et qui relèvent de la même disposition morale. Et il ne
semble pas qu'une chose à éviter soit contraire à une chose à
éviter, à moins que l'une ne soit dite par excès et l'autre par
défaut, car l'excès, pense-t-on généralement, fait partie des
choses à éviter, et il en est de même du défaut [1]. – Par contre, les
quatre combinaisons restantes constituent toutes une contra-
10 riété. En effet, *faire du bien à ses amis* est contraire à *faire
du mal à ses amis*, car cela procède d'une disposition morale
contraire, et l'une de ces choses est à désirer et l'autre à éviter.
Il en est de même encore pour les autres combinaisons : dans
chaque couple, en effet, l'une des choses est à désirer et l'autre
à éviter, l'une relève d'un bon sentiment et l'autre d'un
mauvais. – Il résulte donc évidemment de ce que nous venons
de dire, qu'une même chose peut donner lieu à plusieurs
15 contraires. En effet, *faire du bien à ses amis* a pour contraires
à la fois *faire du bien à ses ennemis* et *faire du mal à ses amis*.
Et de même pour chacune des autres assertions : à l'examiner
de cette façon, on s'apercevra que ses contraires sont au
nombre de deux. Il faut par conséquent choisir celui des deux
contraires qui peut servir à attaquer la thèse [2].

---

1. Sur ce point cf. *Éth. Nic.*, II, 8, 1108 *b* 11 et *sq.* Chaque vertu éthique est
une μεσότης, à laquelle sont également contraires l'excès et le défaut. (Voir
aussi Alexandre, 183, 11).
2. Et c'est là la façon de se servir du lieu.

De plus, s'il y a un contraire à l'accident d'une chose[1], il **20** faut examiner si ce contraire appartient au sujet même auquel l'accident en question a été déclaré appartenir. Si, en effet, ce dernier appartient au sujet, l'autre ne saurait lui appartenir, puisqu'il est impossible que les contraires appartiennent en même temps au même sujet.

Ou bien encore, il faut voir s'il a été affirmé de quelque chose une chose telle que, si elle est donnée, les contraires doivent nécessairement appartenir au sujet[2] : c'est le cas, par **25** exemple, si on a dit que les Idées sont en nous, car il en résultera qu'elles sont à la fois en mouvement et en repos, et qu'en outre elles sont à la fois sensibles et intelligibles. En effet, les Idées semblent bien être en repos et intelligibles, quand on pose l'existence des Idées ; tandis que si elles sont en nous, il est impossible qu'elles soient immobiles, car, quand nous sommes en mouvement, il suit nécessairement que tout ce qui est en nous se meut aussi avec nous[3]. Il est clair aussi qu'elles **30**

---

1. Lieu tiré de l'impossibilité pour les contraires d'appartenir ensemble au même sujet (Principe de contradiction. Cf. *Catég.*, 11) : N'est pas à un sujet l'attribut dont le contraire est à ce sujet. – Sur la distinction du présent lieu avec celui de 6, 112 *a* 24, *cf.* Waitz, II, 462, qui donne d'intéressantes explications sur les doublets des *Topiques*.

2. Autre lieu : *id non est* (la thèse) *quo posito contraria reperientur in eodem subjecto* (Pacius II, 376). – Dans le lieu précédent, la thèse posait l'un des contraires, et l'on s'efforçait de prouver l'autre. Ici, la thèse (*les Idées sont en nous*) ne pose aucun contraire, mais elle conduit à l'absurdité de la coexistence des contraires (*mobiles* et *immobiles*, *sensibles* et *intelligibles*) dans le même sujet (les *Idées*).

3. Et cela est contraire à l'intelligibilité et à l'immobilité que Platon (car tout ce passage est nettement dirigé contre la théorie des Idées) attribue aux idées comme caractères propres. Le présent argument doit être complété par

sont sensibles si elles sont en nous, car c'est par la perception visuelle que nous connaissons la forme présente en chaque individu[1].

En outre, si la thèse a posé un accident qui a un contraire[2], il faut examiner si le sujet susceptible de recevoir l'accident est susceptible aussi de recevoir le contraire de cet accident, puisque la même chose est apte à recevoir les contraires[3]. Par
35 exemple, si on a dit que la haine est la conséquence de la colère[4], la haine sera dans la partie impulsive de l'âme puisque
113 b c'est là où réside la colère; il faut, par suite, examiner si le contraire de la haine est aussi dans la partie impulsive de l'âme, car s'il n'y est pas, autrement dit si l'amitié est dans la partie appétitive de l'âme, alors la haine ne sera pas la conséquence de la colère. Il en est de même[5] si on a dit que la partie appétitive de l'âme n'a pas la connaissance. En effet, elle serait apte à recevoir aussi la science si elle était apte à recevoir
5 l'ignorance : or c'est là ce qu'on n'admet pas généralement, à savoir que la partie appétitive soit susceptible de recevoir la science. Donc, quand il s'agit de réfuter une thèse, c'est ce lieu,

---

Métaph., A, 7, 988 b 3, où Aristote déclare que, pour les Platoniciens, les Idées sont, non seulement immobiles, mais encore cause d'immobilité. (*Cf.* Robin, *La théorie platonicienne*, p. 95, note 101, 1).

1. *Nam singulae ideae certam quandam rerum speciem et formam exprimunt : species autem et forma oculis cernitur* (Waitz, II, 462).

2. Autre lieu : ce qui peut recevoir l'un des deux contraires pourra recevoir l'autre, et ce qui ne peut recevoir un des deux contraires ne pourra recevoir l'autre.

3. Cf. *Catég.*, 5, 4 a 10 et sq.

4. Thèse.

5. Autre exemple. – Sur les différentes facultés de l'âme, cf. *de Anima*, III, 9, 432 a 22 et sq. (p. 199 et notes de notre traduction).

pris comme nous l'avons dit[1], dont il faut se servir; s'agit-il, au contraire, d'établir une thèse, ce lieu ne nous servira pas à prouver que l'accident appartient au sujet, mais il nous servira à prouver seulement que l'accident peut appartenir au sujet[2]. En effet, quand nous aurons prouvé que la chose en question n'est pas susceptible de recevoir le contraire de l'accident affirmé, nous aurons par là même prouvé que l'accident 10 n'appartient pas et ne peut pas non plus appartenir au sujet; mais si nous prouvons que le contraire appartient au sujet ou que le sujet est apte à recevoir le contraire, nous n'aurons pas encore prouvé que l'accident affirmé lui appartient aussi : nous serons parvenus seulement à prouver qu'il peut lui appartenir.

8

< Autres lieux >

Puisque les oppositions[3] sont au nombre de quatre, il faut 15 examiner si on peut tirer argument des contradictoires des

---

1. *Id est, ut per eum* (le lieu en question) *probetur accidens non solum non inesse, sed etiam non posse inesse in subjecto : veluti si facultas concupiscibilis non est scientiae capax, in ea nec est, nec esse potest, ignorantia* (Pacius, II, 376).

2. Si nous avons prouvé, par exemple, que τὸ διανοητικόν reçoit la science, nous prouverons seulement que l'ignorance *peut* résider dans cette faculté (Pacius, *ibid.*).

3. Cf. *Catég.*, 10. – Aristote commence par examiner l'opposition de contradiction.

D'une façon générale, la consécution directe (ἀκολούθησις ἐπὶ ταὐτα) est celle qui respecte l'ordre des termes, le sujet et le prédicat d'une proposition étant opposés respectivement au sujet et au prédicat de l'autre (*le courage est une vertu, donc la lâcheté est un vice*). La consécution *inverse* (ἀκ. ἀνάπαλιν) est celle dans laquelle l'ordre des termes est renversé, le sujet de la première proposition devenant prédicat de la seconde, et le prédicat de la première sujet

termes, en renversant l'ordre de leur consécution, soit qu'on
réfute, soit qu'on établisse une thèse, et nous nous assurerons
d'arguments de ce genre par le moyen de l'induction : par
exemple, si *l'homme est animal, ce qui n'est pas animal n'est
pas homme*; et de même dans les autres exemples de contradictoires. Ici, en effet, la consécution est renversée, puisque
20 l'homme a pour conséquent l'animal, tandis que le non-
homme n'a pas pour conséquent le non-animal, mais c'est
inversement le non-animal qui a pour conséquent le non-
homme. Dans tous les cas, il faut donc recourir à un postulat de
ce genre, et dire, par exemple : *Si le bon est agréable, ce qui
n'est pas agréable n'est pas bon; mais si cette dernière
proposition n'est pas vraie, l'autre ne l'est pas non plus*[1]. De
même encore : *Si ce qui n'est pas agréable n'est pas bon, le
bon est agréable*[2]. On voit ainsi que vaut réciproquement pour

de la seconde (*l'homme est un animal, donc le non-animal n'est pas homme*).
Cf. *Anal. prior*, II, 2, 53 *b* 12, et surtout II, 4, 57 *b* 1-3, p. 231 et 232 et notes de
notre traduction.
    Le lieu est alors le suivant, en ce qui concerne les contradictoires. Il faut
examiner si nous pouvons nous servir de la consécution inverse de termes
contradictoires aux termes posés dans la thèse (sujet et prédicat), pour réfuter ou
pour établir une thèse. Dans les cas où l'affirmation est vraie, la négation
inversée est vraie (*l'homme est un animal, donc le non-animal n'est pas homme*) la thèse est ainsi réfutée. Dans les termes où la négation est vraie, l'affirmation inversée est vraie (*ce qui n'est pas animal n'est pas homme, donc ce qui
est homme est animal*) la thèse est ainsi *établie* et confirmée. Aristote se servira
de ce procédé dans tous les cas d'opposition (contradiction, contrariété, possession et privation, relation).
    1. Si l'interlocuteur pose la thèse : *Tout ce qui est bon est agréable*, on peut
la *réfuter* ainsi : *Si tout ce qui est bon est agréable, tout ce qui n'est pas agréable
n'est pas bon; or cette dernière proposition est fausse, car il y a beaucoup de
choses qui, tout en n'étant pas agréables, sont bonnes. Donc...*
    2. Même raisonnement, mais cette fois pour *établir* la thèse.

nos deux desseins[1] la consécution selon la contradiction[2], **25** quand elle se fait en sens inverse.

En ce qui concerne les contraires <du sujet et du prédicat de la thèse>[3], il faut examiner si le contraire de l'un est le conséquent du contraire de l'autre, soit directement, soit inversement; et ce lieu est utile à la fois pour réfuter et pour établir une thèse. On peut aussi s'assurer d'arguments de ce genre par le moyen de l'induction, dans la mesure où cela nous est utile. Ainsi, la consécution est directe dans le cas, par **30** exemple, du courage et de la lâcheté[4], car le premier terme a pour conséquent la vertu, et le second le vice; le premier a pour conséquent qu'il est désirable, et le second qu'il est à éviter. Pour ces deux dernières déterminations, la consécution est également directe, ce qui est à désirer étant le contraire de ce qui est à éviter. Et ainsi de suite. Par contre, la consécution est inverse dans un cas comme celui-ci[5] : la bonne constitution a **35** pour conséquent la santé; mais la mauvaise constitution n'a pas pour conséquent la maladie, c'est au contraire la maladie qui a pour conséquent la mauvaise constitution. On voit donc

1. Pour réfuter et pour établir une thèse.

2. Plus précisément : la consécution formée par la contradiction des termes de la thèse.

3. Aristote passe à l'opposition de contrariété :

a) Pour établir la thèse : si le contraire du sujet est le conséquent du contraire du prédicat de la thèse, le prédicat de la thèse est lui aussi contraire au sujet (exemple, *infra*, l. 30 et *sq.*).

b) Pour *réfuter* la thèse : si le contraire du sujet n'est pas le conséquent du contraire du prédicat de la thèse, ni directement, ni inversement, le sujet et le prédicat de la thèse ne peuvent être tels que l'un soit la conséquence de l'autre (cf. *infra*, 114 *a* 3).

4. Exemple de consécution *directe* pour *établir* la thèse.

5. Exemple de consécution *inverse* pour *établir* la thèse.

114*a* que, dans ces derniers cas, la consécution est inverse.
La consécution inverse a cependant rarement lieu dans le cas
des contraires : le plus souvent, la consécution se fait directement. Ainsi, si le contraire d'un terme n'est le conséquent
du contraire de l'autre ni directement, ni inversement, il est
évident que, dans le problème posé, un terme n'est pas non
5 plus le conséquent de l'autre[1] ; tandis que si, dans le cas des
contraires, l'un est le conséquent de l'autre, il doit en être
nécessairement de même pour les termes originaires[2].

Ce qui se passe dans les contraires doit s'appliquer aussi à
l'examen des privations et des possessions[3]. Seulement, dans
les privations, il n'y a pas de consécution inverse, mais c'est
directement que la consécution doit toujours se faire : par
10 exemple, la vue a pour conséquent la sensation visuelle, et la
cécité l'absence de sensation. En effet, l'opposition de la
sensation à l'absence de sensation est celle de la possession et
de la privation, car l'une de ces choses est une possession, et
l'autre une privation.

---

1. Consécution *directe* ou *inverse* pour *réfuter* une thèse.
2. Consécution *directe* ou *inverse* pour *établir* une thèse. – Sylvius
Maurus, I, 461, considère, à tort, croyons-nous, que les l. 3-6 constituent un
nouveau lieu, distinct du précédent. En fait, c'est un simple résumé des l. 113 *b*
30-36, *supra*.
3. Opposition selon la possession et la privation. – Si deux choses sont
opposées comme la possession et la privation, la possession a pour conséquent
la possession, et la privation la privation, et la consécution se fait directement.
Le procédé est le même que pour les contraires, tant pour la réfutation que pour
l'établissement de la thèse.

La façon dont on étudie la possession et la privation doit aussi être étendue au cas des relatifs[1], car c'est directement que, pour eux aussi, la consécution a lieu. Par exemple, si le triple est un multiple, le tiers est un sous-multiple, car le triple est relatif au tiers, et le multiple au sous-multiple[2]. Autre exemple : si la science est une croyance, l'objet de la science est aussi objet de la croyance[3] ; et si la vision est une sensation, l'objet de la vision est aussi objet de la sensation. On peut objecter que, dans les relatifs, la consécution ne se fait pas nécessairement de la façon que nous avons indiquée, puisque l'objet de la sensation est objet de la science, alors que la sensation n'est pas science. L'objection cependant ne semble pas être vraie : plusieurs soutiennent, en effet, que des objets de la sensation il ne peut y avoir science[4]. En outre, le lieu dont nous venons de parler n'en serait pas moins utile pour prouver

1. Opposition des relatifs. – Par exemple, le triple et le tiers sont des relatifs ; mais le triple est un multiple, donc le tiers est une fraction. Ou encore : la science et son objet sont des relatifs, ainsi que la croyance et son objet ; donc, si la science est une croyance, l'objet de la science est objet de croyance.

2. Cf. *Métaph.*, Δ, 15, notamment au début (1020 *b* 28).

3. La croyance (ὑπόληψις) est le genre dont l'opinion, la science et la prudence sont les espèces (*Phys.*, V, 4, 227 *b* 13, et surtout *de Anima*, III, 3, 427 *b* 17, 25 et 28). Tandis que la science est une croyance rendue inébranlable par la démonstration, la croyance admet l'erreur, et elle peut avoir pour objet des choses dont nous n'avons pas la science (*Rhét.*, III, 16, 1417 *b* 9). – Bien que parfois ὑπόληψις soit synonyme de δόξα (*cf.* Bonitz, *Index arist.*, 800 *b* 5), nous croyons que, dans le présent passage, il est inexact de traduire, comme le fait Sylvius Maurus, I, 461 et 462, ὑποληπτόν, l. 18, par *opinabile* (sur le sens de ὑπόληψις, cf. *Index arist.*, 800 *a* 56 et *sq.*, et Rodier, *Traité de l'Âme*, II, 404).

4. La science porte, en effet, sur le général, et la sensation sur le particulier (Alexandre, 196, 14). C'est d'ailleurs là l'opinion de Platon et d'Aristote lui-même.

l'assertion contraire, que, par exemple, l'objet de la sensation
25 n'est pas objet de la science, attendu que la sensation non plus
n'est pas science.

9
<Autres lieux>

Il faut encore faire attention aux termes coordonnés[1] et aux
inflexions, à la fois pour réfuter et pour établir la thèse. Sont
dits coordonnés des termes tels que ceux-ci : les *actions justes*
et l'*homme juste* sont coordonnés à *justice*, et les *actions coura-
geuses* et l'*homme courageux* à *courage*. De même encore, les
choses qui tendent à produire ou à conserver quelque chose
30 sont coordonnées à ce qu'elles tendent à produire ou à conserver, comme, par exemple, les *choses saines* à la *santé*, et les
choses fortifiantes à la *bonne constitution*. Et ainsi de suite.
– Telles sont donc les choses qu'on appelle d'ordinaire coordonnées, tandis que les inflexions, ce sera, par exemple, *justement*, *courageusement*, *sainement*, et tous les termes formés
35 de cette manière. Il semble bien d'ailleurs que les inflexions

---

1. Sur σύστοιχος et συστοιχία cf. *Anal. prior*, II, 21, 66 *b* 27 (p. 299, note
1 de notre traduction). Sont σύστοιχα, dit Bonitz, *Index arist.*, 736 *b* 42,
omnino series notionum, quae aliquo modo inter se cognatae sunt, veluti τὰ
δίκαια, ὁ δίκαιος, ἡ δικαιοσύνη (voir aussi 736 *b* 61 et *sq.*). Sur la
signification de ces termes en Métaphysique *cf.* une note intéressante de Ross,
dans sa traduction anglaise de *Métaph.*, A, 5, 986 *a* 23, *ad loc.*
  Le *lieu* est le suivant : si le terme conjugué de l'attribut de la thèse est
affirmé du terme conjugué du sujet de la thèse, l'attribut de la thèse est aussi
affirmé du sujet de la thèse ; si le terme conjugué de l'attribut n'est pas affirmé
du terme conjugué du sujet, l'attribut n'est pas non plus affirmé du sujet.

sont aussi des termes coordonnés[1], comme, par exemple, *justement* par rapport *à justice*, et *courageusement* par rapport *à courage*; et alors on appelle coordonnés tous les termes qui sont dans la même série, comme *justice*, *homme juste*, *action juste*, *justement*. On voit ainsi que si un terme quelconque, pris parmi ceux qui appartiennent à la même série, est prouvé comme étant, par exemple, *bon* ou *louable*, tous les autres deviennent par là même prouvés : si, par exemple, la *justice* 114*b* fait partie des choses louables, l'*homme juste*, l'*action juste* et *justement* feront aussi partie des choses louables. Et on dira que *justement* est aussi *louablement*, car *louablement* dérive de *louable*, en vertu de la même inflexion qui fait que *justement* dérive de *justice*[2].   5

Il faut considérer non seulement le sujet en question, mais encore son contraire, pour le prédicat contraire[3] : par exemple, on peut dire que le bien n'est pas nécessairement agréable, car le mal n'est pas non plus nécessairement pénible; ou si le mal est nécessairement pénible, le bien est aussi nécessairement agréable[4]. De même, si la justice est science, l'injustice aussi est ignorance, et si *justement* est *savamment* et *habilement*, 10 *injustement* est aussi *ignoramment* et *inhabilement*; et si ces

---

1. Les πτώσεις (*casus* ou, d'une manière générale, *flexions*) sont une espèce des σύστοιχα. *Cf.* Alexandre, 196, 27, et surtout 197, 27 : les σύστοιχα sont des choses particulières, tandis que les πτώσεις οὐ πραγμάτων ὑποκει-μένων εἰσὶ δηλωτικαὶ ἀλλὰ τρόπου ἐνεργείας ἢ διαθέσεώς τινος. Voir aussi Bonitz, *Index arist.*, 659 *a* 1 et *sq.*

2. *Cf.* Alexandre, 199, 4 : ὡς τὸ δικαίως πτῶσις τῆς δικαιοσύνης, οὕτως τὸ ἐπαινετῶς πτῶσις τοῦ ἐπαινετοῦ.

3. Autre lieu, tiré des termes coordonnés des contraires.

4. Pour plus de clarté, nous paraphrasons ἢ εἰ τοῦτο, κἀκεῖνο, l. 8.

deux dernières relations ne sont pas vraies[1], les premières ne le
seront pas non plus[2], comme dans l'exemple que nous avons
cité à l'instant[3] : car on pourra peut-être penser qu'*injustement*
est *habilement* plutôt qu'*inhabilement*. Mais ce lieu a été
exposé antérieurement[4] dans les consécutions des contraires,
car nous ne faisons, à l'heure qu'il est, rien autre chose que de
dire que le contraire du prédicat est le conséquent du contraire
15 du sujet.

Il faut considérer aussi[5] les modes de génération et de
corruption d'une chose, ainsi que les agents qui tendent à sa
production ou à sa corruption, à la fois pour réfuter et pour établir une thèse. En effet, les choses dont les modes de génération sont au nombre des choses bonnes, sont elles-mêmes
bonnes aussi[6], et si les choses elles-mêmes sont bonnes, leurs
modes de génération le sont aussi[7]. Si, au contraire, les modes
de génération sont au nombre des choses mauvaises, les choses
sont aussi elle-mêmes au nombre des choses mauvaises[8], [et si
les choses elles-mêmes sont au nombre des choses mauvaises,
leurs modes de génération sont aussi au nombre des choses

---

1. Si *injustement* n'est pas *ignoramment* et *inhabilement*.

2. *Justement* ne sera pas *savamment* et *habilement*.

3. Savoir, si le bien est agréable, etc. (*Cf.* Waitz, II, 464).

4. *Cf.* 8, 113 *b* 27-114 *a* 6.

5. Lieu tiré de la génération et de la corruption des choses.

6. Par exemple, la γένεσις de la santé (c'est-à-dire, ἡ σωφρονικὴ δίαιτα)
est bonne, et la santé l'est aussi (Alexandre, 200, 19).

7. Si la santé est bonne, sa γένεσις (τὸ σωφρονικῶς διαιτᾶσθαι) l'est
aussi (Alexandre, 200, 21).

8. Par exemple, *mori est malum, ergo etiam mortuum esse est malum*
(Pacius, I, 601).

mauvaises][1]. – Pour les modes de corruption, c'est l'inverse **20**
qui est vrai[2] : si les modes de corruption sont au nombre des
choses bonnes, les choses sont elles-mêmes au nombre des
choses mauvaises[3], et si les modes de corruption sont au
nombre des choses mauvaises, les choses elles-mêmes sont
au nombre des choses bonnes[4]. – Le même argument s'applique aussi aux agents de production et de corruption des
choses : les choses dont les agents de production sont bons sont
elles-mêmes au nombre des choses bonnes, et les choses dont
les agents de corruption sont bons sont elles-mêmes au nombre
des choses mauvaises[5].

10
< Autres lieux >

Il faut examiner aussi les choses semblables au sujet en **25**
question, et voir si elles se comportent semblablement. Par
exemple, si une science une a plus d'un objet, il en est ainsi
d'une opinion une, et si posséder la vue est voir, posséder
l'ouïe est entendre. Il en est de même encore dans le cas des
autres choses, à la fois pour celles qui sont réellement et pour

---

1. À l'exemple de Strache-Wallies, nous mettons ces derniers mots, dont
l'interpolation est probable, entre crochets.

2. Alexandre, 201, 4, précise : ἀνάπαλιν ἡ ἀκολούθησις.

3. Ainsi, si la φθορά de la maladie est bonne, la maladie est mauvaise
(Alexandre, 201, 6).

4. Si la φθορά de la santé est mauvaise, la santé elle-même est bonne
(Alexandre, 201, 8).

5. Par exemple, si les facteurs (ποιητικά) de la santé sont bons, la santé
l'est aussi, et si les agents destructeurs (φθαρτικά) de la maladie sont bons, la
maladie est mauvaise (Alexandre, 201, 12-18).

celles qui n'ont que l'apparence. Ce lieu est utile pour nos deux
desseins[1] : en effet, s'il en est de telle façon pour l'un des
semblables, il en est encore ainsi pour les autres semblables,
30 tandis que s'il n'en est pas de telle façon pour l'un d'eux, il
n'en est pas non plus ainsi pour les autres. – Il faut considérer
encore si, à l'égard d'une seule chose et de plusieurs, le
comportement est le même[2], car parfois il y a divergence. Par
exemple, si savoir une chose c'est la penser, savoir plusieurs
choses c'est aussi penser plusieurs choses. Or cette dernière
assertion n'est pas vraie, car il est possible de savoir plusieurs
choses, mais non de les penser[3]. Si donc la dernière assertion
35 n'est pas vraie, la première qui s'applique à une seule chose ne
l'est pas davantage, et on ne peut pas dire que savoir une chose
c'est la penser.

De plus, on peut argumenter à l'aide du plus et du moins.
En ce qui concerne le plus[4], il y a quatre lieux. – L'un, c'est de
voir si le plus du prédicat est le conséquent du plus du sujet :
par exemple, si le plaisir est un bien, il faut voir si un plus grand
plaisir est aussi un plus grand bien, et si être injuste est un mal,
115 a voir si être plus injuste est un plus grand mal. Ce lieu est utile
pour nos deux desseins : en effet, si l'accroissement du sujet a
pour conséquence l'accroissement de l'accident, comme il a

1. Pour établir et pour réfuter la thèse.

2. Par exemple, εἰ τὸ διδάσκειν ἕνα ὠφελεῖν ἕνα ἐστι, καὶ τὸ
πολλοὺς διδάσειν πολλοὺς ὠφελεῖν ἔσται (Alexandre, 203, 25).

3. De même, explique Alexandre, 204, 7, qu'on ne peut dire qu'un mot à la
fois, on ne peut penser qu'une seule chose, car penser est ἐνέργεια διέξοδος
τῆς ψυχῆς.

4. Nous adoptons le texte de Waitz, II, 464, et omettons καὶ ἧττον l. 38
(sic, Strache-Wallies).

été dit, il est évident que l'accident appartient au sujet, tandis que si l'accroissement du sujet n'a pas pour conséquence l'accroissement de l'accident, l'accident n'appartient pas au sujet. Et cela[1] doit pouvoir s'établir par l'induction. – Autre lieu : lorsqu'un seul prédicat est attribué à deux sujets, s'il [5] n'appartient pas à celui auquel il lui est plus naturel d'appartenir, il n'appartient pas non plus à celui auquel il lui est moins naturel d'appartenir[2] ; tandis que s'il appartient à celui auquel il lui est moins naturel d'appartenir, il appartient aussi à celui auquel il lui est plus naturel d'appartenir[3]. – Inversement, lorsque deux prédicats appartiennent à un seul sujet, si celui qui semble plus appartenir au sujet ne lui appartient pas, celui qui semble moins lui appartenir ne lui appartient pas non plus[4] ; ou, si celui qui semble moins appartenir au sujet lui [10] appartient, celui qui semble plus lui appartenir lui appartient aussi[5]. – De plus, lorsque deux prédicats sont affirmés de deux sujets, si celui des deux attributs qui semble plus appartenir à l'un des deux sujets ne lui appartient pas, l'attribut restant n'appartient pas non plus au sujet restant[6] ; ou, si celui des deux attributs qui semble moins appartenir à l'un des deux

---

1. « Cela » = τὸ εἰ ἀκολουθεῖ ἢ μὴ τῇ τοῦ ὑποκειμένου ἐπιδόσει ἡ τοῦ συμβεβηκότος ἐπίδοσις (Waitz, II, 464).

2. Par exemple (Pacius, I, 602) : *dux non potest arcem capere, ergo nec miles.*

3. *Miles potest arcem capere, ergo et dux* (Pacius, I, 603).

4. *Cicero magis fuit poeta quam philosophus ; atqui non fuit poeta ; ergo nec philosophus (ibid.).*

5. *Cicero fuit philosophus, ergo et poeta (ibid.).*

6. *Magis sanitas facit beatum quam paupertas miserum ; atqui sanitas non facit beatum ; ergo nec paupertas miserum (ibid.).*

sujets lui appartient, l'attribut restant appartient aussi au sujet restant[1].

15   De plus, on peut tirer argument du fait qu'un attribut appartient, ou a l'apparence d'appartenir, au même degré, selon les trois façons que nous avons indiquées en dernier[2] pour les trois lieux relatifs au plus. – En effet, lorsqu'un seul prédicat appartient, ou paraît appartenir, au même degré, à deux sujets, s'il n'appartient pas à l'un, il n'appartient pas non plus à l'autre[3]; tandis que s'il appartient à l'un, il appartient aussi au sujet restant[4]. – Ou bien, lorsque deux attributs appar-
20 tiennent, à égal degré, au même sujet[5], si l'un n'appartient pas au sujet, l'attribut restant ne lui appartient pas non plus[6]; tandis que si l'un lui appartient, l'attribut restant lui appartient aussi[7]. – Le cas est encore le même si deux prédicats appartiennent, au même degré, à deux sujets : si l'un des prédicats n'appartient pas à l'un des sujets, le prédicat restant n'appartient pas non plus au sujet restant[8]; tandis que si l'un des

1. *Magis Empedocles fuit philosophus quam Cicero poeta; atqui Cicero fuit poeta; ergo Empedocles fuit philosophus* (*ibid.*). – On trouvera, pour tous ces cas, d'autres exemples dans Alexandre, 206, 14-208, 10.

2. L. 6-14.

3. *Aeque Empedocles et Lucretius sunt poetae; atqui Empedocles non est poeta; ergo nec Lucretius* (Pacius, I, 603).

4. *Lucretius est poeta, ergo et Empedocles* (*ibid.*).

5. On peut ici sous-entendre, ἢ δοκεῖ ὑπάρχειν (comme l. 18).

6. *Aeque Cicero fuit poeta et philosophus; non fuit autem philosophus; ergo nec poeta* (Pacius, *ibid.*).

7. *Cicero fuit philosophus, ergo et poeta* (*ibid.*).

8. *Aeque divitiae faciunt beatum et paupertas miserum; sed divitiae non faciunt beatum; ergo nec paupertas miserum* (*ibid.*).

prédicats appartient à l'un des sujets, le prédicat restant appartient aussi au sujet restant[1].

11
<Autres lieux>

On peut donc tirer argument du plus et du moins ainsi que du semblable, en autant de façons que nous venons de le dire. **25**

En outre, on peut tirer argument de l'addition[2]. Si une chose ajoutée à une autre fait cette dernière bonne ou blanche, alors qu'elle n'était auparavant ni bonne ni blanche, la chose ajoutée sera bonne ou blanche, elle possédera le caractère même qu'elle communique au tout. De plus, si l'addition de quelque chose à un objet donné intensifie la qualité qu'il avait déjà, la chose ajoutée sera elle-même aussi de cette qualité[3]. Et **30** de même pour les autres prédicats[4]. Ce lieu n'est pas applicable à tous les cas, mais seulement aux cas où l'accroissement selon le plus[5] est susceptible de se produire. Au reste, ce lieu

---

1. *Aeque virtus facit felicem et vitium infelicem; atqui vitium facit infelicem; ergo et virtus felicem* (*ibid.*). Pour d'autres exemples, *cf.* Alexandre, 208, 12-209, 19.

Toute l'argumentation d'Aristote est excellemment résumée par Pacius, I, 603 : *Generaliter, notandum est, ut ab eo quod magis inest arguendum esse negative; ab eo quod minus inest, affirmative; ab eo quod aeque inest vel non inest, tam affirmative quam negative.*

2. L'addition ou l'adjonction d'un terme à un autre.

3. *Si virtus est optabilior cum gloria et divitiis quam sola, etiam gloria et divitiae sunt res optabiles* (Pacius, I, 604).

4. Les prédicats autres que le blanc et le bon, objet de notre preuve précédente (Waitz, II, 404).

5. Indiqué l. 26-29, et non l. 29-31. – Ce lieu est donc, comme le remarque Alexandre, 212, 1 *sq.*, inapplicable aux substances, lesquelles ne sont pas susceptibles de plus et de moins (*Catég.*, 5, 3 *b* 33).

n'est pas réciproquement utile pour la réfutation; car si ce qui
35 est ajouté ne fait pas l'autre chose bonne, il ne s'ensuit pas
encore par là même que ce qui est ajouté ne soit pas lui-même
115 b bon : c'est ainsi que le bien ajouté au mal ne fait pas le tout
nécessairement bon, pas plus que le blanc ajouté au noir ne fait
le tout nécessairement blanc [1].

En outre, si un prédicat est dit appartenir plus ou moins à un
sujet, c'est qu'il lui appartient aussi absolument, car ce qui
5 n'est pas bon ou blanc ne peut pas non plus être dit plus
ou moins bon ou blanc [2] : on ne peut pas dire qu'une chose
mauvaise est plus ou moins bonne qu'aucune autre, mais
seulement plus ou moins mauvaise. Ce lieu n'est pas non plus
réciproquement utile pour la réfutation. En effet, beaucoup de
prédicats qui ne sont pas susceptibles de plus et de moins
appartiennent au sujet absolument : c'est ainsi qu'on ne dit pas
de l'homme qu'il est plus ou moins homme, mais cela ne fait
10 pas qu'il ne soit pas homme [3].

Il faut considérer encore de la même façon les prédicats
attribués soit relativement, soit par rapport à un temps donné,
soit par rapport à un lieu donné. Si, en effet, un prédicat est
possible relativement, il est possible aussi absolument. De
même, pour ce qui est affirmé à un temps donné ou à un lieu

---

1. Sylvius Maurus, I, 465, expose bien l'argumentation : *Licet enim id quod additum non tali efficit tale sit tale, non tamen id quod additum non tali non efficit illud tale non est tale. Bonum enim additum malo non efficit illud bonum... et tamen non sequitur quod bonum non sit bonum.*

2. *Cf.* Waitz, II, 465 : *nisi quid simpliciter sit bonum vel album, neque magis vel minus bonum vel album dici potest.*

3. *Cf.* Alexandre, 213, 11. – Voir aussi *Catég.*, 5, 3 *b* 33-4 *a* 9 (pour la substance), et 6, 6 *a* 19-25 (pour la quantité).

donné : car ce qui est impossible absolument n'est possible ni relativement, ni à un moment donné, ni à un lieu donné. – On objectera à cela qu'on peut être, relativement, vertueux par [15] nature[1] : on peut être, par exemple, généreux ou tempérant, alors que, absolument, on n'est pas vertueux naturellement. De même encore[2], une chose corruptible peut échapper à la corruption à un temps donné, alors que, absolument, elle ne peut pas ne pas périr. C'est encore de la même façon que, en un lieu donné[3], il est bon de suivre tel régime, par exemple dans les endroits insalubres, bien que, absolument, il ne soit pas bon [20] de le suivre. De plus, en un lieu donné[4], il est possible qu'il n'y ait qu'un seul homme, tandis que, absolument, il n'est pas possible qu'il n'y ait qu'un seul homme. De la même façon encore, dans certains endroits, il est bon de sacrifier son père, par exemple, chez les Triballes[5], mais, absolument, ce n'est pas un bien. Ou peut-être cette coutume exprime-t-elle une relation non pas à un lieu, mais à des hommes : peu importe, en effet, l'endroit où ils peuvent être, car, partout où ils [25] seront, cette action sera bonne pour eux, parce qu'ils sont des Triballes. Autre exemple encore : à certain moment[6], il est bon de prendre des remèdes, quand on est malade par exemple, mais, absolument, ce n'est pas bon. Ou bien peut-être, ici

---

1. Première forme de l'objection (relation). Cf. *Éth. Nic.*, VI, 9, 1142 *a* 13-16.

2. Deuxième forme de l'objection (temps).

3. Troisième forme de l'objection (lieu), exprimée par les trois exemples qui suivent.

4. Par exemple, au théâtre (Alexandre, 214, 31).

5. Peuplade du nord de la Thrace.

6. Reprise de la seconde forme de l'objection (temps).

encore, s'agit-il d'une relation non pas à un certain temps, mais à une certaine disposition corporelle : peu importe, en effet, le temps, si seulement on est dans cette disposition. – Une chose est absolument ce qu'elle est, quand, sans aucune
30 addition, on pourra dire qu'elle est bonne ou le contraire[1]. Ainsi, on ne dira pas que sacrifier son père est un bien, mais que c'est un bien chez certains hommes seulement ; ce n'est donc pas un bien absolument. Par contre, on dira qu'honorer les dieux est un bien, sans rien ajouter, car c'est un bien absolument – Ainsi tout ce qui, sans aucune addition, parait
35 être beau, ou laid, ou avoir une autre qualité de ce genre, sera dit être tel absolument.

---

1. Mauvaise.

LIVRE III

< Suite des lieux de l'accident >

1   116 *a, titul.*

< *Lieux* >

La question de savoir laquelle, de deux où de plusieurs choses, est préférable ou meilleure, doit être examinée comme suit.

Mais, tout d'abord, il faut préciser que notre enquête porte, non pas sur des choses fort éloignées les unes des autres 5 et ayant entre elles une grande différence (car personne ne se demande, par exemple, si c'est le bonheur ou la richesse qui est préférable), mais bien sur des choses voisines et au sujet desquelles nous sommes dans l'incertitude pour savoir à laquelle il faut accorder la préférence, du fait que nous n'apercevons aucune supériorité de l'une sur l'autre[1]. On voit donc 10 que, dans des choses de ce genre, dès qu'une supériorité ou plusieurs seront prouvées, notre esprit accordera que, quelle

---

1. Ce sont donc des choses dont la différence est petite, mais obscure (Pacius, II, 382).

que soit celle des choses qui se trouve être supérieure, c'est
celle-là qui est préférable.

D'abord, donc, ce qui est plus durable et plus stable est
préférable à ce qui l'est moins. – Est aussi préférable ce que
15 choisirait plutôt l'homme prudent, ou l'homme bon, ou la loi
juste, ou les gens habiles dans leurs spécialités quand ils font
leur choix en tant que tels [1], ou bien, dans chaque genre de
choses, ceux qui savent ; c'est-à-dire ce que choisirait soit la
majorité, soit l'unanimité d'entre eux : par exemple, dans la
Médecine ou dans l'art du charpentier, c'est ce que choisiraient la plupart des médecins ou tous ; ou, en général, c'est
tout ce que la plupart des hommes, ou tout le monde, ou même
toutes les choses choisiraient, à savoir le bien, car toutes choses
20 tendent au bien [2]. – Il faut diriger l'argument qu'on se propose
d'employer, vers l'un de ces points, selon le besoin [3]. Mais ce
qui, absolument, est meilleur et préférable, c'est ce qui relève
de la meilleure science, bien que, pour un individu donné, c'est
ce qui relève de la science particulière qu'il possède [4].

.

1. C'est-à-dire, dans le domaine de leur spécialité (*Cf.* Alexandre, 225,
29-230, 5).

2. Conception nettement platonicienne. *Cf.* le *Philèbe*, 20 d.

3. *Argumentum ex ea hujus loci parte sumendum esse, ex qua commo-
dissime potest. Exempli gratia, si velis praeferre virtutem voluptati, uteris
auctoritate virorum bonorum. Contra ut voluptatem virtuti praeferas, uteris
auctoritate multorum* (Pacius, II, 382. – *Cf.* aussi Alexandre, 226, 23 et *sq.*).

4. Si, par exemple, la Philosophie est supérieure à l'art du charpentier, les
choses de philosophie sont préférables à celles qui intéressent l'art du charpentier, bien que, pour le charpentier, les choses relevant de son art n'en soient
pas moins (relativement) supérieures (Alexandre, 226, 28-227, 5).

Ensuite, ce qui est essentiellement une chose déterminée [1]
est préférable à ce qui n'est pas dans un genre [2], la justice par
exemple, à l'homme juste, car l'une est essentiellement ce
qui est bien, tandis que l'autre ne l'est pas [3]. Aucune chose, en **25**
effet, n'est dite essentiellement le genre, quand elle ne se
trouve pas être dans le genre : par exemple, l'homme blanc
n'est pas essentiellement la couleur. Et ainsi de suite.

Et ce qui est désirable pour soi est plus désirable que ce qui
est désirable pour autre chose : par exemple, la santé est plus
désirable que la gymnastique, car l'une est désirable pour soi, **30**
et l'autre pour autre chose. – Et ce qui est par soi est préférable
à ce qui est par accident : par exemple, il faut désirer que nos
amis soient justes, plutôt que nos ennemis, car l'un est désirable par soi, et l'autre par accident ; nous ne désirons, en effet,
qu'accidentellement que nos ennemis soient justes, c'est afin
qu'ils ne nous causent aucun dommage. Mais ce lieu est le **35**
même que le précédent, et il n'en diffère que par le tour de
l'expression [4] : car nous désirons par soi que nos amis soient
justes, quand bien même il n'en devrait rien résulter pour nous,

1. L'accent doit porter sur *essentiellement* : il s'agit d'une chose contenue
dans un genre, et non d'un simple attribut accidentel, car, explique Alexandre,
227, 12, ἐπεὶ τὰ γένη τῶν ὑπ᾽ αὐτὰ κυρίως κατηγορεῖται, ἐν τῷ τί ἐστι
κατηγορούμενα, ἐν τῷ ὅπερ αὐτὰ κατηγορεῖσθαι λέγει, καὶ τὰ ὑπὸ τὸ
γένος ὅπερ τὸ γένος εἶναί φησι. *Cf.* Waitz, II, 465 : τὸ ὅπερ τόδε τι *genus
et speciem significant, quippe accidente* (τοῦ μὴ ἐν γένει) *sint potiora et
praestantiora, quum in ipsa rei natura sint posita.*

2. Ce qui n'est pas essentiellement, donc ce qui est un simple accident.

3. La justice est une espèce du genre *bien* (là encore, c'est une conception
platonicienne), tandis que *juste* n'est qu'un accident de l'homme, lequel n'est
pas son genre (de même, pour la couleur et l'homme blanc).

4. *Quod est per se est propter se ; et quod est per accidens est propter aliud*
(Pacius, II, 382).

et même s'ils sont aux Indes ; tandis que nous désirons que nos ennemis soient justes, pour une autre chose, c'est afin de n'en subir aucun dommage.

116 b Et ce qui est par soi cause du bien est préférable à ce qui en est cause par accident : par exemple, la vertu est préférable à la chance (car l'une est par elle-même cause de choses bonnes, et l'autre seulement par accident), et ainsi dans les autres cas de même espèce. De même encore, en ce qui concerne le contraire : ce qui est par soi cause du mal est plus à éviter
5 que ce qui ne l'est que par accident, par exemple le vice et la chance ; car l'un est mauvais en soi, et la chance par accident.

Et ce qui est bon absolument est préférable à ce qui est bon seulement pour une personne déterminée, par exemple recouvrer la santé à subir une amputation, car l'un est bon absolument, et l'autre ne l'est que pour celui qui a besoin d'être
10 amputé. – Et ce qui est bon par nature est plus désirable que ce qui ne l'est pas par nature : par exemple, la justice est préférable à l'homme juste, car elle est bonne par nature, tandis que pour l'homme juste la bonté est acquise. – Et l'attribut qui appartient à un sujet meilleur et plus honorable est aussi préférable : par exemple, ce qui appartient à Dieu est préférable à ce qui appartient à l'homme, et ce qui appartient à l'âme à ce qui appartient au corps. – Et ce qui est propre à un meilleur sujet est meilleur que ce qui est propre à un moins bon : par exemple, l'attribut propre à Dieu est meilleur que l'attribut
15 propre à l'homme, car pour les attributs communs à tous les deux il n'y a aucune différence entre eux, mais pour les attributs qui leur sont propres l'un surpasse l'autre. – Et est meilleur aussi ce qui réside dans des choses meilleures, ou antérieures,

ou plus estimables : ainsi la santé est meilleure que la force et la beauté, car la première réside dans les parties humides, sèches, chaudes et froides, en un mot dans les premiers éléments constitutifs de l'animal, tandis que les deux autres ne résident 20 que dans les parties secondaires, puisque la force est dans les fibres et les os, et que la beauté consiste, semble-t-il bien, dans une certaine symétrie des membres. – Et la fin parait bien être aussi plus désirable que les moyens en vue de la fin, et, de deux moyens, le plus désirable est celui qui est le plus rapproché de la fin. En général, le moyen qui tend à la fin même de la vie est préférable à celui qui tend à une autre fin : par exemple, ce qui contribue au bonheur, à ce qui contribue à la prudence. – Et le 25 possible est préférable à l'impossible[1]. – En outre, de deux agents de production, est préférable celui dont la fin est meilleure[2] ; mais s'il s'agit de comparer un agent de production avec une fin, la préférence se décide à l'aide d'une proportion[3] : c'est quand la fin surpasse l'autre fin plus que cette dernière son propre agent de production. Par exemple, si le bonheur surpasse la santé plus que la santé ce qui produit la

---

1. *Possible* et *impossible* sont pris ici au sens vulgaire et relatif, et non au sens propre (Pacius, I, 612).

2. Par exemple, *medicina est praeferenda mercaturae ; quia medicinae finis est sanitas, mercaturae divitiae* (Pacius, I, 613).

3. La proposition d'Aristote et l'exemple qui suit présentent une certaine difficulté. Pour fixer les idées, nommons A le bonheur, B la santé, C l'agent du bonheur (la vertu par exemple), et D l'agent de la santé (ce que Aristote appelle, l. 30 et *sq.*, ὑγιεινόν, terme qui signifie le *sain*, l'ensemble des conditions produisant la santé). On a la proportion suivante : $A : B : : C : D$. Donnons à chacun de ces termes une valeur arbitraire : $A = 16$, $B = 4$, $C = 8$, $D = 2$. Il en résulte que C est 2 fois meilleur que B (proposition à démontrer). En effet, A est 4 fois meilleur que B, B 2 fois meilleur que D ; et par suite C est meilleur que B.

santé, ce qui produit le bonheur est meilleur que la santé. En effet, dans la mesure où le bonheur l'emporte sur la santé, ce
30 qui produit le bonheur l'emporte sur ce qui produit la santé [1] ; mais la santé surpasse moins ce qui produit la santé [2] ; donc, ce qui produit le bonheur l'emporte sur ce qui produit la santé, plus que la santé elle-même sur ce qui produit la santé. Il
35 en résulte évidemment que ce qui produit le bonheur est préférable à la santé, car il surpasse plus le même objet [3].

En outre, est préférable ce qui est en soi plus beau, plus estimable et plus louable ; par exemple, l'amitié est préférable à la richesse, et la justice à la force, car l'amitié et la justice sont par elles-mêmes au nombre des choses estimables et louables, tandis que la richesse et la force ne sont pas ainsi en elles-
117 a mêmes, mais pour une autre chose : nul, en effet, n'estime la richesse pour elle-même, mais pour une autre chose, tandis que nous estimons l'amitié pour elle-même, même si rien d'autre n'en doive résulter pour nous.

2
<Autres lieux>

5 En outre, quand deux choses sont très voisines l'une de l'autre, et que nous ne pouvons apercevoir aucune supériorité de l'une sur l'autre, il faut alors les considérer en partant de leurs conséquents. En effet, celle qui est suivie d'un plus grand bien, c'est elle qui est préférable ; mais si les conséquents sont mauvais, celle qui est suivie d'un moindre mal, c'est elle qu'il

---

1. En effet, 16 : 4 : : 8 : 2.
2. L. 33, nous lisons ὑπερέχει.
3. Savoir, ce qui produit la santé.

faut choisir : car, bien que toutes les deux puissent être désirables, rien n'empêche que quelque conséquence pénible n'en 10 découle. – Notre examen, du point de vue des conséquents, se fait en deux sens, car il y a des conséquents antérieurs et des conséquents postérieurs[1] : par exemple, pour un homme qui apprend le conséquent antérieur c'est l'ignorance, et le conséquent postérieur c'est le savoir. Le plus souvent, le meilleur conséquent à considérer c'est le conséquent postérieur. Quoi qu'il en soit, il faut prendre, parmi les conséquents, celui qui est le plus utile à notre but[2].   15

De plus, un plus grand nombre de biens est préférable à un moins grand nombre, soit absolument[3], soit quand les uns sont contenus dans les autres, c'est-à-dire le plus petit nombre dans le plus grand[4]. On objectera qu'il peut arriver que l'un des biens soit en vue de l'autre, et qu'ainsi les deux ensemble ne soient en rien plus désirables qu'un seul[5] : par exemple, recouvrer la santé et la santé ne sont pas préférables à la santé seule, puisque nous ne préférons recouvrer la santé qu'en vue de 20 la santé. Et rien n'empêche que des choses qui ne sont pas bonnes[6], jointes à des choses bonnes, ne soient préférables

---

1. La terminologie d'Aristote peut sembler étrange : pourquoi appeler *conséquents* des états *antérieurs*? Il faut se rappeler qu'Aristote désigne par *conséquent* tout attribut, et par *antécédent* tout sujet (cf. *Anal. prior*, II, 27 et 28).

2. Soit l'antérieur, soit le postérieur.

3. La justice et la tempérance sont préférables à la force seule.

4. La vertu *et* la noblesse sont préférables à la vertu sans la noblesse.

5. Exception (admise d'ailleurs par Aristote) à la dernière partie du principe, posée l. 17, (bien, contenu dans un nombre de biens plus grand).

6. Exception à la première partie du principe, posée l. 16 (un plus grand nombre de biens préférable à un moins grand nombre, ἁπλῶς). – L. 21, confor-

à un plus grand nombre de choses bonnes : que, par exemple, le bonheur avec quelque autre chose qui n'est pas bonne, ne soit préférable à la justice jointe au courage. – Et les mêmes choses sont préférables, accompagnées de plaisir que sans plaisir.
25 Et les mêmes choses sont préférables sans douleur qu'avec douleur.

Chaque chose, aussi, est préférable dans le moment où elle a le plus d'importance : par exemple, l'absence de chagrin est plus désirable dans la vieillesse que dans la jeunesse, car elle a plus d'importance dans la vieillesse. Selon le même principe aussi [1], la prudence est plus désirable dans la vieillesse : nul, en effet, ne choisit des jeunes gens pour guides, parce qu'on
30 ne les croit pas prudents. Pour le courage, c'est l'inverse : c'est dans la jeunesse que l'exercice du courage est plus impérieusement requis. Il en est de même encore de la tempérance, car les jeunes gens sont troublés par leurs désirs plus que ne le sont leurs aînés.

35   Est aussi plus désirable ce qui est plus utile en toute occasion ou la plupart du temps : par exemple, la justice et la tempérance sont préférables au courage, car les deux premières sont toujours utiles, tandis que le courage ne l'est qu'à certains moments. – Et, de deux choses, celle qui, tout le monde la possédant, nous ôterait le besoin de l'autre, doit être préférée à celle qui, tout le monde la possédant, nous laisserait le besoin de la chose restante ; tel est le cas de la justice et du courage : si

mément à une suggestion de Waitz, II, 467, retenue par Pickard-Cambridge, nous lisons καὶ μὴ ἀγαθὰ μετ' ἀγαθῶν οὐδὲν κωλύει εἶναι αἱρετώτερα (sc. πλειόνων ἀγαθῶν). *Cf.* aussi Alexandre, 247, 14.

1. L. 28, nous lisons ταὐτά (Pickard-Cambridge), et non ταῦτα (Strache-Wallies et Waitz).

tout le monde était juste, le courage ne servirait à rien, tandis 117 *b*
que si tout le monde était courageux, la justice serait encore
utile.

De plus, on doit tirer argument des corruptions et des
pertes, des générations et des acquisitions, et des contraires
des choses : car les choses dont la destruction est plus à éviter
sont elles-mêmes préférables. Et de même pour les pertes et 5
les contraires des choses : car une chose dont la perte ou le
contraire est plus à éviter est elle-même préférable. En ce qui
concerne les générations et les acquisitions de choses, c'est
l'inverse qui est vrai car les choses dont l'acquisition ou la
génération est plus désirable sont elles-mêmes plus désirables.

Autre lieu : ce qui est plus rapproché du bien est meilleur 10
et préférable, c'est-à-dire ce qui est plus semblable au bien[1] ;
par exemple, la justice est meilleure qu'un homme juste.
– Et on doit donner la préférence à une chose qui est plus
semblable qu'une autre chose à quelque chose de meilleur
que la chose elle-même : par exemple, Ajax était, au dire de
certains, meilleur qu'Ulysse, parce qu'il était plus semblable à
Achille[2]. On objectera à cela que ce n'est pas vrai, car rien
n'empêche que par les côtés où Achille est le meilleur, Ajax ne 15
lui ressemble pas plus qu'Ulysse, et qu'Ulysse ne soit bon sans
être semblable à Achille. Il faut considérer aussi si la ressemblance se fait dans le sens du plus ridicule : c'est ainsi que
le singe ressemble à l'homme, tandis que le cheval ne lui

1. Cf. *supra*, 1, 116 *b* 23 (référence d'Alexandre, 252, 22).
2. Achille étant meilleur qu'Ulysse et Ajax, si Ajax ressemble davantage à
Achille, il est meilleur qu'Ulysse. Cela n'est vrai, remarque Aristote, que si la
ressemblance porte sur les bons côtés du héros.

ressemble pas, car le singe n'est pas plus beau que le cheval,
bien qu'il ressemble davantage à l'homme. – De même encore,
20 dans le cas de deux choses, si l'une est plus semblable à une
meilleure chose et l'autre à une moins bonne, sera meilleure
celle qui est plus semblable à la meilleure. Ici encore,
cependant, on peut soulever une objection : rien n'empêche,
en effet, que l'une ne soit que légèrement semblable à la
meilleure chose et l'autre fortement semblable à la moins
bonne, si, par exemple, Ajax ressemble faiblement à Achille,
et Ulysse fortement à Nestor. Il peut se faire encore que la
25 chose semblable à la meilleure chose lui ressemble par ses
côtés les moins bons, tandis que la chose semblable à la moins
bonne lui ressemble par ses côtés les meilleurs : telle est la
ressemblance du cheval à l'âne ; et celle du singe à l'homme.

Un autre lieu, c'est que le bien plus brillant est préférable
au bien qui l'est moins [1], et le plus difficile à ce qui l'est moins :
car nous apprécions mieux la possession des choses qui ne sont
pas faciles à acquérir. – Et aussi, ce qui est plus propre est
30 préférable à ce qui est plus commun [2]. – Est encore préférable
ce qui est plus libre de toute accointance avec le mal [3], car on
doit désirer plus ce qui n'entraîne aucune difficulté que ce qui
peut en entraîner quelqu'une.

En outre, si A est, absolument, meilleur que B, la meilleure
des choses contenues dans A est meilleure que la meilleure de

---

1. Par exemple, gérer les intérêts publics est plus glorieux, et partant plus
désirable, que gérer ses intérêts privés (Alexandre, 255, 2).

2. C'est ainsi que la prudence, propre à l'homme, est préférable à la santé,
qui est commune à l'homme et aux animaux (Alexandre, 255, 15).

3. La vertu est préférable aux richesses, qui entraînent la crainte de les
perdre et des soucis de toute sorte (Pacius, 1, 616).

celles contenues dans B^1 : par exemple, si l'homme est
meilleur que le cheval, le meilleur homme sera meilleur 35
aussi que le meilleur cheval. Et inversement, si le meilleur
des A est meilleur que le meilleur des B, A est aussi, absolument, meilleur que B : par exemple, si le meilleur homme
est meilleur que le meilleur cheval, alors, absolument,
l'homme est meilleur que le cheval.

En outre, les choses auxquelles nos amis peuvent parti- 118 a
ciper sont préférables à celles auxquelles ils ne le peuvent
pas[2]. Et les choses que nous préférons faire pour un ami sont
plus désirables que celles que nous ferions pour le premier
venu : par exemple, pratiquer la justice et faire du bien plutôt
que de le paraître seulement, car nous préférons faire réellement du bien à nos amis plutôt que d'en avoir l'apparence,
tandis que, pour des indifférents, c'est l'inverse.   5

Et encore, ce qui provient du superflu est meilleur que
le nécessaire, et, parfois, est aussi préférable : car bien vivre
est meilleur que vivre ; or bien vivre est du superflu, tandis
que vivre est lui-même une nécessité. Parfois, cependant, les
choses meilleures ne sont pas les plus désirables ; ce n'est pas,
en effet, parce qu'une chose est meilleure qu'elle est nécessairement aussi plus désirable : ainsi philosopher vaut mieux 10
que s'enrichir, mais ce n'est pas là une chose préférable pour
celui qui manque du nécessaire. Le superflu, c'est quand,
possédant le nécessaire, on travaille à s'assurer quelque autre

---

1. Comme le remarque Alexandre, 256, 5, ἐν τούτῳ, 1. 34, signifie ἐν
γένει ἢ εἴδει, dont les *partes subjectivae* (espèces ou individus) suivent la
condition.

2. La science est ainsi préférable à la santé, les richesses à la noblesse, la
libéralité à la tempérance (Pacius, I, 616).

belle chose. Rigoureusement parlant, peut-être le nécessaire 30
15 est-il préférable, et le superflu meilleur.

Et encore, ce qu'on ne peut pas se procurer par autrui est
préférable à ce qu'on peut se procurer par lui : c'est le cas, par
exemple, de la justice par rapport au courage[1]. – Et il faut de
deux choses préférer A à B, si A est désirable sans B, alors que B
ne l'est pas sans A : ainsi la puissance n'est pas désirable sans
la prudence, mais la prudence est désirable sans la puissance. –
20 Et si de deux choses nous répudions l'une afin de paraître avoir
l'autre, celle qui est préférable est celle que nous voulons paraître avoir : ainsi nous nions que nous sommes laborieux pour
qu'on nous croie bien doués naturellement.

De plus, ce dont l'absence se ferait le moins reprocher
dans un malheur est préférable ; et, réciproquement, ce dont
25 l'absence se fait reprocher davantage quand on n'est pas dans
le malheur, est préférable.

3
< Autres lieux >

En outre, des choses qui tombent sous la même espèce,
celle qui a la vertu propre de l'espèce est préférable à celle qui
ne l'a pas. Et si toutes deux la possèdent, il faut préférer celle
qui l'a davantage.

De plus, si une chose fait bonne la chose dans laquelle elle
est présente, alors qu'une autre ne la fait pas, c'est celle qui fait
30 la chose bonne qui est préférable, de même que ce qui échauffe

---

1. *Si quis non sit justus, nemo potest supplere pro illo ; at si quis non sit
fortis, potest alter supplere defendens illum* (Sylvius Maurus, I, 474).

est plus chaud que ce qui n'échauffe pas. Et si les deux choses font la chose bonne, il faut préférer celle qui la fait bonne davantage ; ou celle qui fait bonne la chose qui est meilleure et plus importante : si, par exemple, l'une fait bonne l'âme, et l'autre bon le corps.

De plus, il faut juger les choses d'après leurs inflexions[1], leurs usages, leurs actions et leurs opérations, et inversement **35** juger ces déterminations par les choses mêmes, car il y a entre elles consécution réciproque. Par exemple, si *justement* est préférable à *courageusement*, la justice aussi est préférable au courage ; et si la justice est préférable au courage, *justement* est, aussi, préférable à *courageusement*. Et ainsi de suite.

En outre si, pour un même sujet, l'un des attributs est un **118 b** plus grand bien, et l'autre un moindre, il faut préférer le plus grand[2] ; ou si l'un appartient à un sujet plus élevé, il est aussi plus grand[3]. – De plus, s'il y a deux choses préférables à une seule autre, la plus préférable est préférable à la moins préférable[4]. – En outre, la chose dont la surabondance est préférable à la surabondance d'une autre, est elle-même préférable à cette **5** autre : par exemple, l'amitié est préférable aux richesses, car la surabondance de l'amitié est préférable à celle des richesses. – Et la chose dont on choisirait d'être soi-même, par son propre

---

1. Cf. *supra*, II, 9, 114 *a* 26.
2. Pour l'homme, par exemple, la vertu est un plus grand bien que la richesse.
3. La science qui appartient à l'âme, réalité plus haute que le corps, est préférable à la santé du corps.
4. La vertu et l'honneur, pris ensemble, sont plus désirables que la richesse ; or la vertu est elle-même plus désirable que l'honneur ; elle est donc plus désirable que la richesse.

fait, cause, est préférable à celle qu'on recevrait d'autrui : les amis, par exemple, sont préférables aux richesses.

10   On peut encore tirer argument de l'addition, et voir si l'addition de A à la même chose que B rend le tout plus désirable que l'addition de B. Mais il faut se garder d'étendre ce lieu aux choses dans lesquelles le terme commun a pour instrument l'une des choses ajoutées, ou en tire un secours de quelque autre façon, alors qu'il n'a pas l'autre pour instrument et n'en tire aucun secours [1] ; tel est le cas, par exemple, de la scie et de la faux jointes à l'art du charpentier, car la scie est

15 préférable à la faux quand elle est couplée avec l'art du charpentier, mais, absolument, elle ne lui est pas préférable. Et encore, une chose est préférable, si, ajoutée à une moins bonne, elle rend le tout meilleur. – De même encore, on peut tirer argument de la soustraction : ce qui, une fois retranché d'une même chose, rend le reste moins bon, sera un plus grand bien, puisque son retranchement fait ce qui reste moins bon [2].

20   Et si une chose est désirable pour elle-même, et l'autre seulement par vanité, <la première est préférable> : il faut

1. Si $A + C > B + C$, il en résulte que $A > B$. Mais, remarque Aristote (l. 11-16), si A est lié naturellement à C, sujet commun aux deux attributs (l. 12, τὸ κοινόν = τοῦτο ᾧ προστίθεται ἄμφω), la scie, par exemple, à l'art du charpentier, et non B (la faux), alors on ne peut pas dire que, absolument, $A > B$, car A n'est supérieur à B qu'en tant qu'instrument de C. – L. 14, nous mettons une virgule avant οἷον (Strache-Wallies), et non un point, comme le fait Waitz, II, 469, car l'exemple de la scie et de la faux se rapporte plutôt à l'exception posée l. 11 et *sq.* qu'au principe énoncé l. 10. – L. 15, nous lisons, avec Bekker et Waitz, συνδυαζόμενος. – En ce qui concerne le raisonnement même d'Aristote, *cf.* Alexandre, 266, 15-267, 7.

2. Si les richesses sont moins bonnes quand la prudence est ôtée, que quand la noblesse est ôtée, la prudence est plus désirable que la noblesse. – Nous empruntons tous ces exemples à Pacius.

préférer, par exemple, la santé à la beauté. On définit comme
désirable par vanité ce qu'on ne se soucierait pas de posséder,
si personne n'en savait rien. – Et une chose est plus désirable,
si elle est désirable à la fois pour elle-même et par vanité, alors
que l'autre chose n'est désirable que de l'une de ces façons.
– Et tout ce qui est plus précieux par soi-même est aussi
meilleur et préférable : sera plus précieuse en soi une chose, 25
que nous choisirions plutôt pour elle-même, sans que rien
d'autre dût lui appartenir.

De plus, il faut distinguer en combien de sens le terme
préférable est pris et en vue de quelles fins : si c'est, par
exemple, en vue de l'intérêt, du bien, ou du plaisir. Ce qui
est, en effet, utile pour tous ces avantages ou pour la plupart
d'entre eux, est préférable à ce qui n'est pas utile au même
degré. Si les mêmes avantages appartiennent aux deux choses 30
en présence [1], il faut examiner quelle est celle qui les possède le
plus : par exemple, laquelle des deux est la plus agréable, ou la
plus belle, ou la plus utile. – Et encore, ce qui se fait en vue
d'une fin meilleure est préférable : par exemple, ce qui se fait
en vue de la vertu, plutôt que ce qui se fait en vue du plaisir. – Il
en est de même des choses à éviter : il faut éviter de préférence
ce qui oppose un plus grand obstacle aux choses désirables,
par exemple la maladie plutôt que la laideur, car la maladie 35
s'oppose davantage et au plaisir et à la vertu.

De plus, on peut tirer argument du fait de montrer que la
chose en question est également à éviter et à désirer : car une

1. L. 30, τῶν δ' αὐτῶν (*intell.* τῶν πρὸς ἃ χρήσιμα ἐστιν) ἀμφοτέροις
ὑπαρχόντων, *h. e.* ἀμφοτέρων δὲ πρὸς ταὐτὰ ὄντων χρησίμων (Waitz,
II, 469).

chose de ce genre, qu'on peut également désirer et fuir, est moins désirable qu'une autre qui est seulement désirable.

4
< *Applications des lieux précédents aux termes simples* >

119 a   Les comparaisons des choses entre elles[1] doivent donc se faire comme nous venons de le dire. – Ces mêmes lieux sont utiles aussi en vue de montrer qu'une chose quelconque est simplement à désirer ou à éviter : il suffit d'ôter l'élément de supériorité[2] que l'on donne à une chose sur une autre. Si, en effet, ce qui est plus précieux est plus désirable, ce qui est 5 précieux est désirable aussi, et si ce qui est plus utile est plus désirable, ce qui est utile est désirable aussi. Et ainsi de suite, pour tout ce qui admet une comparaison de ce genre. Cependant, pour certains termes[3], c'est aussitôt que la comparaison de l'un à l'autre s'établit que nous affirmons que chacun d'eux, ou que l'un d'eux, est désirable : par exemple, quand nous disons que l'un est bon *par nature* et que l'autre ne l'est 10 *pas par nature*, car ce qui est bon par nature est évidemment désirable.

---

1. Selon le *plus* et le *moins*.
2. Le terme de comparaison *plus* (ou *moins*).
3. L. 7, nous lisons, avec certains manuscrits, δὲ au lieu de γὰρ. –Aristote pose une exception à ce qu'il vient de dire : il y a des cas où n'est pas nécessaire de procéder du comparatif au positif et où le simple examen du positif suffit à assurer la préférence d'un terme sur l'autre, de ce qui est naturel, par exemple, sur ce qui ne l'est pas.

5
< *Généralisation des lieux précédents* >

Il faut prendre le plus universellement possible[1] les lieux relatifs au plus et au moins, car, pris de cette façon, ils servent à un plus grand nombre de problèmes. Il est possible de rendre plus universels certains des lieux dont nous avons parlé, par **15** une légère altération de l'expression[2] : par exemple, ce qui est tel par nature est plus tel que ce qui n'est pas par nature tel[3]. – Et si une chose fait, tandis qu'une autre ne fait pas, de telle qualité le sujet qui la possède [ou auquel elle appartient], tout ce qui le fait tel est aussi plus tel que ce qui ne le fait pas tel[4] ; et si toutes deux le font tel, celle qui le fait davantage tel est elle-même davantage telle[5].

En outre, si, pour une même chose, un attribut est plus tel et **20** l'autre moins[6], et, si l'un est plus tel qu'un troisième n'est tel, tandis que l'autre ne l'est pas, il est évident que le premier sera plus tel. – De plus, on peut tirer argument de l'addition[7], et voir si *A* ajouté à la même chose que *B* rend le tout plus tel que ne le ferait *B*, ou si, quand ajouté à une chose qui est moins telle, il rend le tout plus tel. – Il en est de même si on procède à **25**

1. *Id est, pertinentes ad quancumque accidentium comparationem* (Pacius, II, 389).

2. La légère modification consiste à remplacer les qualités déterminées qui ont servi précédemment d'exemples (*bon*, *utile*, etc…) par un pronom général (*tel*). – L. 17, les mots placés entre crochets apparaissent comme inutiles (*cf.* Waitz, II, 470).

3. Cf. *supra*, 1, 116 *b* 10.

4. Cf. *supra*, 3, 118 *a* 29.

5. Cf. *supra*, 3, 118 *a* 31.

6. Cf. *supra*, 3, 118 *b* 1. (Mais voir Waitz, II, 470).

7. Cf. *supra*, 3, 118 *b* 10.

l'aide de la soustraction [1] : car ce qui, étant retranché, fait le reste moins tel, est lui-même plus tel. – Et les choses qui sont moins mêlées avec leurs contraires sont aussi plus telles [2] : ainsi est plus blanc ce qui est moins mêlé au noir.

De plus, en dehors des lieux dont nous avons traité précédemment, possède davantage tel caractère ce qui admet davantage la définition propre du caractère donné [3] : par 30 exemple, si la définition du blanc est *une couleur dissociante de la vision*, est plus blanc ce qui est davantage une couleur dissociante de la vision.

6

< Application des lieux précédents à l'accident (attribut) particulier >

Si le problème est posé particulièrement et non universellement, tout d'abord les lieux universels dont nous avons parlé [4], qui permettent d'établir ou de réfuter une thèse, ont tous leur utilité. En effet, en établissant ou en réfutant la thèse 35 universelle, nous prouvons aussi la particulière : si l'attribut appartient à tout *A*, il appartient aussi à quelque *A*, et s'il n'appartient à nul *A*, il n'appartient pas non plus à quelque *A* [5]. – Les plus commodes et les plus communs [6] des lieux sont ceux qui sont tirés des opposés, des coordonnés et des inflexions. En

1. Cf. *supra*, 3, 118 *b* 17.
2. Cf. *supra*, 2, 117 *a* 24.
3. Nouveau lieu, *a definitione*.
4. Lieux des livres II et III.
5. Cf. *supra*, II, 2, 109 *b* 13.
6. Communs aux problèmes universels et aux problèmes particuliers (Alexandre, 280, 3).

effet, sont également probables, la proposition que si tout plaisir est un bien, toute peine aussi est un mal, et la proposition que si quelque plaisir est un bien, quelque peine aussi est **119 b** un mal[1]. En outre, si quelque sens n'est pas une faculté, alors, quelque absence de sens n'est pas une absence de faculté[2]. Et si quelque objet de croyance est objet de science, quelque croyance aussi est science[3]. Et si quelque chose injuste est un bien, quelque chose juste est aussi un mal[4]. Et encore, si **5** quelque chose faite justement est un mal, quelque chose faite injustement est aussi un bien[5]. Et si quelque chose d'agréable est à éviter, quelque plaisir est aussi à éviter. D'après le même principe encore, si quelque chose d'agréable est utile, quelque plaisir est utile. – En ce qui concerne les agents de destruction, ainsi que les générations et les destructions[6], il en est de même. En effet, si quelque agent de destruction du plaisir ou de la science est un bien, le plaisir ou la science aussi sera au nombre **10** des maux. De même encore, si quelque destruction de la science est au nombre des biens, ou quelque génération de la science au nombre des maux, quelque science sera au nombre des maux : par exemple, si oublier ce qu'on a fait de honteux est au nombre des biens, ou se le rappeler au nombre des maux, alors connaître ce qu'on a fait de honteux sera au nombre des

1. Lieu tiré des contraires (opposés).
2. Lieu tiré de la possession-privation (opposée). – Comme le remarque Pacius, II, 391, pour cet exemple et les suivants, Aristote n'indique que la partie du raisonnement se rapportant au problème particulier. Il est facile de suppléer le reste.
3. Lieu tiré de la relation.
4. Lieu tiré encore des contraires.
5. Ce lieu et les suivants (1, 6-8) sont tirés des coordonnés.
6. *Cf.* II, 9, 114 *b* 16.

15 maux[1]. Et ainsi de suite : dans tous les cas de ce genre, prémisses et conclusion sont également probables.

En outre, on peut tirer argument du plus, du moins et du même degré[2]. Si, en effet quelqu'une des choses qui dépendent d'un autre genre est plus de telle qualité que celles qui dépendent du genre en question, et qu'aucune des choses de cet autre genre n'est de telle qualité, le sujet rentrant dans le genre en question ne sera pas non plus de telle qualité[3] : par

20 exemple, si quelque science est plus un bien que le plaisir, et qu'aucune science ne soit un bien, le plaisir ne sera pas non plus un bien. – Et du même degré et du moins on peut tirer argument de la même façon : il sera ainsi possible et de réfuter, et d'établir une thèse ; seulement, tandis qu'à l'aide du même degré on peut à la fois réfuter et établir une thèse, à l'aide du moins on peut seulement l'établir mais non la réfuter. En effet, si quelque faculté est un bien au même degré[4] que la science, et

25 si quelque faculté est un bien, la science l'est aussi ; tandis que si aucune faculté n'est un bien, la science ne l'est pas non plus. Si, d'autre part, quelque faculté est un moindre bien que la science[5], et si quelque faculté est un bien, la science est aussi

---

1. *Cf.* Sylvius Maurus, I, 480 : *Mala est generatio scientiae, qua quis recordatur malorum, quae egit, bona est oblivio, seu corruptio talis scientiae ; ergo mala est scientia, qua quis recordatur malorum, quae egit.*

2. Application des lieux indiqués *supra*, II, 10, aux problèmes particuliers.

3. Lien tiré du plus. – Nous suivons Sylvius Maurus, I, 480. Dans l'exemple qui suit, le genre en question est le plaisir (qui renferme les différentes espèces de plaisirs), l'autre genre, la science (qui renferme les différentes sciences), et la qualité commune, le bien.

4. Examen du semblable. On peut à la fois établir et réfuter la thèse.

5. Examen du moins, à l'aide duquel on peut seulement établir une proposition.

un bien ; par contre, si aucune faculté n'est un bien, il ne
s'ensuit pas nécessairement qu'aucune science ne soit un bien.
On voit donc qu'on peut seulement établir une proposition en
partant du moins.   30

Non seulement par le moyen d'un autre genre on peut
réfuter une thèse[1], mais on le peut encore par le moyen du
même genre, en y prenant ce qui est le plus de telle qualité : par
exemple, s'il a été posé[2] que quelque science est un bien, mais
qu'il ait été prouvé que la prudence n'est pas un bien, aucune
autre science ne sera non plus un bien, puisque même l'espèce
pour laquelle on l'admet le plus[3] ne l'est pas. – En outre, on
peut procéder par le moyen d'une hypothèse, en postulant que 35
si l'attribut appartient, ou n'appartient pas, à un seul sujet, il
appartient aussi, ou n'appartient pas, au même degré à tous :
que, par exemple, si l'âme de l'homme est immortelle, les
autres âmes le sont aussi, et que si cette âme ne l'est pas, les
autres âmes ne le sont pas non plus. Si donc il a été posé[4] que
l'attribut appartient à quelque sujet, on doit prouver qu'il 120a
n'appartient pas à quelque sujet ; car il s'ensuivra, en vertu
de l'hypothèse, qu'il n'appartient à aucun. Si, d'autre part, il a
été posé que l'attribut n'appartient pas à quelque sujet[5], on doit
prouver qu'il appartient à quelque sujet, car de cette façon il
s'ensuivra qu'il appartient à tous. Il est évident qu'en faisant
cette hypothèse on rend universel le problème qui avait été
posé comme particulier : car on juge qu'en accordant le

1. Cf. *supra*, 1. 16.
2. Dans le problème.
3. La prudence, espèce du genre science, et qui est le bien par excellence.
4. Dans le problème (*quelque âme est immortelle*).
5. *Quelque âme n'est pas immortelle.*

particulier on accorde aussi l'universel, puisqu'on juge que du
moment que l'attribut appartient à un seul sujet, il appartient à
5 tous semblablement.

Quand le problème est indéterminé[1], on ne peut réfuter que
d'une seule façon : si, par exemple, l'interlocuteur a dit que le
plaisir est un bien, ou n'est pas un bien, sans ajouter aucune
autre détermination. En supposant, en effet, qu'il ait voulu dire
que quelque plaisir est un bien, il faut prouver[2] universellement que nul plaisir n'est un bien, si l'on veut réfuter
10 la proposition en question. De même encore, en supposant
qu'il ait voulu dire que quelque plaisir n'est pas un bien, il
faut prouver universellement que tout plaisir est un bien.
Autrement, la réfutation n'est pas possible : si, en effet, nous
prouvons que quelque plaisir n'est pas un bien, ou est un bien,
la proposition en question n'est pas encore réfutée[3]. – On voit
donc qu'il n'est possible de réfuter <une proposition indé-
finie> que d'une seule façon, alors qu'au contraire on peut
15 l'établir de deux façons. En effet, soit que nous montrions universellement que tout plaisir est un bien, ou que quelque plaisir
est un bien, nous aurons prouvé la proposition en question. De
même encore, si, quand on nous demande de discuter que
quelque plaisir n'est pas un bien, nous prouvons que nul plaisir
n'est un bien ou que quelque plaisir n'est pas un bien, nous

---

1. La proposition indéfinie est celle qui n'est affectée d'aucune *note*
(προσδιορισμός) d'universalité (πᾶς, *omnis*) ou de particularité (τις, *aliquis*).
Cf. *de Interpr.*, 7, 17 *b* 5. Mais ces propositions se comportent de la même façon
que les particulières (*ibid.*, 17 6 SO), et c'est pourquoi Aristote ne parle pas des
propositions universelles.

2. Pour le réfuter.

3. Car deux propositions contraires peuvent être vraies en même temps.

aurons argumenté des deux façons, universellement et particulièrement, pour montrer que quelque plaisir n'est pas un
bien. – Si la thèse est déterminée[1], on pourra la réfuter de deux **20**
façons : par exemple, s'il a été posé[2] que la bonté appartient à
quelque plaisir, mais n'appartient pas à quelque autre ; car soit
que l'on prouve que tout plaisir est un bien, ou que nul plaisir
n'est un bien, la proposition en question aura été réfutée.
– Mais si l'adversaire a posé qu'un seul plaisir est un bien, la
réfutation pourra se faire de trois façons : car, en prouvant que **25**
tout plaisir est un bien, ou que nul plaisir n'est un bien, ou que
plus d'un plaisir est un bien, nous aurons réfuté la proposition
en question. – Et si la thèse a été encore plus étroitement déli-
mitée, par exemple que la prudence est la seule des vertus qui
soit une science, on peut la réfuter de quatre façons : car en
prouvant que toute vertu est une science, ou que nulle vertu
n'est une science, ou que quelque autre vertu, par exemple la **30**
justice, est aussi une science, ou que la prudence elle-même
n'est pas une science, la proposition en question aura été
réfutée.

Il est utile aussi de porter son attention sur les cas singuliers
dans lesquels quelque attribut a été affirmé[3] comme appartenant ou n'appartenant pas au sujet, comme on l'a fait dans les
problèmes universels[4]. De plus, il faut considérer les genres,

1. Par la note *aliquis*.
2. Dans le problème.
3. Dans la thèse.
4. II 2, 109 *b* 13. – De même que pour établir ou pour réfuter un problème
universel, il faut considérer les cas individuels qui tombent sous le sujet, de
même pour établir ou pour réfuter un problème particulier (*quelque plaisir est*

en les divisant selon leurs espèces jusqu'à ce qu'on arrive à
35 celles qui ne sont plus divisibles, ainsi que nous l'avons dit
plus haut[1] : car, soit que l'attribut apparaisse comme appartenant à tout *A*, ou comme n'appartenant à nul *A*, il faut, après
avoir présenté plusieurs exemples, postuler ou bien que
l'adversaire accorde la thèse universellement, ou bien qu'il
apporte un exemple négatif montrant dans quel cas il n'en est
pas ainsi[2]. En outre, dans les cas où on peut diviser l'accident
soit spécifiquement, soit numériquement, il faut examiner si
aucune de ces déterminations ne lui appartient[3] ; par exemple
que le temps ne se meut pas et qu'il n'est pas non plus un
120 *b* mouvement, après qu'on a énuméré quelles sont les espèces
de mouvement : si, en effet, aucune de ces déterminations
n'appartient au temps, il est clair qu'il ne se meut pas, et qu'il

---

un bien), il faut passer en revue plusieurs cas individuels (tel plaisir, tel autre
plaisir…). L'expression τὰ καθ᾽ ἕκαστα, l. 32, signifie *res singulae quae sub
sensu cadunt*, tandis que τὰ ἄτομα, l. 32, signifie τὰ ἄτομα εἴδει, *species
infimae*, comme II, 2, 109 *b* 16 et 21 (Waitz, II, 471). – Sur le sens de ἐν οἷς
ὑπάρχειν, l. 33 (= ὡς ἐν ὑποκειμένῳ θατέρῳ), cf. *ibid.*

1. II, 2, 109 *b* 15.

2. *Namque, qui propositionem particularem repellere velit, universalem
quae ei repugnet inductione facta probare debet, ita ut multis prolatis quae cum
ea consentanea sint propositionem universalem ipsam, quam efficere velit, ab
adversario sibi dari aut cur non concedenda sit, exponi postulet* (Waitz,
II, 471).

3. *Cf.* Sylvius Maurus, I, 482 : *Non solum debemus per divisionem
discurrere species subjecti, sed etiam per species et per singularia praedicati*
(Aristote dit accident). *Ex. gr., si quis ponat problema, quod tempus vel movetur, vel est motus, debemus argumentari, quia si tempus esset motus, vel esset
generatio, vel corruptio…* (toutes les espèces de mouvement) ; *sed tempus nullo
ex motibus movetur, nec est ullus ex dictis motibus ; ergo tempus non est motus.*

n'est pas non plus un mouvement. De même encore, on peut montrer que l'âme n'est pas un nombre[1], après avoir divisé tout nombre en impair et pair, car si l'âme n'est ni impaire, ni **5** paire, il est évident qu'elle n'est pas un nombre.

À l'égard de l'accident, on peut donc tenter de procéder par des moyens semblables à ceux dont nous avons parlé, et de cette façon.

---

1. Xénocrate. *Cf.* fragment 60, Heinze.

LIVRE IV

< Lieux communs du genre >

1   10, *titul.*

<Lieux>

Après cela[1], ce sont les lieux relatifs au genre et au propre
qu'il faut examiner. Ce sont là les éléments des lieux qui se
rapportent aux définitions, mais en eux-mêmes ils sont rarement l'objet des recherches des dialecticiens[2]. – Si donc 15
l'adversaire a posé le genre de quelque être, nous devons
d'abord porter notre attention sur toutes les choses qui appartiennent au même genre que la chose en question, et voir s'il y
en a quelqu'une à laquelle le genre n'est pas attribué, ainsi que

---

1. Savoir, les lieux de l'accident (Alexandre, 291, 21). – Avant d'examiner
les lieux des définitions (livre VI), il faut examiner leurs éléments, qui sont les
lieux du genre et du propre, car la définition contient non seulement le genre,
mais encore le propre de la chose (Alexandre, 291, 24).

2. Lesquels s'intéressent plutôt aux lieux des accidents, qui sont plus
fréquents dans les discussions dialectiques (*Cf.* Alexandre, 127, 17). – L. 14,
αὐτῶν δὲ τούτων = τῶν ἀπὸ γένους καὶ ἰδίου, et c'est à tort qu'Alexandre,
296, 1, ajoute καὶ ὁρισμοῦ (Waitz, II, 472).

nous l'avons fait pour l'accident[1] : par exemple, si le bien est
posé comme le genre du plaisir, il faut voir si quelque plaisir
n'est pas un bien, car, s'il en est ainsi, il est clair que le bien
20 n'est pas le genre du plaisir, attendu que le genre est affirmé de
tout ce qui tombe sous la même espèce. – En outre, nous
devons examiner si le genre est affirmé non pas essentiellement, mais seulement comme un accident, à la façon dont le
blanc est affirmé de la neige, ou ce qui se meut par soi-même
de l'âme[2] : car la neige n'est pas essentiellement le blanc,
et par suite le blanc n'est pas le genre de la neige ; et l'âme
n'est pas non plus essentiellement ce qui se meut, mais son
25 mouvement est pour elle un accident, comme l'est souvent
aussi pour l'animal marcher et être marchant. Ajoutons que
ce qui se meut[3] signifie non pas l'essence, mais bien une chose
qui agit ou qui pâtit. Il en est de même aussi pour le blanc, car
il exprime non pas l'essence de la neige, mais une certaine
qualité d'elle. Il en résulte qu'aucun de ces deux termes n'est
affirmé essentiellement.

30   C'est surtout la définition de l'accident qu'il faut considérer, et voir si elle s'adapte bien au genre indiqué, comme
c'est le cas pour les exemples que nous venons de citer : il est
possible, en effet, pour une chose, de se mouvoir soi-même ou
de ne pas se mouvoir, et de même encore d'être blanche ou de
n'être pas blanche. Il en résulte qu'aucun de ces attributs n'est

---

1. II, 2, 109 *b* 13.

2. Comme le soutient Platon (*Phèdre*, 245 c-e). – Le blanc n'est pas ἐν τῷ
τί ἐστι de la neige, autrement dit, la neige n'est pas une espèce de blanc ;
l'automotricité n'est pas non plus ἐν τῷ τί ἐστι de l'âme, autrement dit, l'âme
n'est pas une espèce du mouvement par soi.

3. Le genre prétendu.

un genre, mais bien un accident, puisque nous avons appelé accident[1] ce qui peut appartenir à un sujet et ne pas lui **35** appartenir.

De plus, il faut examiner si le genre et l'espèce sont, non pas dans la même division[2], mais l'un une substance et l'autre une qualité, ou l'un un relatif et l'autre une qualité ; comme, par exemple, la neige et le cygne sont une substance, tandis que le blanc n'est pas une substance, mais une qualité, de sorte que le blanc n'est le genre ni de la neige, ni du cygne. Autre **121 a** exemple : la science est au nombre des relatifs, mais le bien et le beau est une qualité, de sorte que le bien ou le beau n'est pas le genre de la science, attendu que les genres des relatifs doivent être eux-mêmes au nombre des relatifs, comme dans le cas du double, car le multiple, qui est le genre du double, fait **5** lui-même aussi partie des relatifs. En un mot, il faut que le genre tombe sous la même division que l'espèce ; si l'espèce est une substance, le genre doit être aussi une substance, et si l'espèce est une qualité, le genre doit être aussi une qualité ; si, par exemple, le blanc est une qualité, la couleur doit l'être aussi. Et ainsi de suite.

De plus, il faut voir s'il est nécessaire ou possible que le **10** genre participe de ce qui a été posé dans le genre[3]. *Participer*

---

1. *Cf.* I, 5, 102 b 6. – *Considerandum utrum ei, quod assignatur ut genus, conveniat definitio accidentis* (Sylvius Maurus, I, 484).

2. C'est-à-dire dans la même catégorie. Il faut que le genre et l'espèce soient l'un et l'autre ou des substances, ou des qualités, etc.

3. C'est-à-dire l'espèce (Alexandre, 301, 10).

se définit : recevoir la définition de ce qui est participé[1]. On voit ainsi que les espèces participent des genres, et non les genres des espèces : car l'espèce reçoit la définition du genre,
15 mais non le genre celle de l'espèce. Il faut donc voir si le genre donné participe ou peut participer de l'espèce : si, par exemple, on assigne une chose comme genre de l'être ou de l'un, il en résulte que le genre participera de l'espèce, car l'être et l'un sont affirmés de tout ce qui existe, et par suite leur définition aussi[2].

20 　　En outre, il faut voir si l'espèce assignée à une certaine chose est vraie, tandis que le genre ne l'est pas : si, par exemple, l'être ou l'objet de science a été posé comme le genre de l'objet d'opinion. En effet, l'objet d'opinion peut être affirmé du non-être, étant donné que beaucoup de choses qui n'existent pas sont objets d'opinion, alors qu'il est évident que l'être ou l'objet de science n'est pas affirmé du non-être. Il en résulte que ni
25 l'être, ni l'objet de science n'est le genre de l'objet d'opinion ; car des choses dont l'espèce est affirmée, le genre doit être affirmé aussi[3].

---

1. Par exemple, l'homme participe de l'animal, parce que la définition de l'animal est dite de l'homme ; par contre, l'animal ne participe pas de l'homme, parce que la définition de l'homme n'est pas dite de l'animal.

2. Sur l'Être et l'Un, cf. *Métaph.*, I, 1 et 2 (t. II, p. 59 et *sq.* de notre traduction, avec les notes [2004, p. 73-82]). L'Être et l'Un, étant les notions les plus générales, ne peuvent elles-mêmes rentrer dans un genre. – L'argumentation d'Aristote est bien exposée par Sylvius Maurus, I, 484 : *Si quis aliquid assignaverit ut genus entis, vel unius, male assignavit. Cum enim ens et unum dicantur de omnibus quae sunt, etiam definitio entis et unius dicitur de omnibus quae sunt ; ergo genus participabit definitionem speciei, quod est absurdum.*

3. Cf. Sylvius Maurus, I, 485 : *Considerandum est, an quod ponitur sub genere dicatur de pluribus quam genus. Genus enim debet dici de pluribus quam species ; ergo si dicitur de paucioribus, male fuit assignatum : ex. gr. ens*

Il faut voir encore si la chose posée dans le genre[1] n'est susceptible de participer d'aucune des espèces car il est impossible que ce qui ne participe d'aucune des espèces participe du genre, à moins que ce ne soit l'une des espèces obtenues par la première division, car celles-ci participent du genre seule- 30 ment. Si donc le mouvement a été posé comme genre du plaisir, il faut voir si le plaisir n'est ni une translation, ni une altération, ni aucun des mouvements donnés restants ; car alors il est évident qu'il ne peut participer d'aucune des espèces, ni, par suite, non plus du genre, puisque ce qui participe du genre participe aussi de l'une des espèces. Il en résulte que le plaisir 35 ne saurait être une espèce du mouvement ; ni non plus aucun des faits individuels compris sous le terme *mouvement*[2] ; car les individus participent à la fois du genre et de l'espèce : par exemple, l'homme individuel participe de l'homme et de l'animal.

En outre, il faut voir si le terme posé sous le genre n'a pas 121 *b* une extension plus grande que le genre[3] : par exemple, l'objet d'opinion s'étend plus que l'être, puisque à la fois l'être et le

---

male assignatur ut genus opinabilis, quia opinabile dicitur de ente et non ente (*cf.* sur ce point, *de Interpr.*, 11, 21 a 33), *adeoque de pluribus quam ens.*

1. *Species sub genere collocatur vel immediate, ut sub animali avis; vel mediate, ut sub animali corvus* (Pacius, II, 394). Dans le premier cas, l'espèce participe du genre seul ; dans le second, l'espèce participe de tous les échelon intermédiaires et du genre.

2. L. 36, nous lisons, avec Pickard-Cambridge, οὐδὲ τῶν ἀτόμων τῶν τῆς κινήσεως ὄντων. Aristote veut parler des différents mouvements particuliers compris sous le genre mouvement.

3. L'espèce ne doit pas être affirmée de plus de choses que le genre. Or c'est ce qu'on fait si on dit que l'être est le genre de l'opinable, car l'opinable est dit non seulement de l'être, mais encore du non-être.

non-être sont objets d'opinion, de sorte que l'objet d'opinion
ne saurait être une espèce de l'être, le genre étant toujours plus
5 étendu que l'espèce. – Il faut voir encore si l'espèce et le genre
sont d'extension égale ; si, par exemple, d'attributs qui appartiennent à toutes choses[1], l'un était posé comme l'espèce et
l'autre comme genre, tels l'être et l'un ; car l'être et l'un appartiennent à toutes choses, de sorte qu'aucun des deux n'est le
genre de l'autre, leur extension étant égale. – De même encore,
si on a posé le primordial et le principe comme subordonnés
l'un à l'autre : car le principe est primordial, et le primordial
10 principe, de telle sorte que ou bien ces deux expressions sont
une seule et même chose, ou du moins aucune des deux n'est
genre de l'autre. – Le point principal à retenir pour tous les cas
de cette sorte[2], c'est que le genre doit avoir une extension plus
grande que l'espèce et que la différence, car la différence a,
elle aussi, moins d'extension que le genre.

15   Il faut voir encore si le genre énoncé n'est pas, ou peut
ne pas paraître[3], le genre de quelque chose qui n'est pas spécifiquement différent de la chose en question ; ou bien, quand on
établit une thèse, s'il est le genre de l'une de ces choses. En
effet, toutes les choses qui ne diffèrent pas spécifiquement ont
le même genre[4]. Si donc on a prouvé, pour une seule d'entre

1. Et qui sont, par conséquent, d'extension égale.
2. Règle générale.
3. La Dialectique portant sur l'apparence.
4. Par exemple (l. 19-23, *infra*), la ligne divisible et la ligne indivisible
(ou insécable) rentrent dans une même espèce, la ligne droite. Si donc l'adversaire a posé l'indivisible comme genre de la ligne indivisible, on peut le réfuter
en montrant que la ligne divisible, spécifiquement identique à la ligne indivisible, n'est pas indivisible. L'indivisible n'est donc pas le genre de la ligne
indivisible.

elles, qu'il en est le genre, il est évident qu'il l'est de toutes, et
si on a prouvé, pour une seule d'entre elles, qu'il n'en est pas le
genre, il est évident qu'il ne l'est d'aucune ; si, par exemple,
après avoir posé les lignes insécables, on prétendait que l'indivisible est leur genre : en effet, ce terme n'est pas le genre des **20**
lignes qui sont divisibles, et celles-ci ne diffèrent pas spécifiquement des lignes indivisibles, les lignes droites n'étant
jamais spécifiquement différentes les unes des autres.

2
<Autres lieux>

Il faut examiner aussi s'il y a quelque autre genre de
l'espèce donnée, qui ne contienne pas le genre donné, et qui **25**
pourtant ne lui est pas subordonné : si, par exemple, on a posé
que la science est le genre de la justice ; car la vertu en est aussi
le genre, et aucun de ces deux genres ne contient celui qui
reste, de telle sorte que la science ne saurait être le genre de la
justice, attendu qu'il semble bien que toutes les fois qu'une
seule espèce tombe sous deux genres, l'un est contenu par
l'autre[1]. Mais une pareille règle soulève une difficulté dans **30**
plusieurs cas : certains croient, en effet, que la prudence est à
la fois une vertu et une science, et qu'aucun de ces deux
genres n'est contenu par l'autre. Il est vrai que tout le monde
n'admet pas que la prudence soit une science ; mais, même en

---

1. En un mot, une même espèce ne peut appartenir à des genres divers non-
subordonnés les uns aux autres. La justice ne pourrait être une espèce de la
science et de la vertu que si la vertu était elle-même le genre de la science, ou la
science le genre de la vertu. Or cela n'est pas. Il en résulte que la science n'est
pas le genre de la justice.

concédant que cette assertion[1] soit vraie, pourtant il semblera
nécessaire du moins que les genres d'une même chose soient
35 subordonnés l'un à l'autre, ou que tous les deux soient contenus dans le même genre, comme c'est le cas pour la vertu et la
science : car toutes les deux tombent sous le même genre,
puisque chacune d'elles est un état et une disposition. Il faut,
par suite, considérer si aucun de ces deux caractères[2] n'appartient au genre assigné ; car si les genres ne sont pas subor-
122 a donnés l'un à l'autre et qu'ils n'appartiennent pas non plus au
même genre, alors le terme assigné ne saurait être le genre.

Il faut considérer aussi le genre du genre donné, et ainsi de
suite indéfiniment, en remontant au genre plus élevé, et voir si
5 tous sont affirmés de l'espèce et s'ils sont affirmés essentiellement : car tous les genres plus élevés doivent être attribués à
l'espèce essentiellement. Si donc, en quelque point, cet accord
fait défaut, il est évident que le terme assigné n'est pas le genre.
[Il faut voir encore si le genre participe de l'espèce, soit lui-
même, soit l'un de ses genres plus élevés, car le genre plus
élevé ne participe pas des genres moins élevés][3]. Si alors on
réfute une thèse, il faut suivre la règle que nous venons de
10 donner ; mais s'il s'agit d'établir la thèse, et qu'il soit admis
que le terme énoncé comme genre appartient bien à l'espèce,
le doute portant seulement sur son attribution en tant que

1. Savoir, que la prudence est une science ; autrement dit, qu'une même
espèce peut avoir deux genres.
2. *Neutrum*, savoir : subordination des genres et communauté à un genre
plus élevé (*cf.* l'excellent exposé de Waitz, II, 473).
3. Nous croyons, avec Pickard-Cambridge, que les 1, 7-9 se bornent à
répéter ce qui a été dit plus haut, 1, 121 *a* 10, sur la non-participation du genre à
l'espèce. Le raisonnement continue 1, 9.

genre, il suffit de prouver que l'un des genres plus élevés est affirmé de l'espèce essentiellement : car, un seul d'entre eux étant attribué essentiellement, ceux qui lui sont supérieurs comme ceux qui lui sont inférieurs, s'ils sont affirmés de l'espèce, le seront essentiellement, de telle sorte que le terme 15 assigné comme genre est, lui aussi, affirmé essentiellement. Pour se convaincre que, un seul des genres étant affirmé essentiellement, tous les autres, du moment qu'ils sont affirmés, le seront essentiellement, il faut avoir recours à l'induction[1]. Mais, si ce qui est douteux c'est que le terme assigné comme genre appartient au sujet d'une façon absolue, il ne 20 suffit pas de prouver que l'un des genres plus élevés est affirmé de l'espèce essentiellement[2] : par exemple, si on a assigné la translation comme le genre de la marche, il ne suffit pas de prouver que la marche est un mouvement pour prouver qu'elle est une translation, attendu qu'il existe encore d'autres espèces de mouvement ; mais il faut prouver en outre que la marche ne participe d'aucune des espèces de mouvement résultant de 25 la même division[3], exception faite de la translation. Car, nécessairement, ce qui participe du genre participe aussi de quelqu'une des espèces obtenues par la première division du

---

1. Dans la Dialectique, on procède plutôt à l'aide d'exemples, et non pas, comme dans la démonstration, en s'appuyant sur les principes de la science.

2. *Cf.* Waitz, II, 475 : *Nam si summum genus ad specie, de cujus genere proximo dubitatur, praedicatur, non consequitur genus proximum recte constitutum esse, quum omnia, in quae prima summum genus dividatur, de iis praedicentur, de quibus summum genus ipsum. Sit summum genus A, quod dividatur in genera proxima B, B', B"... Jam si A praedicatur de specie C, incertum manet utrum B an B' an B" praedicetur de C.*

3. Du genre mouvement.

genre [1]. Si donc la marche ne participe ni de l'accroissement, ni du décroissement, ni des autres espèces de mouvement, il est clair qu'elle participera de la translation, de sorte que la
30 translation sera le genre de la marche.

Et encore, pour les choses dont l'espèce posée est affirmée comme genre [2], il faut considérer si ce qui est assigné comme son genre est aussi affirmé essentiellement des choses mêmes auxquelles l'espèce est attribuée aussi, et, semblablement, si tous les genres plus élevés que ce genre le sont aussi. Si, en effet, en quelque point, cet accord fait défaut, il est clair que le terme assigné n'est pas le genre car, si c'était le genre, tous
35 les genres plus élevés que lui, et lui-même, seraient affirmés essentiellement de ces choses dont l'espèce aussi est affirmée essentiellement. Si donc l'on réfute une thèse, il est utile de voir si le genre n'est pas affirmé essentiellement de ces choses dont l'espèce est aussi affirmée [3]. Et si on établit une thèse, il

---

1. Autrement dit, les espèces prochaines du genre.

2. Aristote s'exprime avec une précision un peu obscure. Voici comment ce passage doit être compris. Si l'espèce en question rentre dans un genre et est elle-même un genre à l'égard des espèces inférieures, il faut que le genre supérieur soit affirmé ἐν τῷ τί ἐστιν des espèces inférieures ; et si le genre supérieur est lui-même contenu dans un genre plus élevé, ce genre plus élevé doit être affirmé de la même façon des genres et espèces subordonnés. Si, par exemple, *vivant* est genre d'*animal*, les genres supérieurs (*corps, substance*) sont essentiellement affirmés de l'homme, du cheval…, espèces de l'animal (*cf.* Pacius, II, 396).

3. Par exemple, si nous voulons réfuter que la science est le genre de la vertu, nous dirons : si la science est le genre de la vertu, la science et le genre de la science (état, *habitus*, cf. *supra*, I, 921 *b* 38) devront être affirmés essentiellement de toutes les vertus particulières (tempérance, justice…). Or cela n'est pas : la tempérance ou la justice n'est manifestement pas une science.

est utile de voir si le genre est affirmé essentiellement[1], car, **122 b**
s'il en est ainsi, il en résultera que le genre et l'espèce seront
affirmés essentiellement du même sujet, de sorte que le même
sujet tombe sous deux genres. Ces genres doivent, en conséquence, être nécessairement subordonnés l'un à l'autre, et, par
suite, s'il a été prouvé que le terme que nous voulons établir
comme genre n'est pas subordonné à l'espèce, il est évident **5**
que l'espèce lui sera subordonnée, de sorte que l'on aura
prouvé que ce terme est bien le genre.

Il faut considérer aussi les définitions des genres, et voir
si elles conviennent à la fois à l'espèce donnée et à ce qui
participe de l'espèce. Il faut donc nécessairement que les
définitions des genres soient affirmées de l'espèce et des
choses qui participent de l'espèce : si donc, sur un point **10**
quelconque, l'accord ne se fait pas, il est évident que le terme
assigné n'est pas le genre[2].

Il faut voir encore si l'adversaire a donné la différence
comme étant le genre, par exemple l'immortel comme le genre
de Dieu. Car l'immortel est une différence de l'être animé,
puisque, parmi les êtres animés, les uns sont mortels et les
autres immortels. Il est donc clair que l'adversaire a commis
une erreur, car la différence n'est jamais le genre d'aucune **15**

1. Soit à établir, par exemple, que *vivant* est le genre d'*animal*, lui-même
genre des espèces subordonnées *homme, cheval*… *Vivant* et *animal* sont affirmés essentiellement de l'homme et du cheval. Donc ce sont des genres, dont
l'un est nécessairement subordonné à l'autre (cf. *supra*, 121 *b* 24); or *vivant*
n'est pas subordonné à *animal*, en raison de son extension plus grande. Donc
animal est espèce de *vivant*, lequel est bien son genre.

2. Si la définition de la science ne s'applique pas à la vertu, la science ne
sera pas le genre de la vertu.

chose. Et que ceci soit la vérité, c'est là une chose évidente car aucune différence n'exprime l'essence, mais bien plutôt quelque qualité comme le pédestre et le bipède.

Il faut voir encore si l'adversaire a posé la différence dans le genre[1], en prenant par exemple l'impair comme un nombre. Car l'impair est une différence du nombre, et non une espèce.
20 Et il ne semble pas non plus que la différence participe du genre, car ce qui participe du genre est toujours soit une espèce, soit un individu ; or la différence n'est ni une espèce, ni un individu. On voit ainsi que la différence ne participe pas du genre, de sorte que l'impair ne saurait être non plus une espèce, mais bien une différence, puisqu'il ne participe pas du genre.
25 En outre, il faut examiner si l'adversaire a posé le genre dans l'espèce[2], en prenant, par exemple, le contigu pour un continu[3], ou le mélange pour une fusion, ou encore, comme dans la définition de Platon[4], le mouvement local pour une translation. Il n'y a, en effet, aucune nécessité que le contact soit un continu, c'est plutôt, inversement, le continu qui est un contact : car tout contigu n'est pas continu, tandis que
30 tout continu est contigu. De même encore pour les autres exemples : tout mélange n'est pas une fusion (car le mélange de choses sèches n'est pas une fusion), ni non plus tout

1. Comme l'une de ses espèces, autrement dit, si l'adversaire a pris la différence pour l'espèce (l'impair pour le nombre).
2. Le genre n'est pas dans l'espèce, autrement dit n'est pas subordonné à l'espèce comme une de ses espèces.
3. Le *contigu* (τὸ ἐχόμενον) est le genre du *continu* (τὸ συνεχές). Cf. *Phys.*, V, 3, 226 *b* 21-227 *a* 31 (= *Métaph.*, K, 12, 1068 *b* 28-1069 *a* 14). – La κρᾶσις est une espèce du genre μίξις, c'est le mélange des liquides (*cf.* Robin, *La théorie platonicienne*, p. 381, note 317-I et les références).
4. Cf. *Théétète*, 181 *d*. Voir aussi *Phys.*, V, 2, 226 *a* 32.

changement local une translation, puisque la marche n'est pas, semble- t-il bien, une translation : la translation ne se dit guère que des choses qui passent d'un lieu à un autre involontairement, comme dans le cas des êtres inanimés. On voit donc que l'espèce, dans les exemples donnés, a plus d'étendue que **35** le genre, à l'inverse de ce qui doit se produire.

Il faut encore voir si l'adversaire a posé la différence dans l'espèce[1], en prenant, par exemple, l'immortel comme étant un dieu. Il en résultera, en effet, que l'espèce a une extension [égale ou][2] supérieure à la différence. Or c'est la différence qui a toujours une extension égale ou supérieure à l'espèce. – De plus, il faut voir si l'adversaire a placé le genre dans la diffé- **123 a** rence, en disant, par exemple, que la couleur est un comprimant, ou que le nombre est un impair. – Il faut voir aussi si l'adversaire a mentionné le genre comme une différence, car on peut aussi proposer une thèse de cette sorte, dire, par exemple, que le mélange est la différence de la fusion, ou le changement local celle de la translation. – L'examen de tous **5** les cas de cette sorte doit se faire à l'aide des mêmes règles, car les lieux sont communs à tous. Il faut toujours, à la fois, que le genre ait une extension plus grande que sa différence et qu'il ne participe pas de sa différence ; tandis que, s'il est pris de la façon que nous avons dite[3], aucune des deux règles que nous venons de poser ne peut plus jouer : le genre, à la fois, aura une

1. L'espèce est ainsi le genre de la différence, *dieu* est le genre d'*immortel*, alors qu'*immortel* est une différence de *dieu*.
2. Mis entre crochets par Strache-Wallies.
3. L. 37.

10 extension moindre que sa différence et il participera de cette différence.

En outre, si aucune des différences du genre n'est affirmée de l'espèce donnée, le genre n'en sera pas non plus affirmé : par exemple, de l'âme n'est affirmé ni l'impair, ni le pair, de sorte qu'elle n'est pas non plus un nombre[1]. – Il faut voir encore si l'espèce est par nature antérieure au genre, et si elle fait disparaître le genre en même temps qu'elle disparaît elle-même : car il semble bien que ce doive être le contraire[2].

15 – En outre, s'il est possible pour le genre indiqué, ou pour sa différence, de faire défaut à l'espèce, par exemple, pour le mouvement de faire défaut à l'âme, ou le vrai et le faux à l'opinion, alors aucun des termes indiqués ne sera ni genre, ni différence : car il semble bien que le genre et la différence accompagnent l'espèce aussi longtemps qu'elle subsiste.

3
<Autres lieux>

20   Il faut examiner encore si ce qui est posé dans le genre participe, ou peut participer, de quelque contraire du genre : car, dans ce cas, la même chose participera en même temps des contraires, attendu que le genre ne lui fait jamais défaut, alors qu'elle participe aussi, ou peut participer, du genre contraire[3].

---

1. Contrairement à la théorie de l'âme-nombre de Xénocrate.

2. Ce qui est postérieur *natura* ne peut être le genre de ce qui est antérieur *natura*, parce que *sublato genere, tollitur species*, et non pas le contraire.

3. Par exemple, on prouvera, par ce lieu, que le vrai n'est pas le genre de l'opinion (l'opinion est l'espèce « posée dans le genre », τὸ ἐν τῷ γένει κείμενον, l. 20). En effet, l'opinion peut aussi être fausse, et participer ainsi d'un genre contraire (le faux) au genre donné. Participant ainsi des contraires,

– En outre, il faut voir si l'espèce a en partage quelque caractère qui ne puisse absolument pas appartenir aux choses qui
tombent sous le genre : par exemple, si l'âme a la vie en par- 25
tage, alors qu'aucun nombre ne peut avoir la vie, l'âme ne
saurait être une espèce de nombre [1].

Il faut examiner aussi si l'espèce est un homonyme
du genre, en se servant pour cela des principes élémentaires
que nous avons indiqués [2] : car le genre et l'espèce sont
synonymes.

Puisque tout genre contient plusieurs espèces, nous devons 30
examiner s'il est impossible qu'il y ait une autre espèce que
celle donnée comme appartenant au genre indiqué : si, en effet,
il n'y en a pas, il est clair que le terme énoncé ne saurait
absolument pas être le genre.

Il faut examiner aussi si c'est une expression métaphorique
que l'adversaire a donnée comme genre ; quand on dit, par
exemple, que la tempérance est une harmonie : tout genre,
en effet, est affirmé littéralement de ses espèces, tandis que 35
l'harmonie est affirmée de la tempérance non pas au sens
littéral, mais par métaphore, toute harmonie ne se trouvant, en
fait, que dans des sons.

De plus, il faut examiner s'il y a un contraire à l'espèce. Cet 123 b
examen peut se faire de plusieurs façons. Tout d'abord,
on doit voir si le contraire rentre aussi dans le même genre

---

l'opinion sera en même temps vraie et fausse, ce qui est absurde (Sylvius
Maurus, I, 491).

1. Nouvelle critique, de la théorie de l'âme-nombre, de Xénocrate.

2. *Cf.* I, 15, 106 *a* 9. – Le genre et l'espèce doivent être des termes uni-
voques, fondés en nature ; le genre doit être affirmé, non pas seulement du nom
de l'espèce, mais de l'espèce elle-même (Waitz, II, 475).

que l'espèce, quand le genre n'a pas de contraire[1] : car les contraires doivent être dans le même genre, s'il n'y a aucun contraire au genre. Mais si le genre a un contraire, il faut
5 examiner si le contraire de l'espèce se trouve dans le genre contraire : car l'espèce contraire doit nécessairement être dans le genre contraire, toutes les fois qu'il y a quelque contraire au genre[2]. Chacun de ces points peut s'éclaircir au moyen de l'induction. – Il faut voir encore si le contraire de l'espèce ne se trouve absolument dans aucun genre, mais est lui-même un genre, par exemple le bien[3] : en effet, si ce terme n'est pas dans
10 un genre, son contraire ne sera pas non plus dans un genre mais sera lui-même un genre, comme c'est le cas pour le bien et le mal, car aucun d'eux ne se trouve dans un genre, mais chacun est lui-même un genre. – On doit voir, en outre, si à la fois le genre et l'espèce sont contraires à quelque chose, et si un couple de ces contraires a un intermédiaire, et non l'autre[4]. En effet, si les genres ont un intermédiaire, les espèces en
15 ont un aussi, et si les espèces en ont un, les genres en ont un aussi, comme cela a lieu pour la vertu et le vice[5], la justice ou

1. On peut prouver, par exemple, que le nombre n'est pas le genre du vivant. En effet, *vivant* a pour contraire *mort*, tandis que le nombre n'a pas de contraire et n'est pas le genre de mort. Le nombre n'est donc pas le genre du vivant (Sylvius Maurus, I, 492).

2. On peut prouver, par ce lieu, que la vertu n'est pas le genre de l'inclination naturelle au bien. En effet, la vertu ayant pour contraire le vice, si la tendance au bien rentre dans le genre de la vertu, la tendance au mal rentrera dans le genre du vice. Or la tendance au mal n'est pas une espèce de vice, le vice n'ayant rien de naturel. Donc la tendance au bien ne rentre pas dans le genre du bien (Sylvius Maurus, I, 492).

3. Cf. *Catég.*, 11, 14 *a* 19.

4. Alors qu'il devrait en avoir un.

5. Genres.

l'injustice[1], où chacun de ces couples a un intermédiaire. On peut objecter à cela[2] que la santé et la maladie n'ont aucun intermédiaire, bien qu'il y en ait un entre le bien et le mal. – Ou encore, on doit examiner si, bien qu'effectivement il y ait un intermédiaire à la fois et pour les genres et pour les espèces, cet intermédiaire ne se comporte pas pourtant de la même façon dans les deux cas, mais s'il est, dans l'un, comme une pure négation, et, dans l'autre, comme un sujet[3]. L'opinion cou- **20** rante est, en effet, que l'intermédiaire doit se comporter de la même façon dans les deux cas, comme pour la vertu et le vice, la justice et l'injustice, car, dans chacun de ces deux couples, l'intermédiaire est comme une pure négation[4]. – En outre, quand le genre n'a pas de contraire, on doit examiner non seulement si le contraire de l'espèce se trouve dans le même genre, mais encore si l'intermédiaire y est, car là où sont les extrêmes là est aussi le moyen, comme dans le cas du blanc et **25** du noir : la couleur est à la fois leur genre et celui de toutes les couleurs intermédiaires. On peut objecter[5] que le défaut et l'excès sont dans le même genre (car tous les deux sont dans le mal), tandis que la juste mesure, qui en est l'intermédiaire,

1. Espèces.

2. Objection que d'ailleurs Aristote prend à son compte (*cf.* aussi Alexandre, 326, 23).

3. Cf. *Catég.*, 10, 12 *a* 20. – Autrement dit, dans un cas l'intermédiaire est *secundum negationem*, et dans l'autre, *secundum affirmationem* (Alexandre, 327, 6 ; Pacius, II, 398).

4. La vertu et le vice (genres), la justice et l'injustice (espèces) n'ont qu'un intermédiaire négatif (ce qui n'est ni vertu ni vice, ce qui n'est ni justice ni injustice).

5. Même remarque que pour l'objection *supra*, l. 17. – Les objections qui suivent appellent la même observation.

30 n'est pas dans le mal, mais dans le bien. – Il faut examiner encore si, tandis que le genre a quelque contraire, l'espèce n'en a aucun : car si le genre a quelque contraire, l'espèce en a un aussi, comme la vertu est contraire au vice, et la justice à l'injustice. Et de même, si on examine d'autres exemples, on pourra voir clairement qu'il en est bien ainsi. On peut objecter le cas de la santé et de la maladie : la santé, en général est le
35 contraire de la maladie, tandis qu'une maladie déterminée, qui est une espèce de la maladie, n'est le contraire de rien : telles sont, par exemple, la fièvre, l'ophtalmie, ou quelque autre maladie particulière.

124 a   Si on veut réfuter une thèse, telles sont donc les différentes façons dont nous devons procéder à notre examen : car si les caractères dont nous avons parlé n'appartiennent pas au genre prétendu, il est clair que le terme donné n'est pas le genre. – Mais s'il s'agit d'établir la thèse, on procède de trois façons. En premier lieu, il faut voir si le contraire de l'espèce se trouve dans le genre indiqué, quand le genre n'a pas de contraire : si le
5 contraire se trouve dans le genre, il est évident que l'espèce en question s'y trouve aussi. En outre, il faut voir si l'espèce intermédiaire se trouve dans le genre indiqué : car là où est le moyen, là sont aussi les extrêmes. Et encore, quand le genre a un contraire, il faut examiner si l'espèce contraire se trouve dans le genre contraire, car si elle y est, il est clair que l'espèce en question se trouve aussi dans le genre en question [1].

---

1. Par exemple, si l'injustice est une espèce du vice, la justice est une espèce de la vertu. – Nous jugeons inutile de donner un exemple pour chaque lieu, car il est facile d'en constituer soi-même.

De plus, il faut faire attention aux inflexions et aux termes **10**
coordonnés, et voir s'ils s'ensuivent pareillement, soit qu'on
réfute la thèse, soit qu'on l'établisse. En effet, tout attribut qui
appartient ou n'appartient pas à un seul terme, appartient ou
n'appartient pas en même temps à tous : par exemple si la
justice est quelque science, *justement* est *savamment*, et le
juste est *savant* ; tandis que si l'un de ces termes n'est pas ainsi,
aucun des termes restants ne l'est non plus.

4

< Autres lieux >

De plus, il faut considérer le cas des choses qui sont entre **15**
elles dans un rapport semblable. Ainsi, l'agréable est au plaisir
dans le même rapport que l'utile au bien, car, dans chaque cas,
l'un produit l'autre[1]. Si donc le plaisir est essentiellement un
bien[2], l'agréable aussi sera essentiellement une chose utile : il
sera donc évidemment un agent de production du bien, puisque
le plaisir[3] est un bien. – Il faut considérer de la même façon
aussi le cas des générations et des corruptions : par exemple, **20**
si *bâtir* c'est être *actif*, *avoir bâti* est *avoir été actif*[4] ; si

1. Aristote fait ici appel à la notion de *proportion* (cf. *Anal. post.*, I, 4, 74 *a*
17) quand A (l'utile), B (le bien), C (l'agréable), D (le plaisir) sont entre eux
comme les termes d'une proportion (A : B : : C : D, – A et C étant respectivement
agents et causes de B et de D), si B est le genre de D, A est le genre de C. En un
mot, de même que C est la cause de D, A est la cause de B, et de même que B est
le genre de D, A est le genre de C.
2. Autrement dit, est une espèce du bien (et de même pour la suite de
l'argumentation).
3. Qui est produit par l'agréable.
4. Même proposition que ci-dessus. *Édifier* et *avoir édifié* est dans le même
rapport que *agir* et *avoir agi* : par suite, si *édifier* est une espèce d'*agir*, *avoir*

apprendre est *se souvenir*, *avoir appris* est aussi *s'être souvenu* ; et si *être dissous* c'est *être détruit*, *avoir été dissous* est *avoir été détruit*, et la dissolution est une espèce de destruc-
25 tion. – Et pour les agents de génération ou de corruption, il en est de même, ainsi que pour les capacités et les usages ; et, d'une façon générale, soit qu'on réfute, soit qu'on établisse une thèse, il faut considérer les choses d'après une similitude quelconque[1], comme nous l'avons dit pour la génération et la corruption. En effet, si l'agent de destruction est un agent de dissolution, alors, aussi, *être détruit* c'est *être dissous* ; et si l'agent de génération est un agent de production, *être*
30 *engendré* est aussi *être produit*, et la génération est une pro-duction. De même encore, en ce qui concerne les capacités et les usages : si, en effet, la puissance est une disposition, *être capable* est aussi *être disposé* ; et si l'usage de quelque chose est une activité, alors *user* est *agir*, et *avoir usé*, *avoir agi*.

35   Si l'opposé de l'espèce est une privation, on peut réfu-ter une thèse de deux façons. Tout d'abord, en examinant si l'opposé se trouve dans le genre donné : car, ou bien la priva-tion n'est absolument jamais dans le même genre, ou du moins elle n'est pas dans le même genre prochain[2] ; par exemple, si le genre prochain qui contient la vue est la sensation, la cécité ne

---

édifié est une espèce d'*avoir agi*. De même pour *apprendre* et *avoir appris* et pour tous les exemples qui suivent.

1. Autrement dit : *idem dicendum proportionaliter est de corruptivis, generalivis, potentiis* (les qualités à l'état de possible, les possibilités des choses) *et usibus* (Sylvius Maurus, I, 494).

2. L'état et la privation ne sont pas dans le même genre, du moins dans le même genre prochain. Par suite, pour réfuter la thèse que la cécité est une sensation, nous dirons : la sensation est le genre prochain de la vue ; elle ne peut donc être celui de la cécité, qui est la privation de la vue.

sera pas une sensation. En second lieu, s'il y a une privation **124 b**
opposée à la fois au genre et à l'espèce, mais que l'opposé de
l'espèce ne se trouve pas dans l'opposé du genre, l'espèce
donnée ne saurait non plus se trouver dans le genre donné[1].
– Quand donc on réfute une thèse, il faut se servir des règles
que nous venons d'indiquer ; mais quand on l'établit, il n'y
a qu'un seul procédé : si l'espèce opposée se trouve dans le
genre opposé, l'espèce en question sera aussi dans le genre en **5**
question ; par exemple, si la cécité est une espèce d'insensi-
bilité, la vue est une espèce de sensation[2].

Il faut encore examiner les négations < du genre et de
l'espèce >, en inversant l'ordre des termes de la façon que nous
avons indiquée pour l'accident[3] : par exemple, si l'agréable est
essentiellement un bien, ce qui n'est pas un bien n'est pas
agréable. En effet, s'il n'en était pas ainsi, une chose même
non-bonne serait agréable. Mais il est impossible, si le bien est **10**
le genre de l'agréable, qu'une chose non-bonne soit agréable ;

---

1. Si quatre termes (*sensation* et *non-sensation*, *science* et *ignorance*) sont
entre eux tels que le second est opposé au premier, et le quatrième au troisième,
comme la privation à la possession : quand le quatrième terme n'est pas l'espèce
du second, le troisième n'est pas l'espèce du premier. On prouvera ainsi que la
science n'est pas une espèce de sensation, parce que l'ignorance n'est pas la
privation de la sensation.

2. Si quatre termes (*sensation* et *non-sensation*, *vue* et *cécité*) sont tels que
le second est opposé au premier, et le quatrième au troisième, comme la
privation à la possession : quand le quatrième est une espèce du second, le
troisième est une espèce du premier.

3. *Cf.* II, 8, 113 b 15-26. – Si le premier terme est une espèce du second
(l'agréable, une espèce du bien), la négation du second n'est pas une espèce du
premier (le non-bien n'est pas quelque chose d'agréable), car ce dont le genre
est nié ne peut se voir attribuer aucune des espèces du genre (ce de quoi est nié
animal ne peut se voir attribuer l'espèce *homme*).

car ce dont le genre n'est pas affirmé, aucune des espèces n'en est affirmée non plus. – Et pour établir une thèse, on doit procéder au même examen : car si ce qui n'est pas bon n'est pas agréable, l'agréable est un bien, de sorte que le bien est le genre de l'agréable.

15 Si l'espèce est un relatif, on doit examiner si le genre est aussi un relatif : car si l'espèce est au nombre des relatifs, le genre l'est aussi, comme dans le cas du double et du multiple [1], qui sont tous deux des relatifs. Mais si le genre est au nombre des relatifs, il n'est pas nécessaire que l'espèce le soit aussi c'est ainsi que la science est un relatif, mais non la Grammaire.
20 Ou encore, peut-être que même notre premier énoncé [2] ne semblera pas vrai : car la vertu est essentiellement une chose belle et essentiellement un bien, et pourtant, tandis que la vertu est un relatif, le bien et le beau ne sont pas des relatifs, mais des qualités.

Et encore, il faut voir si l'espèce ne se rapporte pas à la même chose quand elle est dite en elle-même et quand elle est dite selon son genre [3] : par exemple, si le double est dit double
25 de la moitié, il faut aussi que le multiple soit multiple de la moitié ; sinon le multiple ne serait pas le genre du double.

En outre, il faut voir si le terme n'est pas dit par rapport à la même chose, à la fois pour le genre et pour tous les genres de
30 son genre. Car si le double est un multiple de la moitié, alors

---

1. Le double étant une espèce du multiple. – Cf. *Catég.*, 7.
2. L. 16-18.
3. *Quatenus* (explique Waitz, II, 477) *genus de specie praedicatur et cum ejus natura necessario conjunctum est*. – L'espèce doit être, et pour elle-même et pour le genre, relative à une même chose : si le double est le double de la moitié, le multiple, genre du double, doit aussi être dit de la moitié.

l'excès sera dit aussi de la moitié, et, d'une manière générale, le double sera dit selon tous les genres plus élevés qui se
rapportent à la moitié. On peut objecter qu'il n'est pas nécessaire pour un terme d'être dit par rapport à une même chose
quand il est dit en lui-même et quand il est dit selon son genre :
car la science est dite science de son objet, tandis qu'elle est
dite un état et une disposition non pas de son objet mais de
l'âme.

Il faut voir encore si le genre et l'espèce sont employés de la 35
même façon en ce qui concerne leurs inflexions, par exemple
s'ils sont dits *à* quelque chose, *de* quelque chose, ou de toute
autre façon[1]. Car le genre suit le sort de l'espèce, comme dans
le cas du double et de ses genres plus élevés, puisque nous
disons à la fois le double *de*, et le multiple *de* quelque chose. De
même encore dans le cas de la science, car à la fois la science
elle-même et ses genres, par exemple la disposition et l'état, 125 *a*
sont dits être *de* quelque chose. On peut objecter que parfois il
n'en est pas ainsi ; car nous disons *supérieur à*, et *contraire à*
quelque chose, tandis que *autre*, qui est le genre de ces termes,
gouverne non pas *à*, mais *que*[2], car on dit autre *que* quelque
chose.

Et encore, il faut voir si les termes exprimés sembla- 5
blement dans les « cas » des mots ne sont pas semblablement
réciproques[3], à la façon du double et du multiple. En effet,
chacun de ces termes est dit *de* quelque chose, à la fois en lui-
même et par conversion, puisque nous disons, à la fois une

---

1. Autrement dit, le datif (τινί), le génitif (τινός) et les autres « cas ».
2. διάφορος et ἐναντίος gouvernent le datif, et ἕτερος le génitif.
3. Sur la conversion des relatifs, cf. *Catég.*, 7, 6 *b* 27.

moitié *de* et une fraction *de* quelque chose. Il en est encore
de même, à la fois pour la science et la croyance : elles sont
10 dites *de* quelque chose, et, par conversion, l'objet de science
et l'objet de croyance sont semblablement dits connus par
quelqu'un[1]. Si donc, dans certains cas, les constructions faites
à la suite d'une conversion ne sont pas semblables, il est
évident qu'un terme n'est pas le genre de l'autre.

On doit encore examiner si l'espèce et le genre se rapportent à un nombre égal de « cas », car on admet généralement
que tous les deux sont affirmés d'une façon semblable[2] et pour
15 un même nombre de « cas », comme pour la donation et le don,
car la donation est *de* quelque chose ou *à* quelqu'un, et le don
de quelque chose et *à* quelqu'un ; et le don est le genre de la
donation, la donation étant un don qu'on n'a pas à rendre. Pour
certaines choses cependant, l'égalité numérique des cas n'a
20 pas lieu, car tandis que le double est double *de* quelque chose,
l'excès et le plus grand le sont *en* quelque chose aussi bien que
de quelque chose, car ce qui est en excès, ou est plus grand, est
toujours en excès *en* quelque chose aussi bien qu'en excès *de*
quelque chose[3]. De telle sorte que les termes dont nous venons
de parler[4] ne sont pas les genres du double, puisqu'ils ne se
rapportent pas à un même nombre de « cas » que l'espèce ; ou

---

1. La science et la croyance (l'espèce et le genre) gouvernent le génitif ;
l'objet de science et l'objet de croyance (l'espèce et le genre), le datif. – L. 11
avec Strache-Wallies et Pickard-Cambridge, il faut supprimer le point en haut
après ὁμοίως.

2. Dans les mêmes *cas*.

3. Distinctions grammaticales que nous avons traduites tant bien que mal :
le *double* gouverne seulement le génitif, tandis que l'*excès* et le *plus grand*
gouvernent aussi bien le datif que le génitif.

4. L'*excès* et le *plus grand*.

c'est qu'alors il n'est pas universellement vrai que le genre et l'espèce se rapportent à un nombre égal de « cas ».

Il faut voir aussi si l'opposé de l'espèce a l'opposé du genre **25** pour son genre[1] : par exemple, si le double a pour genre le multiple, la moitié a aussi pour genre le sous-multiple, car l'opposé du genre doit toujours être le genre de l'espèce opposée. Si donc on pose que la science est essentiellement une sensation[2], il faudra aussi que l'objet de science soit essentiellement un sensible. Or cela n'est pas : tout objet de science n'est pas un sensible, car il y a aussi certains intelligibles qui sont objets de science. Par suite, le sensible n'est pas **30** le genre de l'objet de science, et, s'il ne l'est pas, la sensation n'est pas non plus le genre de la science.

Puisque, parmi les termes relatifs, certains résident nécessairement dans les choses, ou se rapportent aux choses pour lesquelles ils se trouvent usités (tels sont, par exemple, la **35** disposition, l'état et la commensurabilité, car les termes dont nous venons de parler ne peuvent se trouver en aucune autre chose que celles pour lesquelles ils sont usités)[3], tandis que d'autres ne résident pas nécessairement dans les choses pour

---

1. Comme le montrent les exemples, il s'agit de l'opposition des relatifs (la science et son objet, la sensation et son objet).

2. Une espèce de sensation.

3. Première sorte de relatifs. Les notions citées n'existent que dans les choses dont elles constituent les relations. C'est ainsi encore, pour emprunter un exemple à Alexandre, 342, 2, que la composition (σύνθεσις) n'existe que dans les choses composées elles-mêmes, et ne se rencontre nulle part ailleurs. – Pour dégager le sens de cette longue phrase, dont l'apodose est seulement l. 125 *b* 4 et 5 σκοπεῖν οὖν, nous ouvrons, l. 125 *a* 35 et 38, les parenthèses avant οἷον, et nous mettons entre parenthèses les l. 125 *b* 2-4, οἷον... ἄνθρωπος ὄν (*cf.* de même, Pickard-Cambridge).

lesquelles ils sont usités, mais peuvent seulement s'y trouver
(tel est le cas, si l'âme est un objet de science : car rien
n'empêche que l'âme n'ait la science d'elle-même, bien que
40 ce ne soit pas là une nécessité, puisqu'il peut se faire aussi
125 b que cette même science se trouve dans une autre chose)[1], et
que d'autres, enfin, ne peuvent absolument pas résider dans
les choses pour lesquelles ils se trouvent usités (par exemple,
pour le contraire d'être dans le contraire, ou la science dans
l'objet de science, à moins que[2] l'objet de science ne se trouve
être âme ou homme) : dans ces conditions, il faut examiner si
5 l'adversaire a posé un terme[3] d'un ordre dans un genre qui
n'est pas de cet ordre ; s'il a dit, par exemple, que la mémoire
est un repos de la science. Tout repos, en effet, réside dans la
chose en repos, et s'y rapporte, de sorte que le repos de la
science est aussi dans la science. Par suite, la mémoire, elle
aussi, est dans la science, puisqu'elle est le repos de la science.
Or cela n'est pas possible, attendu qu'en fait la mémoire est

---

1. Si l'âme est un ἐπιστητόν, la science est alors ἐν ἐπιστητῷ, mais (l. 40)
il n'est pas nécessaire que la science soit toujours ἐν ἐπιστητῷ car il peut se
faire encore qu'elle soit dans une autre chose que ἐν ἐπιστητῷ, c'est à dire ἐν
οὐκ ἐπιστητῷ, dans l'âme qui n'a aucune connaissance d'elle-même.
(Interprétation de Waitz, II, 477, nettement supérieure aux explications
d'Alexandre, 342, 9-28).

2. Comme il a été dit *supra*, l. 40.

3. C'est-à-dire une espèce. – Ayant défini les trois ordres de πρός τι,
Aristote pose comme règle que le genre et ses espèces doivent appartenir au
même ordre. Si, par exemple, l'adversaire a posé que la mémoire est un repos de
la science, autrement dit que le repos de la science est le genre de la mémoire, on
répond que le repos réside nécessairement dans la chose en repos (première
catégorie de relatifs), de sorte que le repos de la science est dans la science. Si
donc la mémoire est une espèce du repos de la science, la mémoire doit être,
comme ce dernier, dans la science, alors qu'en fait la mémoire est dans l'âme.

dans l'âme. – Le lieu dont nous venons de parler est d'ailleurs 10
commun aussi à l'accident : peu importe, en effet[1], qu'on dise
que le repos est le genre de la mémoire ou qu'on prétende que
c'en est un accident ; car de quelque façon que la mémoire soit
un repos, cette même argumentation, dont elle est l'objet,
continuera de s'appliquer.

5

< Autres lieux >

Il faut voir encore si l'adversaire a posé l'état dans l'action, 15
ou l'action dans l'état[2] : si, par exemple, on a dit que la
sensation est un mouvement transmis par le corps ; car la
sensation est un état, et le mouvement une action. De même
encore, si on a dit que la mémoire est un état qui a la propriété
de retenir une conception : car la mémoire n'est jamais un état,
mais plutôt une action.

On se trompe aussi en rangeant l'état dans la puissance qui 20
en est la conséquence[3] : si on a dit, par exemple, que la douceur
est la maîtrise de la colère, et le courage et la justice la maîtrise
des craintes et des cupidités ; car on appelle courageux et doux
l'homme simplement libre de toute passion, et maître de soi
celui qui est exposé à une passion et ne s'y laisse pas entraîner.
Il peut d'ailleurs se faire que l'un et l'autre états aient pour

---

1. Pour réfuter l'argument.

2. L'*habitus* a pour genre un *habitus*, et l'action a pour genre une action.
L'action ne peut donc être le genre de l'*habitus* (le mouvement, qui est une
action, n'est pas le genre de la sensation, qui est un *habitus*), ni l'*habitus* le
genre de l'action (l'*habitus* de conserver une représentation n'est pas le genre
de la mémoire, qui est l'action de se souvenir).

3. La puissance qui suit l'*habitus* n'est pas le genre de cet *habitus*.

conséquent une puissance d'une nature telle que, si on était
25 exposé à une passion, on n'y serait pas entrainé mais on la
dominerait. Il n'en est pas moins vrai que cela n'est pas
l'essence du courage dans un cas, et de la douceur dans l'autre :
leur essence, c'est le fait de ne ressentir absolument aucun
trouble à l'égard des passions de cette sorte [1].

Parfois aussi, on pose n'importe quel conséquent comme
genre [2], par exemple la douleur comme genre de la colère, et la
croyance comme genre de la conviction. Les deux termes en
30 question [3] sont, en effet, d'une certaine façon, le conséquent
des espèces données [4], mais aucun d'eux n'est leur genre. Car
l'homme en colère sent la douleur, alors que la douleur est née
en lui antérieurement à la colère : la colère n'est pas cause de
la douleur, mais bien la douleur cause de la colère, de sorte
que, au sens absolu, la colère n'est pas une douleur [5]. En vertu
du même raisonnement, la conviction n'est pas non plus une
35 croyance [6], car il est possible que la croyance reste la même
sans que la conviction subsiste [7], ce qui ne se peut pas si la

---

1. La douceur, le courage et la justice sont des *états* excluant tout combat
intérieur, à la différence de l'ἐγκράτεια, faculté de résistance aux passions
(cf. *Éth. Nic.*, VI).

2. *Cf.* Alexandre, 345, 19 : ἐπεὶ τὰ γένη τοῖς εἴδεσι παρακολουθεῖ, εἰ
ἤδη τινὲς τὰ ὁπωσοῦν τισι παρακολουθοῦντα γένη αὐτῶν ἀποδιδόασιν
ἁμαρτάνουσιν.

3. La douleur et la croyance.

4. La colère et la conviction.

5. La colère n'est pas une espèce de la douleur, car la douleur est antérieure
à la colère, alors que le genre ne doit jamais être antérieur à ses espèces.

6. Une espèce de la croyance.

7. Nous pouvons, par exemple (Pacius, II, 404), *croire* à l'immortalité de
l'âme (*suspicari*) et en avoir en même temps la conviction (*firmiter credere*).
Mais, après avoir fait des raisonnements contraires, il peut arriver que notre

conviction est une espèce de la croyance ; une chose, en effet, ne peut demeurer la même si on la change complètement d'espèce[1] : c'est ainsi que le même animal ne saurait tantôt être, et tantôt n'être pas un homme. Si l'on soutient, au contraire, qu'avoir une croyance c'est nécessairement aussi **40** avoir la conviction, la croyance et la conviction recevront alors **126 a** une extension égale, de sorte que, même de cette façon, l'une ne sera pas le genre de l'autre, puisque le genre doit avoir une extension plus grande que l'espèce[2].

Il faut voir encore si, à la fois, le genre et l'espèce peuvent naturellement avoir lieu dans quelque même sujet ; car ce qui contient l'espèce contient aussi le genre : par exemple, ce qui contient le blanc contient aussi la couleur, et ce qui contient la Grammaire contient aussi la science. Si donc on appelle la **5** honte une crainte, et la colère une douleur, il en résultera que le genre et l'espèce ne seront pas dans un même sujet, puisque, d'une part, la honte est dans la partie rationnelle de l'âme et la crainte dans la partie irascible, et que, d'autre part, la douleur est dans la partie appétitive de l'âme[3] (puisque c'est dans cette

conviction fléchisse, bien que nous continuions de croire. La croyance peut donc exister en l'absence de la conviction, ce qui serait impossible si elle était le genre de la conviction.

1. C'est-à-dire un changement, εἰς τὴν ἀντίφασιν, par exemple πίστις εἰς ἀπιστίαν. – Le raisonnement d'Aristote est loin d'être impeccable, le genre pouvant, en effet, comprendre des espèces contraires (cf. *supra*, 3, 123 *b* 3), et, comme le dit Waitz, II, 478, *desideramus in his quod alias admirari solemus Aristotelis ingenii acumen.*

2. De toute façon, la croyance n'est pas le genre de la conviction, soit qu'on admette comme possible leur séparation (l. 35-39), soit qu'on admette leur union indissoluble (l. 39-126 *a* 2).

3. L'édition Strache-Wallies, que nous suivons, contient ici une erreur matérielle : il faut lire ἐπιθυμητικῷ et non λογιστικῷ.

10 partie aussi qu'est le plaisir) et la colère dans la partie irascible.
Par suite, les termes donnés ne sont pas des genres, puisqu'ils
ne se produisent pas naturellement dans la même partie de
l'âme que les espèces. De même encore, si l'amitié réside dans
la partie appétitive de l'âme, elle ne saurait être une espèce de
la volonté, car la volonté réside toujours dans la partie
rationnelle. – Ce lieu est d'ailleurs utile aussi pour l'accident :
c'est dans la même chose que se trouvent et l'accident et ce
15 dont il est un accident [1], de sorte que s'ils ne se manifestent pas
dans la même chose, il est clair qu'on n'est pas en présence
d'un accident.

Et encore, il faut voir si c'est seulement sous un certain
rapport [2] que l'espèce participe du genre en question, car on
admet généralement que ce n'est pas seulement sous un certain
rapport que le genre est participé : l'homme n'est pas un
animal sous un certain rapport, ni la Grammaire une science
20 sous un certain rapport. Et de même dans les autres cas. Il faut
donc considérer si, pour certaines de ses espèces, le genre est
participé seulement sous un certain rapport : par exemple, si
l'animal a été indiqué comme étant essentiellement un sensible ou un visible ; car c'est seulement sous un certain rapport
que l'animal est un objet sensible ou visible : c'est par rapport à
son corps qu'il est sensible et visible, et non par rapport à son
25 âme, de sorte que le sensible et le visible ne sauraient être le
genre de l'animal.

---

1. Par exemple, *si ira accidit facultati irascibili, necesse est et iram et
facultatem irascibilem esse in eadem anima* (Pacius, II, 404).

2. κατὰ τι, *ex parte, secundum quid*, par opposition à ἁπλῶς, *omnino,
simpliciter*.

Parfois aussi on ne s'aperçoit pas qu'on a posé le tout dans la partie[1] : si on dit, par exemple, que l'animal est un corps animé. Or la partie n'est d'aucune façon affirmée du tout[2], de sorte que le corps ne saurait être le genre de l'animal, attendu qu'il est une partie de l'animal.

Il faut voir encore si quelque chose à blâmer ou à éviter a été posé dans la puissance, autrement dit dans le possible[3] : si, par exemple, on a défini le sophiste, ou le calomniateur, ou le voleur comme celui qui est capable de s'emparer subrepticement de ce qui appartient à autrui. Car aucun de ceux dont nous venons de parler n'est appelé tel du fait qu'il a la capacité d'accomplir l'une de ces actions, puisque même Dieu et l'honnête homme ont la capacité de faire de mauvaises actions, et pourtant ce n'est pas là leur caractère ; on n'appelle méchants, en effet, que ceux qui font le mal par libre choix. Ajoutons que toute puissance est au nombre des choses désirables : en effet, même les capacités pour faire le mal sont désirables[4], et c'est pourquoi nous disons que même Dieu et l'homme vertueux les possèdent, car ils sont capables, disons-nous, de faire de mauvaises actions. Par suite, la puissance ne saurait être le genre du blâmable, sinon il en résulterait que quelque chose **126 b**

---

1. La partie étant ainsi donnée comme le genre du tout.

2. Alors que le genre doit être affirmé du tout.

3. *Ce qui est à fuir* ou *à blâmer* ne peut entrer dans le genre de la puissance, de la faculté, du possible, car toute faculté est bonne en elle-même.

4. La raison en est (dit Alexandre, 349, 3) que la puissance de faire le mal est aussi celle de faire le bien (les contraires relevant de la même puissance); de plus, l'homme vertueux est celui qui, capable de faire le mal, choisit de faire le bien.

de blâmable est désirable, car il y aura une certaine puissance de blâmable.

Il faut voir encore si on a posé quelque chose de précieux ou de désirable par soi dans la puissance, le possible ou le 5 productif[1], car toute puissance, tout possible et tout facteur de production n'est désirable qu'en vue d'une autre chose.

Ou encore, il faut voir si une chose qui est dans deux ou plusieurs genres a été posée dans l'un d'eux seulement. Il y a, en effet, certaines choses qu'il n'est pas possible de placer dans un seul genre, par exemple le trompeur et le calomniateur ; car il ne suffit pas d'avoir le libre choix sans le pouvoir, ou le 10 pouvoir sans le libre choix, pour être un calomniateur ou un trompeur, mais il faut réunir les deux choses. Il en résulte qu'on ne doit pas poser dans un seul genre, mais dans deux, les termes indiqués.

En outre, quelquefois, intervertissant l'ordre, on donne le genre comme une différence, et la différence comme un 15 genre[2] : si on dit, par exemple, que la stupeur est un excès d'étonnement, et la conviction une fermeté de croyance. En effet, ni l'excès, ni la fermeté n'est un genre, mais c'est une différence ; car on admet généralement que la stupeur est un étonnement excessif et la conviction une croyance ferme, de telle sorte que ce sont l'étonnement et la croyance qui sont le genre, et l'excès et la fermeté la différence. – En outre, si on 20 donne l'excès et la fermeté comme des genres, les choses inanimées auront conviction et stupeur. En effet, la fermeté et l'excès de chaque chose sont présents dans ce dont il y a

1. Pris comme genres du précieux ou du désirable par soi.
2. Est fausse la thèse où le genre et la différence sont intervertis.

fermeté et excès ; si donc la stupeur est un excès d'étonnement, la stupeur sera présente dans l'étonnement, de telle sorte que l'étonnement sera stupéfait[1]. Et de même, la conviction sera 25 présente dans la croyance, s'il est vrai qu'elle est une fermeté de croyance, de sorte que la croyance sera convaincue[2]. – De plus, il arrivera à celui qui donne une réponse de cette nature, de parler de fermeté ferme et d'excès excessif[3]. Il y a, en effet, une conviction ferme et une stupeur excessive ; si donc la conviction est une fermeté, il y aura une fermeté ferme. De 30 même aussi s'il existe une stupeur excessive : si donc la stupeur est un excès, il y aura un excès excessif. Or aucun de ces points ne semble vrai, pas plus qu'il n'est vrai de dire que la science est un objet de science, et le mouvement un mobile.

Parfois aussi on se trompe en posant la modification dans le sujet affecté, comme dans son genre[4] : quand on dit, par 35 exemple, que l'immortalité est une vie éternelle ; car l'immortalité semble être une certaine modification ou accident de la vie. La vérité de cette assertion apparaîtrait clairement s'il était accordé que de mortel un homme peut devenir immortel : car personne ne soutiendra que cet homme prend une autre vie, mais seulement qu'un certain accident, ou modification, survient à cette même vie[5]. Il en résulte que la vie n'est pas le 127 *a* genre de l'immortalité.

1. Ce qui est absurde.
2. Ce qui est également absurde.
3. Encore une absurdité.
4. Le sujet ne peut être le genre : la vie n'est pas le genre, mais le sujet de l'immortalité.
5. Qui de mortelle devient immortelle.

Il faut voir encore si à une modification on assigne comme genre le sujet dont elle est une modification[1] : si on dit, par exemple, que le vent est de l'air en mouvement. Le vent est 5 plutôt un mouvement de l'air[2], car c'est toujours le même air, aussi bien quand il est mû que quand il est en repos. Par suite, le vent n'est absolument pas de l'air[3] : car alors il y aurait vent, même quand l'air n'est pas en mouvement, attendu que c'est le même air, qui tout à l'heure était le vent, qui subsiste. Même remarque pour les autres cas de cette sorte. Et en supposant même que, dans cet exemple, nous devions concéder que le 10 vent est de l'air en mouvement, pourtant il ne faudrait pas admettre qu'une assertion de cette sorte[4] s'étendît même à toutes les choses dont le genre n'est pas le véritable : on ne devra l'appliquer qu'aux choses dont le genre donné est affirmé avec vérité. En effet, dans certains cas, il semble bien que ce genre ne soit pas le véritable, par exemple dans le cas de la boue et de la neige : on dit, en effet, couramment que la neige est de l'eau condensée, et la boue de la terre mêlée à l'humide, 15 alors que la neige n'est pas de l'eau, ni la boue de la terre ; de sorte qu'aucun des termes donnés[5] ne pourra être un genre, car

1. Même lieu que celui qui précède (Waitz, II, 479).

2. Donc une modification de l'air, et non une de ses espèces. L'air reste, en effet, toujours le même, dans l'état de repos et dans l'état de mouvement, ce qui n'arriverait pas si le vent était une espèce de l'air, les espèces différant entre elles sous un même genre.

3. C'est-à-dire, une espèce de l'air : l'air n'est pas affirmé essentiellement du vent, comme le genre l'est de son espèce (Waitz, II, 479).

4. À savoir que le sujet modifié est le genre de la modification.

5. Respectivement, l'eau et la terre. – Pour qu'un genre soit affirmé avec vérité de ses espèces, il faut qu'il soit pris ἁπλῶς et καθ' αὑτό, c'est-à-dire à part de ses différences. Bien que l'air ne soit pas, comme nous l'avons vu, le

le genre doit être vrai de toutes ses espèces. De même, le vin n'est pas non plus de l'eau fermentée, à la façon dont Empédocle parle « d'eau fermentée dans le bois »[1]; car, absolument, le vin n'est pas de l'eau.

6
< Autres lieux >

De plus[2], il faut voir si le terme donné n'est absolument **20** genre de rien, car évidemment alors il n'est pas non plus celui de l'espèce indiquée. Et cet examen doit se faire en considérant si les choses qui participent du genre assigné ne sont en rien spécifiquement différentes l'une de l'autre : c'est le cas des choses blanches, par exemple, qui ne diffèrent pas spécifiquement l'une de l'autre, alors que les espèces d'un genre sont toujours différentes; il en résulte que le blanc ne pourra être le **25** genre de rien.

Il faut voir encore si c'est un attribut universel qui a été indiqué comme genre ou différence, car il y a un certain nombre d'attributs universels[3] : c'est ainsi que l'Être et l'Un

genre du vent, on peut cependant affirmer l'air du vent. Il n'en est pas de même dans le cas de l'eau et de la terre, qui, prises à part de leur différences respectives (*condensée* et *mélangée*), ne peuvent être affirmées des espèces neige et boue (car la neige n'est pas de l'eau), et qui ainsi ne sont pas des genres (*cf.* Alexandre, 356, 21-347, 14).

1. Fragment 81, Diels.

2. C'est par une erreur matérielle que l'édition Strache-Wallies ne distingue pas le chapitre 6. Le fait n'a d'ailleurs aucune importance, la division en chapitres étant artificielle.

3. Ce sont les notions dites *transcendantales*, dans la terminologie scolastique. Elles ne peuvent être des genres ou des différences. Prenons, par exemple, l'Être, attribut universel de tout ce qui existe. Si on le prend pour

font partie des attributs universels. Si donc on a donné l'Être
comme un genre il est évident qu'il sera le genre de toutes
choses, étant donné qu'il est affirmé d'elles toutes ; car le
30 genre n'est jamais attribué à rien d'autre qu'à ses espèces. Par
suite, l'Un lui-même sera une espèce de l'Être. Il en résulte
ainsi que tout ce dont le genre est affirmé se verra aussi attribuer l'espèce, puisque l'Être et l'Un sont affirmés d'absolument tout, alors que l'espèce doit avoir moins d'extension
que le genre. Si, d'autre part, on a indiqué comme différence
35 un attribut universel, il est évident que la différence recevra
une extension ou égale ou supérieure au genre : car si le genre
est, lui aussi, au nombre des attributs universels, la différence
aura une extension égale à celle du genre ; tandis que si le genre
n'est pas un attribut universel, la différence aura plus
d'extension que lui.

127 *b*   De plus, il faut voir si c'est *dans* un sujet que le genre
est attribué à l'espèce, comme le blanc dans le cas de la neige :
il est évident alors qu'il ne peut être le genre[1], car c'est
seulement *d'*un sujet que le genre est dit de l'espèce.

---

genre, il sera le genre de toutes choses, même de l'Un, qui est aussi un attribut
universel, et qui, par suite, bien qu'étant une espèce de l'Être, aura la même
extension que lui, ce qui est absurde. – Si maintenant on prend l'Être pour
différence (l. 34), on tombera dans des absurdités semblables : ou bien le genre
est, de son côté, un attribut universel, et alors l'extension du genre et de la
différence sera la même ; ou bien le genre n'est pas un attribut universel, et alors
l'extension de la différence surpassera celle du genre. – Sur tout ce passage,
cf. Waitz, II, 480, et Robin, *La théorie platononicienne*, p. 136.

1. Si le terme donné comme genre est dans l'espèce comme *in subjecto* (ἐν
ὑποκειμένου), il est un accident et non un genre : par exemple, le blanc est un
accident, et non le genre, de la neige. C'est quen réalité, le genre est affirmé de
l'espèce de *subjecto* (καθ᾽ ὑποκειμένου). Pickard-Cambridge marque bien
cette opposition en traduisant *inherent in S* et *true of S*.

On doit examiner aussi si le genre n'est pas synonyme avec 5 l'espèce : car le genre est affirmé de toutes les espèces d'une façon synonyme[1].

En outre, il faut voir si, quand il y a un contraire et pour l'espèce et pour le genre, on a placé le meilleur des contraires dans le genre pire[2] : car il en résultera que l'espèce restante sera dans le genre restant, puisque les contraires sont dans les 10 genres contraires ; et ainsi l'espèce meilleure sera dans le genre pire, et la pire dans le meilleur. Or on admet généralement que l'espèce meilleure doit rentrer dans le genre meilleur. Il y a encore erreur si, la même espèce se comportant de la même façon à l'égard de deux genres, on l'a posée dans le genre pire et non dans le genre meilleur : si, par exemple, on a défini l'âme comme étant essentiellement un mouvement ou un 15 mobile[3]. La même âme, en effet, semble bien être également un principe de repos et un principe de mouvement, de sorte que si le repos est meilleur[4], c'est dans ce dernier genre qu'il fallait poser l'âme.

En outre, on doit tirer argument du plus et du moins[5]. Quand on réfute une thèse[1], on doit voir si le genre admet le

---

1. Cf. *supra*, 3, 123 *a* 33.

2. Soit deux genres contraires *A* (le bien) et *B* (le mal), et deux espèces contraires *a* (le plaisir) et *b* (la douleur). Il faut que *a* soit l'espèce de *A*, et *b* celle de *B*. Cf. Pacius, II, 406.

3. C'est-à-dire, comme étant une espèce de mouvement (un mouvement automoteur) ou de mobile.

4. Car le repos est la fin du mouvement (Alexandre, 361, 19).

5. Aristote développe longuement (l. 127 *b* 18-128 *a* 12) l'argument tiré du plus et du moins. Il considère d'abord la réfutation (l. 127 *b* 18-36), puis l'établissement de la thèse (l. 127 *b* 37-128 *a* 12).

plus, tandis que l'espèce ne l'admet pas, ni elle-même, ni
20 le terme dénommé d'après elle : par exemple, si la vertu est
susceptible du plus, la justice et le juste le sont aussi, car un
homme est appelé plus juste qu'un autre. Si donc le genre
donné est susceptible du plus, tandis que l'espèce ne l'est pas,
25 ni elle-même, ni le terme dénommé d'après elle, alors le terme
donné ne sera pas le genre.

Et encore, si ce qui parait être plus, ou au même degré, un
genre, n'est pas un genre, il est évident que le terme indiqué ne
l'est pas non plus. Ce lieu est utile surtout dans les cas où les
espèces apparaissent avoir plusieurs prédicats essentiels[2]
qui n'ont fait l'objet d'aucune distinction, si bien que nous ne
30 pouvons pas indiquer lequel d'entre eux est le genre : par
exemple, la douleur et le sentiment qu'on est méprisé sont
d'ordinaire attribués essentiellement[3] à la colère, car l'homme
en colère à la fois ressent de la douleur et se juge méprisé[4]. Le
même mode de recherche s'applique aussi au cas de l'espèce,
quand on la compare avec quelque autre espèce : si, en effet, ce
qui semble être plus, ou à égal degré, dans le genre donné, n'est
35 pas dans le genre, il est évident alors que l'espèce donnée ne
sera pas non plus dans le genre.

---

1. Si le genre (la vertu) admet le plus, l'espèce (la justice), ou le terme tiré
de l'espèce (le juste), doit l'admettre aussi : sinon, le terme proposé n'est pas le
genre.

2. Autrement dit, plusieurs genres.

3. Comme genres.

4. La réfutation se fera alors comme suit. Si l'adversaire a dit, par exemple,
que c'est la croyance qu'on est méprisé qui est le genre de la colère, alors qu'en
fait la douleur est, à titre égal ou supérieur, le genre de la colère, il est clair que la
croyance au mépris n'est pas le genre de la colère.

Si donc l'on veut réfuter une thèse, il faut procéder comme on vient de le dire. S'agit-il, au contraire, de l'établir, alors, si, à la fois, le genre donné et l'espèce sont susceptibles du 128 *a* plus, le lieu ne s'applique pas ; car, même si les deux termes admettent le plus, rien n'empêche que l'un ne soit pas le genre de l'autre : c'est ainsi que le beau et le blanc sont susceptibles du plus, et pourtant aucun d'eux n'est le genre de l'autre. – D'autre part, la comparaison des genres entre eux et des espèces entre elles est utile : par exemple, si telle chose et telle 5 autre semblent à égal degré être un genre, alors si l'une est un genre, l'autre l'est aussi. De même encore, si ce qui semble moins être un genre est un genre, ce qui semble plus l'être est aussi un genre : par exemple, si la puissance, plus que la vertu, est le genre de la maîtrise de soi, alors si la vertu est un genre, la puissance le sera aussi. La même observation s'appliquera aussi pour l'espèce : si telle chose et telle autre semblent à égal 10 degré être une espèce du genre en question, alors si l'une est une espèce, l'autre l'est aussi ; et si ce qui semble moins être une espèce est une espèce, ce qui semble plus l'être le sera aussi.

En outre, pour établir une thèse, il faut examiner si le genre est affirmé essentiellement des choses dont il a été donné comme étant le genre, en supposant qu'il n'y ait pas une seule espèce donnée [1] mais bien plusieurs et différentes espèces : car 15 alors il sera évidemment le genre. Mais si l'espèce donnée est unique, il faut examiner si le genre est affirmé essentiellement

1. Dans le problème. Par exemple, l'animal est le genre de l'homme et du cheval : l'homme et le cheval diffèrent en espèce, et l'animal est attribué essentiellement à l'un et à l'autre. L'animal est donc le genre.

d'autres espèces aussi[1], car derechef le résultat sera que le
genre est affirmé d'espèces multiples et différentes.

20   Et puisque, au sentiment de certains, la différence est, elle
aussi, afirmée essentiellement des espèces, il faut distinguer le
genre de la différence, en se servant des principes élémentaires
énoncés plus haut[2]. C'est d'abord que le genre a une extension plus grande que la différence; ensuite, que pour rendre
l'essence d'une chose il est plus convenable d'indiquer le
genre que la différence (car en disant que l'homme est un
25 animal, on exprime mieux l'essence de l'homme qu'en disant
qu'il est un pédestre); enfin, que la différence signifie toujours
une qualité du genre, tandis que le genre ne signifie pas une
qualité de la différence : en disant un pédestre on indique un
animal d'une certaine qualité, tandis qu'en disant un animal on
ne signifie pas un pédestre d'une certaine qualité.

30   La différence doit donc être distinguée du genre de la façon
que nous venons de dire. – Et puisqu'il semble bien que si le
musical est quelque chose de savant, alors aussi la Musique est
quelque science[3]; et que si le marchant est mû par le fait de

---

1. Qui ne sont pas données dans le problème. Si le genre est affirmé
essentiellement et de l'espèce donnée et d'autres espèces encore, il est clair
qu'il sera le genre de l'espèce donnée.

2. *Cf.* 2, 123 *a* 3 et *sq.* – Ce paragraphe se rattache au précédent, dont le lieu
ne prouve pas suffisamment le genre. En effet, ce qui est attribué
essentiellement à des espèces multiples et différentes peut être non seulement le
genre, mais aussi la différence, si, avec certains, on fait de la différence un
attribut essentiel et non une simple qualité (cf. *Catég.*, 5, 3 *b* 5-7). On doit donc
bien distinguer le genre de la différence (Pacius, II, 407-408).

3. Marche du concret à l'abstrait, du plus connu au moins connu (Pacius, II,
408), ou plus généralement, d'un terme à son paronyme (Alexandre, 366, 16).
– L. 31, nous adoptons la leçon de Imelman, admise par Strache-Wallies et
Pickard-Cambridge; l. 32, nous lisons ἐπιστήμοντι (et non τί) ἐστιν.

marcher, alors aussi la marche est quelque mouvement; dans
ces conditions, c'est de la manière que nous venons d'indiquer[1] qu'on doit considérer un genre dans lequel nous voulons
établir quelque chose[2] : par exemple, si nous voulons prouver
que la science est essentiellement une conviction[3], il faut **35**
voir si celui qui a la science, en tant qu'il a la science, est
convaincu; car il est évident alors que la science sera quelque
conviction. Même façon de procéder dans tous les cas de
même nature.

En outre, attendu qu'il est difficile de distinguer du genre,
l'attribut qui suit toujours une chose tout en n'étant pas réciprocable avec elle[4]; si telle chose suit une autre chose universellement, tandis que cette dernière ne suit pas la première
universellement (c'est ainsi, par exemple, que le repos suit **128 b**
toujours le calme, et le divisible le nombre, mais non pas inversement, le divisible n'étant pas, en effet, toujours un nombre,
ni le repos un calme), on doit, quand on argumente soi-même,
admettre que le terme qui suit toujours est le genre, quand
l'autre n'est pas réciprocable avec lui. Par contre, si c'est **5**
l'adversaire qui présente cet argument, on ne doit pas y

---

1. C'est-à-dire en passant du terme à son paronyme.
2. L. 34, ἐν ᾧ ἂν γένει βούλῃ τι κατασκευάσαι = ὅταν βουλώμεθα
κατασκευάσαι καὶ δεῖξαί τι γένος ὄν τινος (Alexandre, 367, 2)
3. Autrement dit, une espèce de conviction.
4. Le genre est toujours le conséquent de l'espèce, tandis que l'espèce n'est
pas le conséquent du genre. On peut donc pratiquement, tout au moins pour
établir la thèse (l. 128 *b* 3) soutenir que les notions qui ont entre elles cette
relation sont l'une le genre, et l'autre l'espèce. Mais, comme cela n'est pas
toujours vrai, on ne doit pas l'admettre sans restriction quand c'est l'adversaire
qui le propose (l. 5-9).

acquiescer dans tous les cas. On peut lui objecter que le non-être est toujours le conséquent de ce qui devient (car ce qui devient n'est pas) et n'est pas réciprocable avec lui (car ce qui n'est pas ne devient pas toujours), et que cependant le non-être n'est pas le genre de ce qui devient, puisque le non-être [1] n'a absolument aucune espèce.

10   Les questions relatives au genre doivent donc être traitées comme nous venons de le faire [2].

---

1. Ce qui n'est pas ne peut pas être un genre.
2. Conclusion du livre IV.

LIVRE V

< LIEUX COMMUNS DU PROPRE >

1
< Généralités sur le Propre et ses différentes espèces >

La question de savoir si l'attribut proposé est un propre ou n'est pas un propre doit être examinée au moyen des lieux 128 *b* 15 suivants.

Un propre donné [1] est ou en soi et toujours, ou relativement à une autre chose et pour un temps [2] ; par exemple, est un propre *en soi* de l'homme, le fait d'être un animal naturellement doux [3] ; est un propre *relatif*, par exemple celui de l'âme par rapport au corps, en ce que l'une est capable de commander et l'autre d'obéir ; est un propre *perpétuel*, par exemple pour

---

1. Sur le propre, cf. *supra*, I, 5, 102 *a* 18-30.

2. Il n'y a pas identité entre propre en soi et propre perpétuel, ni entre propre relatif et propre temporaire (*cf.* Alexandre, 370, 14 et *sq.*). En fait, les exemples qui suivent montrent bien qu'Aristote distingue quatre sortes de propres, et non deux seulement.

3. Aristote ajoute « naturellement », parce que la douceur existe bien aussi chez les animaux sans raison, mais c'est l'effet, non de la nature, mais du dressage (Alexandre, 370, 27).

20 Dieu d'être un vivant immortel ; est enfin un propre *temporaire*, par exemple pour un homme de se promener dans le gymnase.

[1] [Le propre donné relativement à une autre chose forme soit deux problèmes, soit quatre. En effet, si ce même propre qu'on assigne à une chose, on le nie en même temps d'une autre, on obtient seulement deux problèmes : comme quand **25** on dit que le propre de l'homme relativement au cheval, c'est d'être bipède[2]. En effet, on pourrait tenter à la fois de montrer que l'homme n'est pas bipède et aussi que le cheval est bipède : d'une façon comme de l'autre, le propre sera détruit. Mais si, de deux propres, l'un est assigné à un sujet et nié d'un second, et l'autre assigné au second sujet et nié du premier, on aura quatre problèmes[3] : comme quand on dit, par exemple, que le propre de l'homme relativement au cheval, c'est que l'un est **30** bipède et l'autre quadrupède. On peut alors, en effet, essayer de montrer, à la fois, que l'homme n'est pas bipède et qu'il est naturellement quadrupède, et aussi que le cheval est bipède et qu'il n'est pas quadrupède. Et quelle que soit celle de ces assertions qu'on prouve, le propre proposé s'écroule].

1. La place naturelle de ce paragraphe est après 129 *a* 16.

2. Un seul propre est affirmé d'un sujet et nié de l'autre. Deux problèmes : *l'homme est bipède, le cheval n'est pas bipède*. Pour réfuter la thèse, il suffit de prouver ou que l'homme n'est pas bipède, ou que le cheval est bipède (*cf.* Alexandre, 371, 11).

3. Deux propres, donnant naissance à quatre problèmes : *l'homme est bipède, le cheval n'est pas bipède, le cheval est quadrupède, l'homme n'est pas quadrupède*, problèmes qui seront réfutés de quatre façons : *l'homme n'est pas bipède, le cheval est bipède, le cheval n'est pas quadrupède, l'homme est quadrupède*.

Le propre en soi, c'est celui qui est donné d'une chose par comparaison avec toutes les autres choses et qui la sépare de 35 tout le reste : quand on dit, par exemple, de l'homme qu'il est un animal mortel susceptible de recevoir la science. – Le propre relatif, c'est celui qui délimite le sujet non pas de tout le reste, mais seulement de quelque chose de défini : ainsi le propre de la vertu relativement à la science, c'est que la première se produit naturellement dans plusieurs parties de l'âme, et la seconde seulement dans la partie rationnelle et chez les êtres qui possèdent la raison [1]. – Le propre perpétuel, c'est celui qui est vrai en tout temps et ne fait jamais défaut : 129 a comme, par exemple, pour le vivant d'être composé d'âme et de corps. – Le propre temporaire, c'est celui qui n'est vrai que pour un certain temps et ne suit pas toujours nécessairement du sujet : c'est, par exemple, pour tel homme de se promener sur 5 la place publique.

Assigner le propre relatif [2], c'est indiquer la différence qui se trouve soit universellement et toujours, soit la plupart du temps et dans la plupart des cas. Par exemple, une différence qui se trouve universellement et toujours, c'est pour l'homme, relativement au cheval, d'être bipède : car un homme est toujours et en tout cas bipède, tandis qu'un cheval n'est jamais, 10 à aucun moment, bipède. Quant à la différence qui se trouve la plupart du temps et dans la plupart des cas seulement, c'est, par exemple, le propre de la partie rationnelle de l'âme de

---

1. Ces propres de la vertu (*esse commune pluribus*) et de la science (*esse in solis rationalibus*) permettent seulement de les distinguer l'une de l'autre, et non de tout ce qui n'est pas elles.

2. Division du propre relatif.

commander à la partie appétitive et irascible, l'une ordonnant
et l'autre obéissant : c'est qu'en effet la partie rationnelle ne
commande pas toujours, mais parfois aussi elle est commandée, et que la partie appétitive et irascible n'est pas toujours
15 commandée non plus, mais commande aussi parfois, quand
l'âme de l'homme est pervertie.

Des propres, les meilleurs pour la discussion[1] sont les
propres en soi et perpétuels, et les propres relatifs. Un propre
relatif donne lieu, en effet, à plusieurs problèmes, ainsi que
nous l'avons dit plus haut[2], car les problèmes formés sont
20 nécessairement au nombre de deux ou de quatre ; par suite,
les arguments qu'ils fournissent sont multiples[3]. – Quant au
propre en soi et perpétuel, on peut le discuter relativement à
beaucoup de choses ou l'observer relativement à plusieurs
périodes de temps : si c'est un propre en soi, on le discute,
disons-nous, relativement à beaucoup de choses, car le propre
doit appartenir à son sujet par rapport à tous les êtres, de sorte
25 que si le sujet n'est pas séparé, relativement à tout, le propre
ne saurait avoir été assigné correctement ; pour le propre perpétuel, on l'observera par rapport à plusieurs périodes de
temps, car s'il n'appartient pas, ou s'il n'appartenait pas, ou
s'il ne doit pas à l'avenir appartenir au sujet, c'est qu'il ne sera
pas un propre. – Quant au propre temporaire, nous ne le considérons à aucun autre moment qu'au moment présent ; et, par

---

1. L. 17, λογικὰ a le sens de *disputabilia*. *Cf.* Alexandre, 372, 22 : λογικὰ
προβλήματα λέγει τὰ ἐπιχαρηγοῦντα πολλοὺς λόγους καὶ πολλὰ
ἐπιχειρήματα καὶ ἰσχυρά (Voir aussi, *infra*, l. 30).

2. L. 128 *b* 22.

3. *Circa illud suppetunt plures rationes et plures viae disputandi* (Sylvius
Maurus, I, 507).

suite, les arguments qui le concernent ne sont pas nombreux, alors qu'un problème bon pour la discussion est celui qui peut **30** donner lieu à des arguments à la fois nombreux et forts.

Le propre dit relatif doit alors être examiné à l'aide des lieux applicables à l'accident, et l'on doit voir s'il se trouve appartenir à une chose et ne pas appartenir à l'autre[1]. – Quant aux propres perpétuels et essentiels, il faut les considérer au moyen des lieux suivants.   **35**

2
< Lieux >

Il faut voir d'abord si le propre a été ou non rendu **129 b** correctement[2]. Pour savoir s'il a été ou non rendu correctement, un premier lieu, c'est de savoir si c'est par des termes moins connus ou plus connus que le sujet, que le propre a été posé : pour la réfutation de la thèse, il faut voir si c'est par des termes moins connus, et, pour l'établissement de la thèse, si c'est par des termes plus connus[3]. – Pour savoir si c'est par **5**

---

1. Le propre relatif n'est pas un véritable propre, mais plutôt un accident, puisqu'il peut appartenir ou ne pas appartenir au sujet (cf. *supra*, I, 5, 102 *b* 4). Il doit être, en conséquence, examiné au moyen des lieux communs de l'accident (*cf.* Alexandre, 374, 16).

2. Chapitres 2 et 3, Aristote examine si le propre, supposé le véritable propre, a été bien ou mal exprimé ; chapitre 4 et suivants, il examinera si on est en présence du véritable propre.

3. Le propre a pour fonction d'expliciter le sujet. Il doit donc s'exprimer par des termes plus connus que le sujet. Si on montre que ces termes sont, en fait, moins connus, c'est que le propre a été mal posé, et que la thèse se trouve par là même réfutée ; si on montre, au contraire, que ces termes sont plus connus que le sujet, le propre a été bien posé et la thèse est confirmée (*cf.* Alexandre, 374, 25).

des termes moins connus[1], un premier moyen c'est de voir si
le propre que l'on donne est, absolument, moins connu que le
sujet dont le propre a été indiqué, car, s'il en est ainsi, le propre
n'aura pas été posé correctement. En effet, c'est en vue de
connaître la chose que nous constituons le propre ; par suite,
c'est par des termes plus connus qu'elle qu'il doit être rendu,
car dans ce cas il sera possible de comprendre plus adéquate-
10 ment le sujet. Par exemple, si l'on a posé qu'est un propre du
feu le fait d'être ce qui ressemble le plus à l'âme, comme on se
sert du terme *âme*, qui est moins connu que le terme *feu* (car
nous savons mieux la nature du feu que celle de l'âme), on ne
saurait par suite poser correctement pour propre du feu d'être
ce qui ressemble le plus à l'âme. Un autre moyen, c'est de voir
si l'attribution du propre au sujet est moins connue que le sujet
lui-même. Il faut, en effet, non seulement que le propre soit
15 plus connu que la chose, mais que son attribution à cette chose
soit aussi plus connue[2]. Car si on ne sait pas si le propre appartient à tel sujet[3], on ne connaîtra pas non plus s'il appartient à
ce sujet seul ; de sorte que, dans l'un et l'autre cas indifférem-
ment[4], le propre devient obscur. Par exemple, si on a posé que

---

1. Cas de la réfutation de la thèse. – A τὸ μὲν, l. 5, répond τὸ δὲ, l. 13. L. 8,
nous lisons avec Bekker et Waitz, ἀποδοτέον, et non, comme Strache-Wallies,
χωριστέον.

2. *Non solum quae sit rei proprietas quae constituta est, sed etiam de re
ipsa eam praedicari s. cum re ipsa eam conjunctam esse clarius nobis esse
debet et certius quam quid sit res cujus proprietas constituitur* (Waitz, II, 482).

3. *Cf.* Alexandre, 375, 24. Si on ne sait pas, par exemple, que le rire
appartient à l'homme en général, on ne saura pas non plus s'il appartient à
l'homme seul, à tout homme et toujours, en un mot, s'il est un propre.

4. Le premier cas, c'est le cas où le propre, pris en lui-même au sens absolu
(ὅλως, l. 6), est moins connu que la chose (exemple *supra*, l. 9), et le second,

le propre du feu c'est d'être l'élément premier dans lequel est
naturellement l'âme, on se sert de quelque chose de moins
connu que le feu, à savoir si l'âme lui appartient et si elle lui
appartient primordialement[1] ; dans ces conditions, on n'aura **20**
pas posé correctement le propre du feu si on a dit que c'est
l'élément premier dans lequel l'âme est naturellement. – Mais
pour établir la thèse, il faut voir si c'est par des termes plus
connus que le propre est posé, et si c'est par des termes plus
connus selon chacun des modes dont nous venons de parler[2].
Car alors le propre aura été correctement établi à cet égard[3] : en
effet, parmi les lieux qui établissent que le propre est donné
correctement, les uns montrent qu'il est donné correctement à **25**
cet égard seulement, et les autres d'une façon absolue. Ainsi,
quand on a dit qu'un propre de l'animal c'est d'avoir la
sensation, on a, à la fois, employé des termes plus connus et
rendu le propre plus connu selon chacun des deux modes
ci-dessus ; de sorte qu'on aura assigné correctement, à cet

c'est le cas où l'attribution du propre à la chose est moins connue que la chose
(exemple *infra*, l. 18).

1. L'attribution de l'âme au feu, pris comme élément primordial de l'âme,
est douteuse : par suite, dire que le propre du feu c'est d'être cet élément
primordial, revient à expliquer le plus connu par le moins connu.

2. L. 5 et 13 *supra* (*cf.* Alexandre, 376, 1).

3. L. 23, κατὰ τοῦτο signifie : selon les modes dont nous avons parlé, et
non ἁπλῶς (Alexandre, 377, 9-19). Autrement dit, le propre ainsi constitué est
un propre seulement en ce sens qu'il est plus connu que la chose, et que son
attribution est aussi plus connue ; il n'est pas un propre absolument parlant, ce
qui exigerait en outre qu'il fût réciprocable avec le sujet et lui appartînt à lui
seul, dans tous les cas et toujours. – Les lignes suivantes expliquent κατὰ
τοῦτο.

égard[1], comme un propre de l'animal le fait de posséder la sensation.

30   Ensuite, pour la réfutation d'une thèse, il faut voir si l'un des termes employés dans le propre est pris en plusieurs acceptions[2], ou si l'expression tout entière a plusieurs significations : car alors le propre n'aura pas été posé correctement. Par exemple, étant donné que *sentir* a plusieurs sens, en premier lieu *avoir la sensation*, et en second lieu *se servir de la sensa-tion*[3], on ne pourra pas poser correctement pour propre de
35 l'animal le fait de sentir naturellement. La raison pour laquelle
130 a le terme dont nous nous servons, ou l'expression signifiant le propre, ne doivent pas présenter plusieurs sens, c'est que le terme revêtant plusieurs acceptions obscurcit ce qu'on dit, attendu que sur le point de discuter on se demande dans lequel des différents sens l'expression est prise : < or cela ne doit pas être >, car le propre est donné en vue de connaître la chose.
5 En outre, il convient d'ajouter qu'en donnant le propre de cette façon on s'expose inévitablement à quelque réfutation[4], lorsque l'adversaire dirige son raisonnement sur celle des différentes acceptions du terme qui ne s'accorde pas avec ce qui est en question. – En ce qui concerne l'établissement de la thèse, il faut voir si, en fait, aucun des termes et aucune des expressions

1. Mais non ἁπλῶς. La possession de la sensation est un propre de l'animal, car la possession de la sensation est plus connue que l'animal, *utroque modo*, c'est-à-dire en elle-même et par son attribution à l'animal.

2. Examen de l'ambiguïté du *propre* : homonymie, pour le terme (*canis*, par exemple) et amphibologie pour l'expression (par exemple, *Aio te Aeacida Romanos vincere posse*). *Cf.* Pacius, II, 410.

3. Respectivement ἕξις et ἐνέργεια.

4. Réfutation apparente tout au moins, quand l'adversaire dirige son attaque sur le sens qui n'est pas celui qui est en question.

entières n'a plusieurs sens, car alors le propre aura été correctement posé à cet égard[1]. Par exemple, puisque ne présentent 10 plusieurs sens ni le terme *corps*, ni *ce qui est le plus rapide à se mouvoir localement vers le haut*, ni non plus l'expression totale composée de ces deux éléments, il sera correct de dire que, à cet égard, c'est un propre du feu d'être le corps qui est le plus rapide à se mouvoir localement vers le haut.

Ensuite, dans la réfutation d'une thèse, il faut voir si le 15 sujet[2] dont on donne le propre est pris en plusieurs sens, et qu'on n'ait pas déterminé duquel d'entre ces sens le propre est posé : car alors le propre n'aura pas été correctement donné. Les causes pour lesquelles il en doit être ainsi résultent en toute clarté de ce que nous avons dit plus haut[3], car les mêmes résultats se produisent nécessairement. Par exemple, étant donné que l'expression *science de ce sujet* présente plusieurs sens (car elle signifie à la fois que ce sujet a la science, que ce sujet 20 se sert de la science, qu'on a la science de ce sujet, qu'on se sert de la science qu'on a de ce sujet)[4], on n'aura pas rendu correctement le propre de *science de ce sujet* si on n'a pas déterminé duquel de ces différents sens le propre est posé. – Quand on établit la thèse, on doit voir si, en fait, le terme dont on pose le propre ne présente pas plusieurs sens, mais s'il est un et 25

1. C'est-à-dire, sous le rapport de l'homonymie et de l'amphibologie seulement, indépendamment des autres erreurs qui auraient pu se produire dans la détermination du propre (Alexandre, 379, 4).

2. Examen de l'ambiguïté du *sujet* du propre.

3. L. 129 *b* 7.

4. *Cf.* Alexandre, 379, 21 et 380, 5. Les expressions ἐπιστήμην ἔχειν et ἐπιστήμη χρῆσθαι s'opposent comme l'ἕξις et l'ἐνέργεια; d'autre part, τοῦτο, l. 20 (= αὐτο, l. 21) est ou bien le sujet qui possède la science, ou bien l'ἐπιστητόν.

simple : car alors le propre aura été rendu correctement à cet égard. Par exemple, puisque le terme *homme* est employé en un seul sens, on posera correctement, à cet égard, le propre de l'homme en disant qu'il est un animal naturellement doux.

Ensuite, pour réfuter une thèse, il faut voir si le même 30 terme a été plusieurs fois répété dans le propre[1]. Souvent, en effet, on ne s'aperçoit pas qu'on commet cette faute dans les propres aussi, comme on la commet aussi dans les définitions. Mais le propre atteint de ce défaut n'aura pas été posé correctement, car la répétition gêne celui qui l'entend ; ainsi le sens devient nécessairement obscur, et, en outre, cela semble du verbiage[2]. Or la répétition d'un même terme se produira de 35 deux façons : l'une, c'est quand on nomme plusieurs fois la même chose, comme si par exemple, on donnait pour propre du feu que c'est le *corps* le plus subtil des *corps* (car on a répété le mot *corps*) ; la seconde, c'est quand on met à la place des mots leurs définitions, si, par exemple, on donnait pour propre de la 130 *b* terre qu'elle est la *substance* qui de tous les *corps* se porte par sa nature le plus facilement vers le bas, et qu'on prît ensuite, au lieu du terme *corps*, l'expression *substances de telles espèces*[3], car *corps* et *substances de telles espèces* sont une seule et même chose : on n'aura fait que répéter le terme *substance*. Il en résulte qu'aucun de ces propres[4] n'aura été posé correc-

---

1. Alors que la chose est, en fait, la même.

2. Puisque, dans la tautologie, la chose demeure la même, l'auditeur *manet animo suspenso, ac dubitat utrum idem repetatur, an diversum dicatur; et si repetitur, cur repetatur* (Pacius, II, 411).

3. Substances matérielles, par exemple.

4. Soit qu'on répète le mot lui-même, soit qu'il s'agisse des mêmes choses exprimées par des mots différents (l. 130 *a* 35 et *sq.*).

tement. – Quand on établit la thèse, il faut voir si on a eu soin de 5
ne pas se servir plusieurs fois du même terme : car alors le
propre aura été donné, à cet égard, correctement. Par exemple,
puisqu'en disant que le propre de l'homme, c'est d'être un
animal susceptible de recevoir la science on ne s'est pas servi
plusieurs fois du même terme, on aura, à cet égard, rendu
correctement le propre de l'homme.   10

Ensuite, pour réfuter une thèse, il faut voir s'il a été donné
dans le propre un terme tel qu'il soit un attribut universel. En
effet, le terme qui ne sépare pas le sujet d'autres choses, n'aura
aucune utilité[1] ; ce qu'il faut, c'est que les termes composant
les propres séparent le sujet, comme le séparent aussi les
termes composant les définitions. Dans le cas envisagé, le
propre n'aura donc pas été posé correctement. Par exemple, si 15
on a posé que le propre de la science c'est d'être une croyance
qui ne peut être ébranlée par un argument en raison de ce
qu'elle est *une*, on emploie dans le propre un terme tel que l'*un*,
qui est un attribut universel ; et par suite on n'aura pas établi
correctement le propre de la science. – Pour établir la thèse, il
faut voir, si en fait, on n'a employé aucun attribut commun à
tout, mais si on a employé un terme qui sépare le sujet de toute
autre chose : car alors le propre aura été, à cet égard, correctement posé. Par exemple, puisqu'en disant que c'est un propre 20
de l'être animé d'avoir une âme on ne se sert d'aucun attribut
commun, on aura, à cet égard[2], correctement posé comme
propre de l'être animé d'avoir une âme.

---

1. Faute de séparer le sujet de tout ce qui n'est pas lui.
2. C'est-à-dire κατὰ τὸ χωρίζειν ἀπὸ τινων et non ἁπλῶς (*cf.* Waitz, I,
483).

Ensuite, pour réfuter une thèse, il faut voir si l'on donne plusieurs propres du même sujet, sans avoir précisé qu'on en pose plusieurs : car alors le propre n'aura pas été correctement 25 posé. De même, en effet, qu'il ne faut dans les définitions rien ajouter à l'expression qui indique l'essence, ainsi, dans le cas des propres, on ne doit rien ajouter non plus à l'expression qui fait du terme indiqué le propre du sujet, car une telle addition ne sert à rien. Par exemple, en disant que le propre du feu c'est d'être le corps le plus subtil et le plus léger, on a donné 30 plusieurs propres (car chacun de ces attributs se dit avec vérité du feu seul), et par suite on n'aura pas posé correctement le propre du feu en disant que c'est le corps le plus subtil et le plus léger. – Pour établir une thèse, il faut voir si on a eu soin de ne pas donner plusieurs propres du même sujet, mais si on en a donné un seul : car alors, à cet égard, le propre aura été correc- 35 tement établi. Par exemple, en disant que le propre du liquide c'est d'être un corps pouvant revêtir toute forme, on a donné un seul propre et non plusieurs : par suite, à cet égard, on aura établi correctement le propre du liquide.

3
<Autres lieux>

Ensuite, pour la réfutation, il faut voir si l'adversaire s'est servi soit du sujet lui-même dont on donne le propre, soit de quelqu'une de ses espèces[1], car alors le propre n'aura pas été 131 *a* correctement posé. C'est, en effet, en vue de la connaissance

---

1. L'expression τι τῶν αὐτοῦ (1. 39) *non dicit id quod in alia re inhaeret*, τὸ ἐν ὑποκειμένῳ, *sed quod alii subjectum est sicut species generi* (Waitz, II, 483), ainsi que le prouve l'exemple qui suit.

du sujet que le propre est donné[1] : or, d'une part, le sujet reste toujours aussi inconnu que lui-même l'était, et, d'autre part, l'une de ses espèces lui est postérieure et n'est ainsi pas plus connue[2]. Par suite, on n'obtient pas une connaissance plus grande du sujet à l'aide de ces termes. Ainsi, en disant qu'est un propre de l'animal le fait d'être une substance dont une espèce est l'homme, on s'est servi d'une de ses espèces, et par suite le propre ne saurait avoir été posé correctement. – Pour établir la thèse, il faut voir si on a eu soin de ne se servir ni du sujet lui-même, ni d'aucune de ses espèces : car alors, à cet égard, le propre aura été posé correctement. Par exemple, si on a posé qu'un propre du vivant, c'est d'être un composé d'âme et de corps, on ne s'est servi ni du sujet lui-même, ni d'aucune de ses espèces, et par suite, à cet égard, on aura rendu correctement le propre du vivant.

C'est aussi de la même façon qu'il faut examiner les autres termes qui font, ou ne font pas, le sujet plus connu. Ainsi, pour réfuter, il faut voir si l'adversaire s'est servi ou bien d'un opposé du sujet, ou généralement de quelque chose qui lui est naturellement simultané ou qui lui est postérieur : car alors le propre n'aura pas été posé correctement. En effet, l'opposé est naturellement simultané avec son opposé, et ce qui est naturellement simultané à un sujet ou lui est postérieur, ne le fait pas plus connu[3]. Par exemple, quand on a dit que le propre du bien

---

1. *Cf.* Alexandre, 382, 21.
2. L'espèce est postérieure au genre et moins connue que lui.
3. Ce qui est simultané à une chose est connu, ὁμοίως, et ce qui lui est postérieur est moins connu qu'elle. – En somme, le propre est antérieur *cognitione* au sujet, il doit être plus connu que lui et nous faire progresser dans la connaissance de ce sujet.

c'est d'être ce qui est le plus opposé au mal, on s'est servi de
l'opposé du bien, et par suite le propre ne saurait avoir été
20 correctement rendu. – Pour l'établissement de la thèse, il faut
voir si on a eu soin de ne faire aucun usage, ni d'un opposé, ni
généralement de quelque chose qui est naturellement simultané ou postérieur au sujet : car alors, à cet égard, le propre aura
été correctement rendu. Par exemple, si on a posé que le propre
de la science c'est d'être la croyance la plus convaincante,
on n'a fait aucun usage ni d'un opposé, ni d'un terme naturellement simultané au sujet, ni d'un terme postérieur à lui ; par
25 suite, à cet égard, le propre de la science, aura été correctement
posé.

Ensuite, pour la réfutation, il faut voir si l'adversaire a
donné comme propre quelque chose qui ne suit pas toujours
le sujet et parfois cesse d'être un propre : car alors le propre
n'aura pas été correctement indiqué[1]. En effet, il n'y a alors
aucune nécessité ni que le nom du sujet doive aussi être vrai de
30 ce à quoi nous supposons qu'un tel propre appartient, ni non
plus que le nom du sujet ne sera pas vrai de ce à quoi un tel
propre est supposé ne pas appartenir[2]. En outre, on peut ajouter
que, même après que le propre a été donné, on n'apercevra

---

1. On se trouve en présence d'un accident et non d'un propre (Alexandre,
385, 3).
2. Aristote s'exprime d'une façon obscure. Le fond du raisonnement, c'est
que le véritable propre doit toujours se réciproquer avec le sujet, et qu'ainsi le
nom de la chose (l'homme, par exemple) dont on pose le propre s'appliquera à
ce de quoi le propre est dit être le propre. Mais si on assigne pour propre un
attribut non ἀεί, ce dont le propre est dit propre ne recevra pas le nom de
la chose puisqu'il peut appartenir aussi à d'autres ; inversement, ce à quoi
le propre n'appartient pas pourra fort bien recevoir le nom de la chose
(cf. Alexandre, 385, 4 et sq.).

pas clairement s'il appartient au sujet, attendu qu'il est d'une nature telle qu'il peut faire défaut : et ainsi on ne verra pas clairement si c'est un propre [1]. Par exemple, quand on a posé 35 qu'un propre de l'animal, c'est le fait de tantôt se mouvoir et tantôt se tenir debout, on a donné là cette sorte de propre qui parfois cesse de l'être, et par suite on ne peut avoir posé correctement le propre. – Pour établir la thèse, il faut voir si on a donné comme propre ce qui l'est nécessairement toujours [2], car alors le propre aura été posé correctement à cet égard. Par 131 *b* exemple, si on a posé que le propre de la vertu est ce qui rend bon celui qui la possède, on a donné comme propre quelque chose qui suit toujours la vertu, et par suite on aura donné correctement le propre de la vertu.

Ensuite, pour réfuter, il faut examiner si, en donnant le 5 propre actuellement présent, l'adversaire a omis de préciser que c'est le propre actuellement présent qu'il donne [3] : car alors le propre n'aura pas été posé correctement. C'est qu'en premier lieu, tout ce qui se fait de contraire à ce qui se fait d'habitude a besoin d'être déclaré, et qu'on a l'habitude, la plupart du temps, de donner pour propre l'attribut qui suit toujours [4] le sujet. En second lieu, on manque de clarté quand 10 on omet de préciser si c'était le propre actuel qu'on entendait poser, et il ne faut pas donner de prétexte à la critique. Par

---

1. Le propre doit manifestement appartenir à la chose. Or si tantôt il lui appartient, et tantôt ne lui appartient pas, on ne verra pas bien si c'est un propre.

2. Sans aucune considération de temps.

3. Le lieu précédent traitait du propre qui n'est pas toujours. Le présent lieu traite du propre qui existe au moment où on parle, et qui, pour être correct, doit être bien délimité dans le temps.

4. Et non *présentement*.

exemple, quand on a posé comme propre de tel homme le fait d'être assis avec quelqu'un, on pose le propre présent, et par suite on ne saurait avoir rendu correctement le propre, s'il est vrai qu'on l'a indiqué sans aucune détermination[1]. – Pour établir la thèse, il faut voir si, en fait, en donnant le propre

15 présent, on l'a posé en précisant que c'est le propre présent : car alors, le propre aura été, à cet égard, correctement posé. Par exemple, si, en disant que le propre de tel homme c'est de se promener *actuellement*, on l'a posé en apportant cette précision, le propre aura été correctement établi.

Ensuite, pour réfuter, il faut voir si l'adversaire a donné un propre tel que son attribution n'est pas connue autrement que

20 par la sensation : car alors le propre n'aura pas été correctement posé. En effet, tout attribut sensible, une fois qu'il a lieu en dehors de la sensation devient par là même incertain, car on ne voit pas bien alors s'il appartient encore au sujet, du fait que c'est seulement par la sensation qu'on peut le connaître. Cela sera vrai dans le cas des attributs qui ne suivent pas toujours nécessairement le sujet. Par exemple, quand on a posé que

25 c'est un propre du Soleil d'être l'astre le plus brillant qui se meut au-dessus de la Terre, on se sert dans le propre d'une expression telle que *se mouvoir au-dessus de la Terre*, ce qui est connu par la sensation, et par suite le propre du Soleil ne saurait avoir été donné correctement : car on ne verra pas bien si le Soleil, au moment où il se couche, continue à se mouvoir au-dessus de la Terre, parce que la sensation nous fait alors

30 défaut. – Pour établir la thèse, il faut voir si, en fait, on a donné

---

1. Pacius, I, 667, traduit εἴπερ μὴ διορισά μενος εἶπεν, l. 14, par *nisi declaret se quod nunc est proprium tradere*. En réalité, la négation μὴ porte sur διορισάμενος.

un propre tel qu'il n'est pas perçu par la sensation, ou bien qui,
tout en étant sensible, appartient, de toute évidence, nécessairement au sujet : car alors, à cet égard, le propre aura été
posé correctement. Par exemple, si on a posé que le propre
d'une surface c'est ce qui est coloré comme sujet premier,
on s'est assurément servi de quelque qualité sensible, à savoir
être coloré, mais d'une nature telle qu'elle appartient mani- 35
festement toujours au sujet : par suite, à cet égard, on aura
correctement rendu le propre de la surface.

Ensuite, pour réfuter, il faut voir si l'adversaire a donné la
définition comme un propre : car alors, le propre n'aura pas été
correctement posé, puisqu'il ne faut pas que le propre exprime
la quiddité. Par exemple, en disant qu'un propre de l'homme 132 *a*
c'est d'être un animal pédestre-bipède, on a donné là un propre
de l'homme signifiant sa quiddité ; par suite, le propre de
l'homme n'aura pas été correctement rendu. – Pour établir la
thèse, il faut voir si le propre qui a été donné est un prédicat
réciprocable avec le sujet, sans cependant en exprimer la quiddité : car alors, le propre aura été, à cet égard, correctement 5
rendu. Par exemple, si on a posé qu'un propre de l'homme
c'est d'être un animal naturellement doux, on a donné le propre
qui, tout en étant un prédicat réciprocable avec le sujet, n'en
exprime pas cependant la quiddité, et par suite on aura, à cet
égard, correctement rendu le propre de l'homme.

Ensuite, pour réfuter, on doit voir si l'adversaire a donné 10
le propre sans avoir eu soin de poser le sujet dans l'essence[1].

---

1. Sur le sens de l'expression εἰ μὴ εἰς τὸ τί ἐστιν θείς, l. 10,
cf. Alexandre, 388, 18, τουτέστιν εἰ μὴ προσῆψε τὸ γένος τῷ ἰδίῳ. Le
propre, comme la définition, doit être posé à partir du genre, auquel viennent
s'ajouter les différences, qui séparent le sujet de tout ce qui n'est pas lui.

Il faut, en effet, pour les propres, de même que pour les définitions, que le premier terme donné soit le genre, puis que les
termes restants y soient dès lors rattachés et séparent le sujet
des autres choses. Par suite, un propre qui n'est pas posé de
cette manière ne saurait avoir été correctement donné. Par
15 exemple, en disant qu'un propre de l'animal c'est le fait d'avoir
une âme, on n'a pas posé l'animal dans son essence, et par suite
le propre de l'animal ne saurait avoir été posé correctement.
– Pour établir la thèse, il faut voir si on a posé dans son essence
le sujet dont on donne le propre, et si ensuite on y a rattaché
les autres termes : car alors le propre aura, à cet égard, été
correctement donné. Par exemple, si on a posé qu'un propre
de l'homme c'est d'être un animal susceptible de recevoir la
20 science, on a donné le propre après avoir posé le sujet dans son
essence, et par suite on aura, à cet égard, correctement posé le
propre de l'homme.

4
<Autres lieux>

La question de savoir si le propre [1] est donné correctement
ou non, doit être examinée par les moyens dont nous venons de
parler. – Quant à la question de savoir si ce qui est indiqué
comme étant un propre est, ou non, absolument un propre [2],
il faut la considérer au moyen des lieux suivants. En effet,
les lieux qui établissent d'une façon absolue que le propre est

---

1. Tout en étant réellement le propre.
2. Par suite, toutes les restrictions précédentes exprimées par la formule
κατὰ τοῦτο (que nous avons traduite « à cet égard ») disparaissent. Il s'agit de
savoir si l'attribut est ou non un propre, sans aucune condition.

correctement posé[1] seront les mêmes que ceux qui le consti- **25**
tuent un propre véritable : ils seront donc exposés en même
temps qu'eux.

D'abord, donc, dans la réfutation, il faut envisager chaque
espèce du sujet dont l'adversaire a donné le propre, et voir, par
exemple, si le propre n'appartient en fait à aucune d'elles[2] ou
s'il n'est pas vrai d'elles par rapport à ce sujet[3], ou s'il n'est pas
un propre de chacune d'elles par rapport au sujet dont on a
donné le propre[4] : car alors, ce qu'on a posé comme étant un **30**
propre ne sera pas un propre. Par exemple, puisqu'il n'est pas
vrai du géomètre[5] qu'il soit incapable d'être trompé par un
raisonnement (car le géomètre se trompe quand il trace une
figure inexacte), on ne saurait donner comme propre du savant
le fait de ne pas pouvoir être trompé par un raisonnement.
– Pour établir la thèse, il faut voir si le propre donné est vrai de
tous les cas et vrai sous ce rapport dont nous parlons[6] : car **35**
alors, ce qui est posé comme n'étant pas un propre sera un

1. La question de savoir si le propre, posé comme véritable, a été ou non
correctement posé d'une façon absolue, (et non plus κατὰ τοῦτο), est contenue
dans la question de savoir si le propre existe ou non ἁπλῶς : de ce qu'un propre
existe en réalité, il s'ensuit qu'il a bien été constitué *ab omni parte* (*cf.* Waitz,
II, 485).

2. Ce qui n'appartient à aucune des espèces du sujet n'est pas un propre de
ce sujet.

3. Ce qui n'appartient pas aux espèces du sujet en raison du sujet, n'est pas
un propre de ce sujet.

4. Ce qui n'appartient pas à chacune des espèces du sujet en raison du sujet
n'est pas un propre de ce sujet (voir l'exemple de la l. 36 *infra*, qu'il est facile de
transposer dans le sens négatif. *Cf.* Alexandre, 391, 4, et Waitz, II, 485).

5. Espèce du genre *savant*, dont le propre (le fait de ne pouvoir se tromper)
est proposé.

6. Sous le rapport du sujet dont on donne le propre.

132 b propre[1]. Par exemple, puisque le fait d'être un animal capable
de recevoir la science est vrai de tout homme, et cela en tant
qu'il est homme[2], sera un propre de l'homme le fait d'être un
animal capable de recevoir la science. – [Ce lieu sert, d'une
part, pour réfuter[3] : il faut voir si l'énoncé n'est pas vrai de ce
dont le nom est vrai, et si le nom n'est pas vrai de ce dont
5 l'énoncé est vrai. D'autre part, pour établir la thèse, il faut voir
si l'énoncé aussi est affirmé de ce dont le nom est affirmé, et si
le nom aussi est affirmé de ce dont l'énoncé est affirmé].

Ensuite, pour réfuter, il faut voir si, en fait, l'énoncé n'est
pas affirmé de ce dont le nom est affirmé, et si le nom n'est
pas affirmé de ce dont l'énoncé est affirmé[4] : car alors, ce qui
10 est posé comme étant le propre ne sera pas un propre. Par

1. L. 36, il faut, avec Pacius, Waitz (II, 485) et les éditions modernes,
mettre la négation μή, comme d'ailleurs elle figure dans les *lieux* suivants. Le
sens est alors : *Erit enim proprium id quod proprium esse negat adversarius*
(Waitz, II, 485).

2. Cette expression précise, par un exemple, κατὰ τοῦτο, l. 29 et κατ'
ἐκεῖνο οὗ τὸ ἴδιον, l. 30, *supra*.

3. Le passage que nous avons mis entre crochets est probablement
d'addition postérieure (132 *b* 3-8). *Cf*. Pacius, II, 414-415, et Pickard-
Cambridge, *ad loc*. – En ce qui concerne le fond du raisonnement, *cf*. Waitz, II,
485 : *quaeritur enim in exemplo quod habuimus vs* 1, *num de quo nomen
hominis, de eodem etiam praedicetur proprietatis definitio, quae quod hominis
proprium sit ita constituat, ut sit animal scientiae capax*. – Dans ce passage et
dans les suivants, τοὖνομα est le sujet dont on donne le propre, et λόγος est
l'expression, l'énoncé du propre.

4. Comme le remarque Alexandre, 392, 11, il serait plus clair de dire : εἰ μὴ
καθ' οὗ τοὖνομα κατηγορεῖται, καὶ ὁ λόγος ἀληθεύεται, et εἰ μή καθ'
οὗ ὁ λόγος καὶ τοὖνομα κατηγορεῖται. – Ce passage éclaircit les l. 3-8 qui
précèdent. Le propre doit pouvoir se réciproquer avec le sujet. Par suite, si la
chose dont le propre est développé et le propre lui-même ne sont pas affirmés
de iisdem, de telle sorte qu'il n'y ait pas de réciprocation possible, c'est que le
propre n'a pas été bien constitué.

exemple, puisque le fait d'être un vivant ayant la science en
partage est vrai de Dieu, tandis que l'homme n'est pas affirmé
de Dieu, on ne saurait donner comme propre de l'homme
d'être un vivant ayant la science en partage. – Pour établir la
thèse, il faut voir si, en fait, le nom aussi est affirmé de ce dont
l'énoncé est affirmé, et si l'énoncé aussi est affirmé de ce dont
le nom est affirmé : car alors, ce qui est posé comme n'étant pas
un propre sera un propre[1]. Par exemple, puisque le prédicat **15**
vivant est vrai de ce dont *avoir une âme* est vrai, et que *avoir
une âme* est vrai de ce dont le prédicat *vivant* est vrai, *avoir une
âme* sera un propre de *vivant*.

Ensuite, pour réfuter une thèse, il faut voir si l'adversaire a
donné le sujet comme un propre de ce qui est dit dans le sujet
lui-même[2] : car alors ce qui est posé comme propre ne sera pas **20**
un propre. Par exemple, donner le feu comme propre du corps
composé des plus fines particules, c'est donner le sujet comme
propre de son prédicat : le feu ne saurait être le propre du corps
composé des plus fines particules. La raison pour laquelle le
sujet ne sera pas le propre de ce qui est contenu dans le sujet
lui-même, c'est qu'alors la même chose serait le propre d'une **25**
pluralité de choses qui sont spécifiquement différentes : car le
même sujet a plusieurs prédicats spécifiquement différents qui
lui appartiennent à lui seul, et le sujet sera un propre de tous ces
prédicats si on pose le propre de cette façon[3]. – Pour l'établis-

---

1. Cf. *supra*, 132 *a* 36, note.

2. Le sujet ne peut être le propre de l'attribut qu'il contient. Le feu, par
exemple, n'est pas le propre du corps le plus subtil, car le feu est le sujet dont le
corps le plus subtil est affirmé.

3. Preuve par l'absurde. Un sujet pouvant avoir plusieurs prédicats
d'espèces différentes, si le sujet pouvait être le propre de ce qu'il contient il

sement de la thèse, il faut voir si on a bien donné comme propre
du sujet ce qui est contenu dans le sujet : car alors ce qui a été
30 posé comme n'étant pas un propre sera un propre, pourvu qu'il
soit affirmé des seules choses dont on avait dit qu'il était le
propre. Par exemple, en disant qu'un propre de la terre c'est
d'être le corps spécifiquement le plus lourd, on a donné
comme étant le propre du sujet quelque chose qui est dit de la
chose en question seule, et qui est dit d'elle à la façon dont le
propre est affirmé [1], et par suite le propre de la terre a été donné
avec exactitude.

35   Ensuite, pour réfuter, il faut voir si l'adversaire a donné le
propre par participation [2] : car alors ce qui est posé comme
étant un propre ne sera pas un propre. En effet, l'attribut dont le
133 a sujet participe est une partie constitutive de sa quiddité ; et un
attribut de cette sorte sera une différence s'appliquant à une
seule espèce déterminée. Par exemple, en disant qu'un propre
de l'homme c'est d'être un pédestre-bipède, on a donné le
propre par participation [3], et par suite le pédestre-bipède
ne saurait être un propre de l'homme. – Pour établir la thèse,
5 il faut voir si on a eu soin de ne pas donner le propre par
participation ni comme exprimant la quiddité du sujet, bien

serait le propre de tous ces prédicats d'espèces différentes ; or l'essence du
propre c'est de ne pouvoir appartenir qu'à un seul sujet.

1. À savoir ὡς πέφυκε τὸ ἴδιον λέγεσθαι, c'est-à-dire κατὰ τὸ
ἀντιστρέφειν (Alexandre, 393, 11). Waitz, II, 486, propose, avec hésitation
d'ailleurs, une autre interprétation fondée sur ce que dit Aristote au paragraphe
suivant (οὐ κατὰ μέτεξιν).

2. Terminologie platonicienne. Le propre ne doit pas être un attribut κατὰ
μέτεξιν, autrement dit ce à quoi participe le sujet n'est pas un propre, mais bien
le genre et la différence, qui sont les éléments de l'essence et de la définition.

3. Ce sont des différences de l'homme, qui rentrent dans sa définition.

que le sujet lui soit réciproquement attribuable : car alors ce qui a été posé comme n'étant pas le propre sera le propre. Par exemple, si on a posé qu'un propre de l'animal c'est de sentir naturellement, on n'a donné le propre ni par participation, ni comme exprimant la quiddité du sujet, bien que le sujet lui soit réciproquement attribuable ; et par suite le fait de sentir 10 naturellement sera bien un propre de l'animal.

Ensuite, pour réfuter, il faut voir si, en fait, il n'y a pas possibilité que le propre soit contemporain de ce dont le nom est affirmé, mais s'il est postérieur ou antérieur au sujet[1] : car alors ce qui a été posé comme étant un propre ne sera pas un propre, soit jamais, soit du moins pas toujours. Par exemple, puisqu'il est possible pour le fait de se promener sur la place 15 publique, d'appartenir à quelque sujet comme antérieur et comme postérieur à l'homme, le fait de se promener sur la place publique ne saurait être un propre de l'homme, soit jamais, soit du moins pas toujours. – Pour établir la thèse, il faut voir si l'attribut est nécessairement toujours contemporain de la chose, sans en être une définition, ni une différence : car alors, ce qui a été posé comme n'étant pas le propre sera un propre. Par exemple, puisque l'attribut d'être un animal 20 susceptible de recevoir la science est nécessairement toujours contemporain de l'homme, sans en être ni une différence ni une définition, le fait d'être un animal susceptible de recevoir la science sera un propre de l'homme.

---

1. Le propre doit être *contemporain* (ἅμα) du sujet, nécessairement et toujours (Alexandre, 394, 10). – L. 13, ἢ οὗ τοὔνομα, h. e. ἢ τοῦτο καθ' οὗ τοὔνομα ἀληθεύεται, *quam id cujus proprietas constituitur* (Waitz, II, 486) : dans l'exemple qui suit, c'est l'homme.

Ensuite, pour réfuter, il faut voir si, en fait, le même attribut n'est pas un propre de choses qui sont les mêmes que le sujet,
25 en tant qu'elles sont les mêmes : car alors, ce qui a été posé comme étant un propre ne sera pas un propre. Par exemple, puisque *ce qui est à rechercher* n'a pas pour propre le fait de paraître bon à certaines personnes, le *désirable* ne saurait avoir non plus pour propre le fait de paraître bon à certaines personnes, puisqu'il y a identité entre *ce qui est à rechercher* et *désirable*. – Pour établir la thèse, il faut voir si le même attribut est un propre d'une chose qui est la même chose que le sujet, en tant qu'elle est la même : car alors, ce qui a été posé comme
30 n'étant pas le propre sera un propre. Par exemple, puisque on appelle un propre de l'homme, en tant qu'homme, le fait d'avoir une âme tripartite, ce sera aussi un propre du mortel, en tant que mortel, d'avoir une âme tripartite. – Ce lieu est utile aussi en ce qui concerne l'accident : car aux mêmes choses, en tant qu'elles sont les mêmes, les mêmes attributs doivent soit appartenir, soit ne pas appartenir [1].

35 Ensuite, pour réfuter, il faut voir si, en fait, le propre des choses qui sont spécifiquement les mêmes que le sujet n'est pas toujours spécifiquement le même que le propre en question : car alors, ce qui a été posé comme étant un propre
133 b ne sera pas non plus le propre du sujet en question. Par exemple, puisqu'il y a identité spécifique entre l'homme et le cheval [2], et que ce n'est pas toujours un propre du cheval le fait

---

[1]. *Sicut iisdem, in quantum sunt eadem, eadem conveniunt propria, sic iisdem, in quantum sunt eadem conveniunt eadem accidentia* (Sylvius Maurus, I, 516). Et de même pour la négation.

[2]. Qui appartiennent l'un et l'autre à un même genre, l'animal.

de se tenir debout par lui-même, le fait de se mouvoir par soi-même ne saurait être un propre de l'homme : car il y a identité spécifique entre se mouvoir et se tenir debout par soi-même, chacun de ces attributs appartenant à chacun de ces animaux, **5** pris en tant qu'animal[1]. – Pour établir la thèse, il faut voir si, pour les choses qui sont spécifiquement identiques au sujet, le propre qui est le même spécifiquement que le propre en question est toujours vrai : car alors ce qui a été posé comme n'étant pas le propre sera le propre. Par exemple, puisqu'un propre de l'homme, c'est d'être pédestre-bipède, un propre de l'oiseau sera aussi d'être ailé-bipède : car chacun de ces termes est le même spécifiquement, en tant que deux d'entre eux[2] sont **10** comme des espèces tombant sous le même genre, puisqu'ils tombent sous le genre *animal*, et que les deux autres[3] sont comme des différences du genre, à savoir de l'animal. – Ce lieu, du reste, est faux quand l'un des propres indiqués appartient à une seule espèce seulement, et que l'autre appartient à plusieurs, comme par exemple le pédestre-quadrupède[4].

---

1. L. 5, nous adoptons la leçon de Waitz, II, 486, ἧ ζῴῳ ἐστιν ἑκατέρῳ αὐτῶν τὸ συμβεβηκέναι, qui est aussi celle d'Alexandre, 396, 15, et nous comprenons : *quatenus utrumque* (se mouvoir, se tenir debout par soi-même) *de utroque* (homme et cheval) *quatenus animal est, praedicatur*. – Sur les variantes, *cf.* l'apparat de l'édition Strache-Wallies, avec les traductions proposées.

2. L'homme et l'oiseau.

3. *Pédestre-bipède* et *ailé-bipède*. – Sur le sens de ce passage et sa construction, *cf.* Waitz, II, 487.

4. *Quanquam enim homo et equus in eadem specie sunt (uterque enim animal est), tamen proprietates non eadem specie continentur : nam* τὸ πεζὸν δίπουν *hominis proprietatem exprimit, sed quod in eadem specie est* τὸ πεζὸν τετράπουν *equi proprietatem non exprimit : nam praeter equum multae aliae sunt quadrupedes* (Waitz, II, 487).

15　　Puisque le *même* et l'*autre* se prennent en plusieurs acceptions, il est difficile de donner, pour qui prend les choses sophistiquement, un propre appartenant à une seule chose, et à elle seulement[1]. En effet, l'attribut appartenant à une chose affectée d'un accident appartiendra aussi à l'accident pris avec le sujet dont il est un accident. Par exemple, l'attribut qui
20　appartient à l'homme appartiendra aussi à l'homme blanc, s'il y a un homme blanc, et l'attribut appartenant à l'homme blanc appartiendra aussi à l'homme. On pourrait alors chicaner sur la plupart de ces propres, en prétendant que le sujet est autre quand il est pris en soi et autre quand il est pris avec son accident, en disant, par exemple, que autre est l'homme et autre l'homme blanc ; et en outre, en représentant comme différents
25　l'état et ce qui est désigné d'après l'état. En effet, l'attribut appartenant à l'état appartiendra aussi à ce qui est désigné d'après cet état, et l'attribut appartenant à ce qui est désigné d'après un état appartiendra aussi à l'état : par exemple, puisque la condition du savant est désignée d'après la science, ne pourrait pas être un propre de la science le fait qu'elle est
30　inébranlable par le raisonnement, car alors le savant aussi sera

---

1. Le sophisme consiste à vouloir considérer comme des sujets différents, d'une part le sujet seul (*homme*), et, d'autre part, le sujet affecté d'un accident (*homme blanc*), de sorte que le propre de l'un ne saurait être le propre de l'autre. En effet (l. 17), le propre du sujet seul s'applique aussi au sujet pris avec son accident, et ainsi le propre n'appartiendra pas à un seul et unique sujet. On aura alors beau jeu (l. 21-24) pour critiquer un propre de cette sorte, pourtant correctement posé. – Un autre sophisme (l. 24), c'est de rejeter un propre affirmé comme étant le même de ce qui est dit κατὰ τὴν ἕξιν (le savant) et de l'ἕξις (la science), qui sont des sujets différant de toute la distance qui sépare le concret de l'abstrait.

inébranlable par le raisonnement[1]. – Pour établir la thèse[2], il faut dire que le sujet de l'accident n'est pas absolument différent de l'accident pris avec le sujet dont il est l'accident, bien qu'il soit dit autre du fait que le mode d'existence des deux choses est différent, car ce n'est pas la même chose pour un homme d'être un homme, et pour un homme blanc d'être un **35** homme blanc. De plus[3], il faut considérer aussi les inflexions, et dire, par exemple, du savant, qu'il sera, non pas *ce* qui est inébranlable par le raisonnement[4], mais *celui* qui est inébran- **134 a** lable par le raisonnement, et de la science, non pas qu'elle est *ce* qui est inébranlable par le raisonnement, mais *celle* qui est inébranlable par le raisonnement. C'est qu'en effet, à un adversaire qui n'hésite pas à se servir de toutes les armes, il faut répliquer par tous les moyens.

---

1. Le raisonnement sophistique est le suivant. Autre est l'*habitus*, autre est le sujet possédant cet *habitus*. Mais ce qui est dit de l'un est dit aussi de l'autre : par exemple, ce qui est dit de la science (*imperturbabilis propter rationes contrarias*) est dit aussi du savant; ce n'est donc pas un propre de la science, puisqu'il s'applique aussi au savant, sujet différant de la science.

2. Pour montrer qu'un même attribut peut être propre à un sujet seul et à un sujet affecté d'un accident.

3. Examen du second sophisme.

4. Comme le fait l'adversaire. – On peut répondre au sophiste qu'après tout il est possible de séparer le propre du propre comme lui-même sépare les sujets, et qu'en y regardant de près (en considérant les *cas*, les inflexions), le propre n'est pas le même pour la science et pour le savant, puisque le savant (ὁ ἐπιστήμων, ὁ κατὰ τὴν ἕξιν λεγόμενος) est dit ὁ ἀμετάπειστος, et la science (ἡ ἐπιστήμη, ἡ ἕξις) ἡ ἀμετάπειστος. C'est là une simple différence du genre masculin au genre féminin, laquelle n'a en elle-même aucune importance. Mais contre un sophiste qui n'hésite pas à employer toutes les armes, tous les moyens sont bons (Pacius, II, 417, et Waitz, II, 487-488).

5
<Autres lieux>

5   Ensuite, pour réfuter, il faut voir si, en voulant donner
l'attribut qui appartient naturellement au sujet, l'adversaire le
pose en s'exprimant de façon à signifier l'attribut qui appartient toujours au sujet[1] : car alors, il paraîtra généralement que
ce qui est posé comme un propre est à rejeter. Par exemple, en
disant qu'un propre de l'homme c'est d'être bipède, on entend
donner l'attribut qui lui appartient naturellement, alors que
10 cette expression signifie l'attribut qui appartient toujours à
l'homme ; par suite, le propre de l'homme ne saurait être le
bipède, puisqu'en fait l'homme n'a pas toujours deux pieds.
– Pour établir la thèse, il faut voir si on veut donner l'attribut
appartenant naturellement au sujet et si c'est bien de cette
façon qu'on l'indique en s'exprimant : car alors, le propre ne
pourra pas, à cet égard, être réfuté. Par exemple, en donnant
pour un propre de l'homme l'expression l'*animal susceptible*
15 *de recevoir la science*, à la fois on entend, et on indique dans
l'énoncé, le propre appartenant naturellement au sujet, et par
suite on ne pourra pas réfuter, à cet égard, le propre ainsi donné
et montrer que ce n'est pas un propre de l'homme d'être
l'animal susceptible de recevoir la science.

En outre, pour tout ce qui est dit du sujet en raison de
quelque autre sujet premier, ou du sujet lui-même pris comme
premier[2], il est difficile, dans des cas de ce genre, de donner le

---

1. Confusion entre l'attribut φύσει et l'attribut ἀεί.

2. Il peut se faire que, parmi les attributs, les uns appartiennent à un sujet
πρώτως (par exemple, le coloré à la surface), les autres à un sujet κατ᾽ ἄλλο
(par exemple, le coloré n'appartient au corps qu'en raison de la surface, qui

propre. Si, en effet, on donne un propre d'un sujet dit d'après **20**
un autre sujet, il sera vrai aussi de ce sujet premier ; tandis que
si on pose le propre du sujet premier, alors il sera affirmé aussi
de la chose dite d'après cet autre. Par exemple, si on a donné
comme propre de la surface le fait d'être coloré, le fait d'être
coloré sera vrai aussi du corps ; tandis que si le fait d'être
coloré est donné comme propre du corps, il sera affirmé aussi
de la surface. Il en résulte que le nom ne sera pas lui-même vrai **25**
de ce dont l'énoncé du propre est vrai [1].

Il arrive pour certains propres que, le plus souvent, une
erreur vient de ce qu'on n'a pas déterminé comment, et
de quelles choses, on pose le propre. En effet, on s'efforce
toujours de donner pour le propre d'une chose : ou son attribut
naturel, comme à l'homme le bipède ; ou son attribut réel, **30**
comme à tel homme le fait d'avoir quatre doigts ; ou son attribut spécifique, comme au feu le fait d'être composé des plus
fines particules ; ou l'attribut qui lui appartient d'une façon
absolue, comme la vie à l'animal ; ou l'attribut qui appartient à
la chose en tant qu'elle dépend de quelque autre chose, comme

seule est colorée par soi). Or il est difficile de donner le propre de l'un ou de
l'autre de ces sujets, car l'attribut affirmé du sujet en question sera aussi affirmé
du sujet premier dont le sujet en question est lui-même affirmé ; et, d'autre part,
l'attribut affirmé du sujet premier sera aussi affirmé du sujet en question : dans
l'un et l'autre cas, le caractère du propre d'appartenir exclusivement à un seul
sujet disparaît (*cf.* Alexandre, 400, 11 ; Waitz, II, 488).

1. Pour les choses qui sont dans le rapport du corps à la surface, on peut
difficilement constituer leur propre. En effet, le terme *surface* (l. 25, τοὔνομα
désigne, en fait, la chose dont on donne le propre) ne sera pas vrai de tout ce
dont *coloré* (l. 25, λόγος désigne le propre) est vrai, puisqu'un corps est coloré,
mais n'est pas une surface. Le terme *corps* ne sera pas vrai de tout ce dont *coloré*
est vrai, puisqu'une surface est colorée, mais n'est pas un corps (*Cf.* Waitz,
11, 488).

à l'âme le fait d'être prudent ; ou l'attribut qui appartient à la
chose prise en tant que sujet premier, comme à la partie rationnelle de l'âme le fait d'être prudent ; ou parce que la chose est
dans un certain état, comme appartient au savant le fait d'être
35 inébranlable par le raisonnement (car ce n'est pas par une autre
raison que parce qu'il est dans un certain état que le savant sera
inébranlable par le raisonnement) ; ou parce que la chose est un
état possédé par quelque chose, comme à la science appartient
134 b le fait d'être inébranlable par le raisonnement ; ou parce
qu'elle est participée par quelque autre chose, comme à l'animal appartient la sensation (car d'autres choses ont aussi la
sensation, par exemple l'homme, mais elles ne sentent que
parce qu'elles participent déjà de l'animal)[1] ; ou parce qu'elle
participe de quelque chose d'autre, comme à tel animal appar-
5 tient la vie. – Par suite, en n'ajoutant pas le terme *naturellement* on commet une erreur, parce qu'il est possible qu'en
fait l'attribut naturel n'appartienne pas à la chose à laquelle il
appartient naturellement, comme par exemple à l'homme
d'avoir deux pieds. On se trompe encore, si on n'a pas précisé
qu'on donne comme propre l'attribut réel, parce que, à un
moment donné, cet attribut ne sera pas tel qu'il puisse appartenir à ce sujet[2], par exemple pour l'homme le fait d'avoir

---

1. *Cf.* Waitz, II, 488 (dont nous traduisons la paraphrase grecque) : Les
espèces d'animaux participent du genre animal, et le genre *animal* est participé
par les espèces. De même donc que les espèces ont pour propre la vie, par le fait
qu'elles participent du genre (car c'est en tant qu'animal que l'homme vit),
ainsi aussi le genre *animal* aura pour propre la sensation, par le fait qu'il est
participé par les espèces.

2. Nous adoptons le texte de Waitz, suivi par Strache-Wallies. Il
faut comprendre ὅτι τὸ νῦν ὑπάρχον ἴδιον ποτ' οὐκ ἔσται τοιοῦτον οἷον
ὑπάρχειν ἐκείνῳ. On se trompe, dit Aristote en prenant pour propre *id quod*

quatre doigts. On se trompe encore si on n'a pas précisé qu'on
pose une chose comme sujet premier ou comme dite d'après 10
un autre sujet, parce que le nom même ne sera plus vrai de ce
dont l'énoncé du propre est vrai, comme c'est le cas pour le fait
d'être coloré, qu'il soit donné pour un propre de la surface, ou
du corps. On se trompe aussi si on n'a pas dit à l'avance que
l'on a donné un propre à une chose soit parce que cette chose
possède un état, soit parce qu'elle est un état possédé par
quelque chose ; parce qu'alors ce ne sera pas un propre[1]. En
effet, si on donne le propre à une chose du fait qu'elle est un 15
état possédé par quelque autre chose, le propre appartiendra
aussi à ce qui possède cet état ; et si on le donne à une chose du
fait qu'elle possède un état, il appartiendra aussi à l'état
possédé, comme c'est le cas pour le fait d'être inébranlable par
le raisonnement, quand il est posé comme un propre de la
science ou du savant. On se trompe encore, si on n'a pas
indiqué à l'avance que le propre appartient à la chose parce
que la chose participe de quelque chose, ou est participée par
quelque chose : parce qu'alors le propre appartiendra aussi à
certaines autres choses. Si, en effet, on donne le propre parce
que son sujet est participé par quelque chose, il appartiendra 20
aussi aux choses qui en participent ; et si on le donne parce que
son sujet participe de quelque chose, il appartiendra aussi aux
choses participées, comme par exemple si on a posé le fait
de vivre comme un propre de quelque espèce particulière

---

aliquando non erit tale, ut rei conveniat cujus proprietas declaranda est
(Waitz, II, 489).

    1. Ce ne sera pas un propre, parce qu'il sera affirmé de deux choses, ainsi
que l'expliquent les lignes suivantes.

d'animal ou de l'animal. Autre erreur, si on n'a pas précisé
qu'on donne le propre qui appartient à l'espèce, parce qu'alors
il appartiendra seulement à une seule des choses qui tombent
sous le terme dont on pose le propre[1] ; car ce qui est attribué
au plus haut degré appartient seulement à une seule d'entre
ces choses : par exemple, si on pose comme propre du feu,
25 *le plus léger*. Parfois aussi, même en ajoutant le terme *spécifiquement*, on a pu commettre une erreur : car[2] il faudra qu'il
n'existe qu'une seule espèce des choses destinées à recevoir le
propre, toutes les fois que le terme *spécifiquement* est ajouté.
Or, dans certains cas, c'est ce qui ne se produit pas ainsi : cela
n'a pas lieu, en fait, dans le cas du feu. Il n'y a pas, en effet, une
seule espèce de feu, puisque sont spécifiquement autres le
charbon, la flamme et la lumière, bien que chacune de ces
30 choses soit du feu. La raison pour laquelle, toutes les fois que le
terme *spécifiquement* est ajouté, il ne faut pas qu'il y ait d'autre
espèce que l'unique espèce indiquée, c'est que < s'il y en a
plusieurs > le propre en question appartiendra plus aux unes et
moins aux autres, ainsi que cela arrive, dans le cas du feu, pour

1. L'erreur consiste à ne pas préciser si le propre qu'on donne appartient à
l'espèce entière ou à l'une des choses comprises sous cette espèce : si je me
contente de dire que le feu est le plus subtil de tous les corps, sans ajouter
qu'il s'agit d'un propre spécifique s'appliquant à toutes les variétés du feu
(charbon, flamme, lumière) par opposition à tout ce qui n'est pas feu, on pourra
n'appliquer ce propre qu'à la lumière seule, variété du feu qui est seule, en fait,
le plus subtil des corps (*cf.* Pacius, II, 418).

2. Sous-entendre : « pour que cette précision soit suffisante ». – Si, comme
dans le cas du feu qualifié le plus subtil de tous les corps, il y a plusieurs espèces
de la chose en question, le propre s'appliquera inégalement à chacune d'elles,
ce qui (l. 34) est absurde en principe, puisque le feu est attribué *également* au
charbon, à la flamme et à la lumière, alors que le propre leur serait attribué
inégalement.

le fait d'être composé des plus fines particules : c'est qu'en effet, la lumière est composée de particules plus fines que le charbon et que la flamme. Or c'est là une chose qui ne doit pas se produire[1], à moins que le nom aussi ne soit attribué plus à ce **35** dont l'expression du propre est plus vrai ; sinon, alors, on n'observerait pas la règle que là où l'expression du propre est plus vraie le nom doit être aussi plus vrai. À cela, il convient **135 a** d'ajouter qu'il arrivera que le même attribut sera le propre, à la fois du terme qui le possède simplement et de ce qui le possède au plus haut degré dans le terme qui le possède simplement[2], comme c'est ce qui se passe pour le fait d'être composé des plus fines particules, dans le cas du feu : car ce même attribut sera aussi[3] le propre de la lumière, puisque c'est la lumière qui est formée des plus fines particules. – Conclusion : si c'est **5** l'adversaire qui donne le propre de la façon que nous venons de dire, il faut l'attaquer ; pour soi-même, il ne faut pas souffrir qu'on nous fasse cette objection, mais on devra, aussitôt qu'on a posé le propre, déterminer de quelle façon on pose le propre[4].

1. En principe il est absurde de supposer une inégalité dans l'affirmation du propre. Il n'en est autrement que si les différentes espèces et le propre donné admettent eux-mêmes, parallèlement, des degrés, *velut si lux, flamma, pruna eo magis habeant ignis* (τοῦ ὀνόματος) *naturam, quo magis de iis praedicetur id quod ignis proprium est* (ὁ λόγος), *intell.* τὸ λεπτομερέστατον (Waitz, II, 489). Par exemple, dit Alexandre, 403, 11 : καθ' οὗ τὸ βαρύτατον ἀληθεύεται μᾶλλον, κατὰ τούτου τὸ τῆς γῆς μᾶλλον ὄνομα κατηγορεῖται.

2. Savoir, respectivement, le feu et la lumière. – L. 3, nous lisons avec Waitz, τοιούτῳ.

3. En même temps que le propre du feu.

4. C'est-à-dire, de laquelle des façons indiquées dans ce chapitre on a posé le propre.

Ensuite, pour réfuter, il faut voir si l'adversaire a posé une chose comme un propre d'elle-même : car alors, ce qui a été
10 posé comme étant le propre ne sera pas un propre. En effet, une chose en elle-même exprime sa propre essence, et ce qui exprime l'essence n'est pas un propre, mais bien une définition. Par exemple, en disant que le convenable est un propre du beau, on a donné la chose comme propre d'elle-même (car il y a identité entre le beau et le convenable), et par suite le convenable ne saurait être un propre du beau. – Pour établir la thèse, il faut voir si on a eu soin de ne pas donner la chose
15 comme propre d'elle-même, tout en ayant posé cependant un prédicat réciprocable[1] : car alors, ce qui a été posé comme n'étant pas un propre sera un propre. Par exemple, si on a posé que le propre de l'animal c'est d'être une substance animée, on n'a pas posé la chose comme propre d'elle-même, mais on a donné un prédicat réciprocable, et par suite la substance animée sera bien le propre de l'animal.

20   Ensuite, dans le cas des choses composées de parties semblables, il faut voir, pour réfuter, si le propre du composé n'est pas vrai de la partie, ou si celui de la partie n'est pas affirmé du tout : car alors, ce qui a été posé comme étant un propre ne sera pas un propre. Or cela peut arriver dans certains cas : car, pour les choses composées de parties semblables, on peut
25 en donner le propre, parfois en considérant le tout, et parfois aussi en dirigeant son attention sur ce qui est affirmé de la partie ; et alors, dans aucun de ces deux cas, on n'aura rendu le propre avec rectitude. Exemple concernant le tout : en disant

---

1. La réciprocation avec le sujet étant un caractère du propre.

que le propre de la mer c'est d'être le plus grand volume d'eau
salée, on a posé le propre de quelque chose formé de parties
semblables, mais on a donné ainsi un propre qui n'est pas vrai
de la partie (car une mer particulière n'est pas le plus grand 30
volume d'eau salée), et par suite le fait d'être le plus grand
volume d'eau salée ne saurait être un propre de la mer. Exemple
concernant la partie : en posant comme un propre de l'air le fait
d'être respirable, on a indiqué le propre de quelque chose composé de parties semblables, mais on a donné ainsi un propre qui
est vrai de quelque air déterminé et n'est pas affirmé de la
totalité (car l'air pris tout entier n'est pas respirable), et par 35
suite le respirable ne saurait être un propre de l'air. – Pour 135 b
établir la thèse, il faut voir si ce qui est vrai de chacune des
choses composées de parties semblables est aussi un propre de
ces choses prises comme un tout : car alors, ce qui a été posé
comme n'étant pas un propre sera un propre. Par exemple,
puisque est vrai de toute terre [1] le fait de se porter d'un mouvement naturel vers le bas, et que cela est aussi un propre de tel
morceau déterminé de terre, en tant qu'il est terre, ce sera un 5
propre de la terre le fait de se porter vers le bas d'un mouvement naturel.

6
<Autres lieux >

Ensuite, il faut partir de la considération des opposés,
et d'abord des contraires[2], et voir, pour la réfutation, si le

---

1. *Unaquaeque terra pars*, πᾶσα γῆ, *non* πᾶσα ἡ γῆ, *tota terra* (Waitz, II,
490). – L. 5, κατὰ τὴν γῆν, signifie καθόσον ἐστι γῆ (Alexandre, 406, 7).
2. Sur les différents opposés, cf. *Catég.*, 10.

contraire du propre donné n'est pas, en fait, un propre du
sujet contraire : car alors l'autre contraire ne sera pas non plus
10 un propre de l'autre sujet contraire. Par exemple, puisque
l'injustice est le contraire de la justice, et le plus grand mal le
contraire du plus grand bien, mais que le plus grand bien n'est
pas un propre de la justice, le plus grand mal ne saurait être un
propre de l'injustice. – Pour établir la thèse, il faut voir si le
contraire du propre donné est le propre du sujet contraire, car
alors aussi l'autre contraire sera le propre de l'autre sujet
contraire. Par exemple, puisque le mal est contraire au bien, et
15 le haïssable au désirable, et qu'en outre le désirable est un
propre du bien, le haïssable sera un propre du mal.

En second lieu[1], il faut partir de la considération des
relatifs, et, pour la réfutation, voir si le corrélatif du propre
donné n'est pas, en fait, un propre du corrélatif du sujet : car
alors, l'autre corrélatif ne sera pas non plus un propre du sujet
corrélatif. Par exemple, puisque le double est relatif à la moitié,
20 et l'excès au défaut, alors que l'excès n'est pas un propre du
double, le défaut ne saurait être un propre de la moitié. – Pour
établir la thèse, il faut voir si le corrélatif du propre donné est
un propre du corrélatif du sujet ; car alors aussi, l'autre
corrélatif sera un propre du sujet corrélatif. Par exemple,
puisque le double est relatif à la moitié, et la proportion de 1 à 2
25 relative à la proportion de 2 à 1[2], alors qu'est un propre du
double le fait d'être dans la proportion de 2 à 1, sera un propre
de la moitié le fait d'être dans la proportion de 1 à 2.

---

1. Examen des relatifs, seconde espèce des opposés.
2. Sur les difficultés du texte, *cf.* Waitz, II, 490-491. – L. 135 b 24, après
ἥμισυ, nous lisons τὸ δὲ ἓν πρὸς δύο πρὸς τὸ δύο πρὸς ἓν.

En troisième lieu[1], pour réfuter, il faut voir si le terme dit d'après la possession n'est pas, en fait, un propre de la possession : car alors l'attribut dit d'après la privation ne sera pas non plus un propre de la privation. Et encore, si, d'autre part, le terme dit d'après la privation n'est pas un propre de la privation, le terme dit d'après la possession ne sera pas non plus un **30** propre de la possession. Par exemple, puisqu'on n'affirme pas comme un propre de la surdité le fait d'être un défaut de sensation, ne sera pas non plus un propre de l'ouïe le fait d'être une sensation. – Pour établir la thèse, il faut voir si le terme dit d'après la possession est un propre de la possession : car alors aussi, le terme dit d'après la privation sera un propre de la **35** privation. Et encore, si le terme dit d'après la privation est un propre de la privation, alors aussi le terme dit d'après la possession sera un propre de la possession. Par exemple, puisque **136 a** un propre de la vue est de voir, en tant que nous avons la vue, un propre de la cécité est de ne pas voir en tant que nous n'avons pas la vue que nous devrions naturellement avoir[2].

Ensuite[3], il faut partir de la considération des affirmations **5** et des négations, et, en premier lieu, des prédicats pris en eux-mêmes[4]. Ce lieu est utile seulement pour la réfutation. Par exemple, il faut voir si le terme affirmatif, ou le terme dit d'après l'affirmation, est un propre du sujet : car alors le terme négatif, ou le terme dit d'après la négation, ne sera pas non plus un propre du sujet. Et encore, si le terme négatif, ou le terme dit **10**

1. Examen de la possession-privation, troisième espèce d'opposés.
2. Pour ces derniers mots, cf. *Catég.*, 10, 12 *a* 30.
3. Examen de l'opposition de contradiction (affirmation-négation).
4. Deux prédicats avec un seul sujet.

d'après la négation, est un propre du sujet, alors le terme
affirmatif ou le terme dit d'après l'affirmation, ne sera pas
non plus un propre du sujet. Par exemple, puisque l'animé est
un propre de l'animal, l'inanimé ne saurait être un propre de
l'animal. – En second lieu[1], il faut partir de la considération
15 des prédicats affirmatifs ou négatifs et des sujets dont ils sont
affirmés ou niés, et voir, pour la réfutation, si le terme affirmatif n'est pas, en fait, un propre du sujet positif : car alors le
terme négatif ne sera pas non plus un propre du sujet négatif. Et
encore, si le terme négatif n'est pas un propre du sujet négatif,
le terme affirmatif ne sera pas non plus un propre du sujet
positif. Par exemple, puisque l'animal n'est pas un propre de
20 l'homme, le non-animal ne saurait être non plus un propre du
non-homme. Et encore, si le non-animal semble ne pas être un
propre du non-homme, l'animal ne sera pas non plus un propre
de l'homme. Pour établir la thèse, on doit voir si le terme affirmatif est un propre du sujet positif : car alors le terme négatif
sera aussi un propre du sujet négatif. Et encore, si le terme
négatif est un propre du sujet négatif, le terme affirmatif sera
25 aussi un propre du sujet positif. Par exemple, puisque est un
propre du non-animal le fait de ne pas vivre, sera un propre de
l'animal le fait de vivre ; et encore, si le fait de vivre semble
être un propre de l'animal, le fait de ne pas vivre semblerait
aussi un propre du non-animal. – En troisième lieu[2], il faut
partir de la considération des sujets pris en eux-mêmes, et,
30 pour réfuter, voir si le propre donné est un propre du sujet
positif : car alors, le même terme ne sera pas aussi un propre du

---

1. Deux attributs avec deux sujets.
2. Un attribut avec deux sujets.

sujet négatif. Et encore, si le terme donné est un propre du sujet négatif, il ne sera pas un propre du sujet positif. Par exemple, puisque l'animé est un propre de l'animal, l'animé ne saurait être un propre du non-animal. Pour établir la thèse, si le terme donné n'est pas un propre du sujet positif, il sera un propre du négatif[1]. Mais ce lieu est faux[2] : un terme positif, en effet, n'est **35** pas un propre d'un sujet négatif, ni un terme négatif un propre d'un sujet positif, puisqu'un terme positif n'appartient pas du tout à un sujet négatif, et qu'un terme négatif, bien **136 b** qu'appartenant à un sujet positif, ne lui appartient cependant pas comme propre.

Ensuite, il faut partir de la considération des membres d'une même division[3], et voir, pour réfuter une thèse, si, en fait, aucun des membres de la division n'est un propre d'aucun des membres restants : car alors, le terme posé ne sera pas **5** un propre de ce dont il est posé comme propre. Par exemple,

---

1. Nous ne traduisons pas les mots εἰ γὰρ μὴ τῆς φάσεως, ἴδιον, l. 35, mis avec raison entre crochets dans l'édition Strache-Wallies.

2. Faux *ad confirmandum*. Le terme affirmatif ne peut être le propre d'un sujet négatif (*être un corps* ne peut être un propre de *non-homme*), ni le terme négatif le propre d'un sujet positif (*n'être pas une pierre* n'est pas le propre de l'homme). *Cf.* Pacius, II, 420, et aussi Waitz, II, 491.

3. Les termes dits ἀντιδιῃρημένα ἀλλήλοις, explique Alexandre, 409, 25, sont ceux qui ἐκ τοῦ αὐτοῦ γένους κατὰ τὴν αὐτὴν διαίρεσιν κεχώρισται ἀλλήλων. – Aristote s'exprime d'une façon un peu obscure. Pickard-Cambridge traduit bien : *see, for destruction purpose, if none of the co-ordinate members (parallel with the property rendered) be a property of any of the remaining set of co-ordinate members (parallel with the subject).* Voici, au surplus, ce qu'Aristote veut dire (Waitz, II, 491) : *Si* ABCD *eumdem divisionis ordinem tenent, item si* a b c d *ex eodem divisionis ordine sunt, notio a non exprimet proprietatem notionis* A, *si nulla e reliquis* (b c d) *nullius reliquarum* (B C D) *proprietatem significat.* – L. 6, il faut avec Waitz et tous les éditeurs qui l'ont suivi, supprimer θνητῶν, qui n'a été posé que *explicationis gratia*.

puisque le fait d'être un vivant sensible n'est un propre
d'aucun des autres vivants, le fait d'être un vivant intelligible
ne saurait être un propre de Dieu. – Pour établir la thèse, il faut
voir si l'un quelconque des membres restants de la division est
un propre de chacun de ces termes compris dans la division :
car alors, le terme restant sera aussi un propre de ce dont il a été
10 posé comme n'étant pas un propre. Par exemple, puisque c'est
un propre de la prudence d'être essentiellement la vertu
naturelle de la partie rationnelle de l'âme, alors, en prenant
chacune des autres vertus de cette façon, sera un propre de la
tempérance d'être essentiellement la vertu naturelle de la
partie appétitive.

7
<Autres lieux>

15   Ensuite, il faut partir de la considération des inflexions, et
voir, pour réfuter, si, en fait, l'inflexion du propre donné n'est
pas un propre de l'inflexion du sujet : car alors, l'autre
inflexion ne sera pas non plus un propre de l'autre inflexion.
Par exemple, puisque l'adverbe *bien* n'est pas un propre de
justement, le beau ne sera pas non plus le propre du juste.
– Pour établir la thèse, il faut voir si l'inflexion du propre
donné est un propre de l'inflexion du sujet : car alors aussi,
20 l'autre inflexion sera un propre de l'autre inflexion. Par
exemple, si le pédestre-bipède est un propre *de* l'homme, sera
aussi propre *à* l'homme le terme *à pédestre-bipède*[1]. C'est non
seulement dans le cas du terme présentement en question qu'il

---

1. Simple différence du génitif au datif.

faut faire porter son examen sur les inflexions, mais encore
dans le cas de ses opposés, comme nous l'avons indiqué aussi
pour les lieux antérieurs [1]. Ainsi, pour réfuter une thèse, il faut
voir si l'inflexion de l'opposé du propre donné n'est pas un **25**
propre de l'inflexion de l'opposé du sujet : car alors, l'inflexion de l'autre opposé ne sera pas non plus un propre de l'inflexion de l'autre opposé. Par exemple, puisque l'adverbe *bien*
n'est pas le propre de *justement*, l'adverbe *mal* ne saurait être
non plus le propre de *injustement*. – Pour établir la thèse, il faut
voir si l'inflexion de l'opposé du propre donné est un propre de
l'inflexion de l'opposé du sujet donné : car alors aussi, l'infle- **30**
xion de l'autre opposé sera un propre de l'inflexion de l'autre
opposé. Par exemple, puisque *le meilleur* [2] est un propre du
bon, *le pire* sera aussi un propre du mal.

Ensuite, il faut partir de la considération des choses qui se
comportent de façon semblable [3], et, pour réfuter, voir si ce qui
se comporte de façon semblable au propre donné n'est pas, en
fait, un propre de ce qui se comporte de façon semblable au
sujet : car alors, l'autre chose qui se comporte de façon semblable ne sera pas non plus un propre de ce qui se comporte de **35**
façon semblable. Par exemple, puisque l'architecte se comporte à l'égard de la construction de la maison de façon semblable au médecin à l'égard de la production de la santé, et que
le fait de produire la santé n'est pas un propre du médecin, le
fait de construire la maison ne saurait être un propre de l'architecte. – Pour établir, la thèse, il faut voir si ce qui se comporte **137 a**

---

1. II, 9, 114 *b* 6-15.
2. Au superlatif, τὸ βέλτιστον, puis τὸ χείριστον.
3. κατὰ ἀναλογίαν (Alexandre, 411, 10).

de façon semblable au propre donné est un propre de ce qui se
comporte de façon semblable au sujet : car alors aussi, l'autre
chose qui se comporte de façon semblable sera un propre de ce
qui se comporte de façon semblable. Par exemple, puisque le
médecin se comporte à l'égard de la capacité de produire la
santé de façon semblable au gymnaste à l'égard de la capacité
5 de produire la vigueur, et que c'est un propre du gymnaste de
posséder la capacité de produire la vigueur, ce sera un propre
du médecin de posséder la capacité de produire la santé.

Ensuite, il faut partir de la considération des choses qui se
comportent de façon identique[1], et, pour réfuter, voir si l'attribut qui se comporte d'une façon identique avec deux sujets
n'est pas, en fait, un propre du sujet qui se comporte, par
rapport à lui, d'une façon identique avec le sujet en question :
car alors l'attribut qui se comporte de façon identique avec
l'un et l'autre sujets, ne sera pas non plus un propre du sujet qui
10 se comporte, par rapport à lui, de façon identique au premier
sujet. Si, d'autre part, l'attribut qui se comporte de façon
identique à l'égard des deux sujets est un propre du sujet qui se
comporte, par rapport à lui, de façon identique au sujet en

---

1. À la différence du lieu précédent, il y a ici non plus quatre termes
comparés deux à deux, mais trois termes (α, β, γ par exemple), dont deux sujets
(β, γ) et un attribut (α), lequel est affirmé ὡσαύτως des deux sujets (*cf.* l. 19,
infra, et Alexandre, 411, 15). Si α n'est pas le propre de β, il ne sera pas non plus
celui de γ ; si, d'autre part, α est le propre de β, il ne peut être le propre de γ, car
un même attribut ne peut être le propre de plusieurs choses. – Sur les difficultés
du texte, *cf.* Waitz, II, 492. – L'exemple des l. 12-17, que nous avons mis entre
crochets est à bon droit, quoi qu'en pense Waitz, suspecté par Pacius, I, 684, et
II, 422, comme étant une addition faite *malo aliquo interprete*. En effet,
l'exemple vise le rapport, non plus d'un attribut à deux sujets, mais de deux
attributs à un sujet.

question, alors il ne sera pas un propre de ce dont il a été posé comme étant un propre. [Par exemple, puisque la prudence se comporte de façon identique à l'égard du beau et du honteux à la fois, du fait qu'elle est la science de chacun d'eux, et que ce n'est pas un propre de la prudence d'être la science du beau, ne saurait être un propre de la prudence le fait d'être la science du 15 honteux. Si, d'autre part, c'est un propre de la prudence d'être la science du beau, ne saurait être un propre d'elle d'être la science du honteux]. Car il est impossible que la même chose soit un propre de plusieurs sujets. – Pour établir la thèse, ce lieu n'est d'aucune utilité : car ce qui se comporte de façon identique est un attribut unique que l'on compare avec plusieurs 20 sujets[1].

Ensuite, pour réfuter, il faut voir si l'attribut qui est dit selon l'être n'est pas, en fait, un propre du sujet qui est dit selon l'être[2] : car alors le fait de se corrompre ne sera pas non plus un propre de ce qui est dit selon la corruption, ni le fait de devenir un propre de ce qui est dit selon le devenir. Par exemple, puisque ce n'est pas un propre de l'homme d'être un animal, ne sera pas non plus un propre de devenir homme le fait de 25 devenir animal, ni un propre pour l'homme de se corrompre le fait pour un animal de se corrompre. De la même façon, on doit aller du devenir à l'être et à la corruption, et de la corruption à l'être et au devenir, exactement comme nous venons de le faire 30 de l'être au devenir et à la corruption. – Pour établir la thèse, il

1. Et alors, *aut neutrius aut simul utriusque proprietatem exprimere deberet, quod absurdum est, quum ipsa proprii notio postulet, ut unius rei semper sit una proprietas* (Waitz, II, 493).

2. On argumente de l'*esse* au *fieri*, ou au *corrumpi*, et *vice versa*.

faut voir si le sujet posé selon l'être a pour propre l'attribut
posé selon l'être : car alors aussi, le sujet dit selon le devenir
aura pour propre l'attribut dit selon le devenir, et le sujet dit
selon la corruption l'attribut donné selon la corruption. Par
35 exemple, puisque un propre de l'homme c'est d'être mortel,
sera aussi un propre de devenir un homme le fait de devenir un
mortel, et un propre pour un homme de se corrompre le fait
pour un mortel de se corrompre. De la même façon, on doit
137 b aller aussi du devenir et de la corruption, à la fois à l'être et à
tout ce qui découle de ces notions[1], comme nous l'avons dit
pour le cas de la réfutation.

Ensuite, il faut porter son attention sur l'Idée du sujet
posé[2], et voir, pour réfuter la thèse, si le propre proposé
n'appartient pas, en fait, à l'Idée en question, ou s'il ne lui
5 appartient pas en tant, qu'elle est Idée de la chose dont le
propre était donné : car alors ce qui a été posé comme étant un
propre ne sera pas un propre. Par exemple, puisque le fait
d'être en repos appartient, non pas à l'Homme-en-soi[3], en tant
qu'il est homme, mais en tant qu'Idée[4], ne saurait être un
propre de l'homme le fait d'être en repos. – Pour établir la
thèse, il faut voir si le propre en question appartient à l'Idée, et

---

1. *Et ad reliqua quaecumque ex ipsis derivantur* (Waitz, II, 493-494). On
doit argumenter non seulement du devenir et de la corruption à l'être, mais aussi
du devenir à la corruption et de la corruption au devenir.

2. Application des théories platoniciennes : ce qui n'appartient pas à l'Idée
ne saurait appartenir à la chose subsumée. – L. 4-5, ἢ εἰ μὴ κατὰ τοῦτο καθ' ὃ
λέγεται τοῦτο οὗ τὸ ἴδιον ἀπεδόθη, doit être compris comme le font
Alexandre, 413, 3, μὴ καθὸ δὲ ἰδέα αὐτοῦ ἐστι οὗ λέγεται, et Pacius, I,
686 : *non quatenus dicitur idea esse hujus cujus proprium traditum est.*

3. À l'Idée de l'homme (Alexandre, 413, 5).

4. Car le repos est un attribut de toutes les Idées (*ibid.*, 413, 6).

lui appartient en tant qu'elle est l'Idée de la chose dont on
soutient qu'il n'est pas le propre : car alors ce qui a été posé 10
comme n'étant pas un propre sera un propre. Par exemple,
puisqu'il appartient à l'Animal-en-soi d'être un composé
d'âme et de corps, et qu'en outre cette propriété lui appartient
en tant qu'animal [1], sera alors un propre de l'animal le fait
d'être un composé d'âme et de corps.

8
<*Autres lieux*>

Ensuite, il faut partir de la considération du plus et du
moins, et, d'abord, pour réfuter, voir si ce qui est plus tel
prédicat n'est pas, en fait, un propre de ce qui est plus tel sujet : 15
car alors ce qui est moins tel prédicat ne sera pas non plus un
propre de ce qui est moins tel sujet, ni ce qui est le moins tel
prédicat un propre de ce qui est le moins tel sujet, ni ce qui est
le plus tel prédicat un propre de ce qui est le plus tel sujet, ni
enfin le prédicat pur et simple un propre du sujet pur et simple.
Par exemple, puisque le fait d'être plus coloré n'est pas un
propre de ce qui est plus un corps, le fait d'être moins coloré ne
saurait être non plus un propre de ce qui est moins un corps, ni
le fait d'être coloré un propre d'un corps pur et simple. – Pour 20
établir la thèse, il faut voir si ce qui est plus tel prédicat est un
propre de ce qui est plus tel sujet : car alors aussi, ce qui est
moins tel prédicat sera un propre de ce qui est moins tel sujet,
ce qui est le moins tel prédicat un propre de ce qui est le moins
tel sujet, ce qui est le plus tel prédicat un propre de ce qui est le

---

1. Et non pas seulement en tant qu'Idée (Alexandre, 413, 9).

plus tel sujet, et le prédicat pur et simple un propre du sujet pur et simple. Par exemple, puisque le fait de plus sentir est un propre de ce qui est plus vivant, le fait de moins sentir sera un
25 propre de ce qui est moins vivant, le fait de sentir le plus un propre de ce qui est le plus vivant, le fait de sentir le moins un propre de ce qui est le moins vivant, et le fait de sentir simplement un propre du vivant pur et simple.

Il faut encore passer du terme simple aux mêmes termes que ci-dessus[1], et voir, pour réfuter, si l'attribut pur et simple n'est pas, en fait, un propre du sujet pur et simple : car alors ce
30 qui est plus tel prédicat ne sera pas un propre de ce qui est plus tel sujet, ni ce qui est moins tel prédicat un propre de ce qui est moins tel sujet, ni ce qui est le plus tel prédicat un propre de ce qui est le plus tel sujet, ni ce qui est le moins tel prédicat un propre de ce qui est le moins tel sujet : par exemple, puisque le vertueux n'est pas un propre de l'homme, le fait d'être plus vertueux ne sera pas non plus le propre de ce qui est plus homme. – Pour établir la thèse, il faut voir si le prédicat pur et simple est bien un propre du sujet pur et simple : car alors aussi, ce qui est plus tel prédicat sera un propre de ce qui est plus tel
35 sujet, ce qui est moins tel prédicat un propre de ce qui est moins tel sujet, ce qui est le moins tel prédicat un propre de ce qui est le moins tel sujet, et ce qui est le plus tel prédicat un propre de ce qui est le plus tel sujet. Par exemple, puisque le propre
138a du feu c'est le fait de se porter naturellement vers le haut, le propre de ce qui est plus feu sera le fait de plus se porter

---

1. Pris en plus ou en moins.

naturellement vers le haut. De la même façon aussi, il faut considérer tout cela du point de vue des autres notions[1].

En second lieu[2], pour réfuter, il faut voir si ce qui est plus un propre n'est pas, en fait, un propre de ce qui est plus sujet ; car alors, ce qui est moins un propre ne sera pas non plus un 5 propre de ce qui est moins sujet. Par exemple, puisque le fait de sentir est plus un propre de l'animal que le fait de connaître un propre de l'homme, et que le fait de sentir n'est pas un propre de l'animal, le fait de connaître ne saurait être un propre de l'homme. – Pour établir la thèse, il faut voir si ce qui est moins un propre est un propre de ce qui est moins sujet : car alors aussi, ce qui est plus un propre sera un propre de ce qui est plus sujet. Par exemple, puisque le fait d'être naturellement doux 10 est moins un propre de l'homme que le fait de vivre pour l'animal, et qu'est un propre de l'homme le fait d'être naturellement doux, le fait de vivre sera un propre de l'animal.

En troisième lieu[3], pour réfuter, il faut voir si l'attribut n'est pas, en fait, un propre de ce dont il est plus un propre : car

----

1. *Addit Aristote valere etiam argumentum a quolibet aliorum modorum ad ceteros. Si enim quod minus dicitur est proprium ejus quod minus dicitur, etiam quod simpliciter dicitur est proprium ejus quod simpliciter dicitur, etc.* (Sylvius Maurus, I, 527).

2. Correspondant à πρῶτον, *supra*, l. 14. – Dans ce lieu, il s'agit de la comparaison entre deux sujets et deux attributs. Le premier attribut doit être plus un propre du premier sujet que le second attribut un propre du second sujet. Si donc le premier attribut n'est pas un propre du premier sujet, le second attribut ne saurait être un propre du second sujet. Il faut remarquer (*cf.* Waitz, II, 494) qu'à la différence du lieu étudié plus haut, 137 *b* 14, il ne s'agit pas, dans le présent passage et les suivants, de *degrés* dans les propres. L'expression μᾶλλον ἴδιον signifie *quod alicujus rei proprium esse veresimilius est quam aliud... quod rectius exprimit proprietatem* (Waitz, *ibid.*).

3. Comparaison d'un attribut avec deux sujets.

alors, ce ne sera pas non plus un propre de ce dont il est un propre ; tandis que, s'il est un propre du premier sujet, il ne sera 15 pas un propre du second[1]. Par exemple, puisque le fait d'être coloré est plus un propre de la surface que du corps, et que ce n'est pas un propre de la surface, le fait d'être coloré ne saurait être non plus un propre du corps ; tandis que si c'est un propre de la surface, ce ne saurait être un propre du corps. – Mais, pour établir la thèse, ce lieu n'est d'aucune utilité : car il est impos-20 sible que la même chose soit un propre de plusieurs sujets.

En quatrième lieu[2], pour réfuter, il faut voir si ce qui est plus un propre d'un sujet donné n'est pas, en fait, son propre : car alors, ce qui est moins un propre de ce sujet ne sera pas non plus son propre. Par exemple, puisque le sensible est plus un propre de l'animal que le divisible, et que le sensible n'est pas un propre de l'animal, le divisible ne saurait être un propre 25 de l'animal. – Pour établir la thèse, il faut voir si ce qui est moins un propre du sujet est bien son propre : car alors ce qui est plus un propre de ce sujet sera aussi son propre. Par exemple, puisque le fait de sentir est moins un propre de l'animal que le fait de vivre, et que le fait de sentir est un propre de l'animal, le fait de vivre sera un propre de l'animal.

30 Ensuite[3], il faut partir de la considération des attributs qui appartiennent semblablement à leurs sujets, et, en premier

---

1. Le propre ne pouvant convenir qu'à un seul sujet, avec lequel il se réciproque.

2. Comparaison de deux attributs avec un sujet.

3. Comme pour les lieux qui précèdent, les lieux ἐκ τῶν ὁμοίως (l. 138 *a* 30 *ad finem*) traitent successivement des cas où deux propres sont comparés à deux sujets (l. 138 *a* 30-*b* 5), où deux propres appartiennent à un seul sujet (l. 6-15), et où un seul propre appartient à deux sujets (l. 16-22).

lieu, pour réfuter, voir si ce qui est semblablement un propre n'est pas, en fait, un propre de ce dont il est semblablement un propre : car alors ce qui est semblablement un propre ne sera pas non plus un propre de ce dont il est semblablement un propre[1]. Par exemple, puisque le fait de désirer est un propre de la partie appétitive de l'âme de la même façon que le fait de raisonner est un propre de la partie rationnelle, et que le fait de désirer n'est pas un propre de la partie appétitive, le fait de raisonner ne saurait être un propre de la partie rationnelle. **35** – Pour établir la thèse, il faut voir si ce qui est semblablement un propre est bien un propre de ce dont il est semblablement un propre : car alors aussi, ce qui est semblablement un propre sera un propre de ce dont il est semblablement un propre. Par exemple, puisque le fait d'être le sujet[2] premier de la prudence **138 b** est un propre de la partie rationnelle de la même façon que le fait d'être le sujet premier de la tempérance est un propre de la partie appétitive, et qu'est un propre de la partie rationnelle le fait d'être le sujet premier de la prudence, sera un propre de la partie appétitive le fait d'être le sujet premier de la tempérance. **5**

En second lieu, pour réfuter, il faut voir si ce qui est semblablement un propre de quelque chose n'est pas, en fait, son propre : car alors ce qui est semblablement un propre ne sera pas non plus un propre de la chose. Par exemple, puisque

---

1. Il faut supposer deux attributs appartenant respectivement à leurs sujets de telle sorte que le premier attribut appartient au premier sujet de la même façon (ὁμοίως) que le second attribut au second sujet : alors si le premier attribut n'est pas le propre du premier sujet, le second attribut n'est pas le propre du second sujet.

2. Autrement dit, le siège.

sont semblablement un propre de l'homme le fait de voir et le fait d'entendre, et que le fait de voir n'est pas un propre de l'homme, le fait d'entendre ne sera pas un propre de l'homme.
10 – Pour établir la thèse, il faut voir si ce qui est semblablement un propre de la chose est son propre : car alors aussi, ce qui est semblablement un propre de cette chose sera son propre. Par exemple, puisque est semblablement un propre de l'âme le fait d'être le sujet premier de la partie appétitive et de la partie rationnelle, et qu'est un propre de l'âme le fait d'être le sujet premier de la partie appétitive, sera un propre de l'âme le fait
15 d'être le sujet premier de la partie rationnelle [1].

En troisième lieu, pour réfuter, il faut voir si, en fait, le propre n'est pas un propre de ce dont il est semblablement un propre : car alors, il ne sera pas non plus un propre de ce dont il est semblablement le propre, tandis que s'il est un propre du premier sujet, il ne sera pas un propre du second [2]. Par exemple, puisque le fait de brûler est semblablement un propre de la flamme et du charbon, et que le fait de brûler n'est pas un
20 propre de la flamme, le fait de brûler ne saurait être non plus un propre du charbon ; tandis que si c'est un propre de la flamme, il ne saurait être un propre du charbon. – Pour établir la thèse, ce lieu n'est d'aucune utilité [3].

Le lieu tiré des choses qui se comportent semblablement [4] diffère de celui qui est tiré des attributs qui appartiennent

---

1. Sur les difficultés du texte, l. 12-15, *cf.* Waitz, II, 494-495. L. 13, 14 et 15, il serait assurément préférable de lire πρῶτον ou πρώτως, indiqués par certains manuscrits.

2. Même raison que *supra*, l. *a* 20.

3. Puisque le propre ne peut être à plusieurs sujets.

4. *Supra*, 6, 136 *b* 33-137 *a* 7.

semblablement au sujet[1], en ce que le premier est pris par analogie sans considérer quelque attribution à un sujet, et 25 que le second au contraire tire sa comparaison de quelque attribution à un sujet.

9

<Autres lieux>

Ensuite, pour réfuter, il faut voir si, en donnant le propre en puissance, l'adversaire a aussi donné le propre en puissance relativement au non-être, alors que la puissance en question ne peut appartenir au non-être : car alors, ce qui a été posé comme étant un propre ne sera pas un propre[2]. Par exemple, en, disant 30 qu'un propre de l'air est le respirable, on a, d'une part, donné le propre en puissance (car est respirable ce qui est de nature à être respiré), et, d'autre part, on a aussi donné le propre relativement au non-être : en effet, < pour ce dernier point > tandis que, même s'il n'existe pas d'animal constitué naturellement de façon à respirer, l'air peut exister, il n'est pas possible de le respirer, si aucun animal n'existe. Par conséquent, ne sera pas 35 non plus un propre de l'air le fait d'être de nature à être respiré au moment où il n'existera aucun animal de nature à pouvoir le

---

1. *Supra*, 138 *a* 30-*b* 22. – Le premier lieu considère les termes en ce qu'ils sont entre eux, non pas comme un attribut dans un sujet, mais seulement *secundum proportionem*.

2. Le propre en puissance (le respirable) est celui qui ne peut exister que s'il existe en même temps une autre chose (l'animal, le respirant) dont l'existence ne soit pas nécessairement jointe à l'existence de la chose (l'air) dont le propre est donné. *Cf.* Waitz, II, 495.

respirer[1]. C'est donc que le respirable ne saurait être un propre
139 *b* de l'air. – Pour établir la thèse, il faut voir si, en donnant le
propre en puissance, on donne le propre soit relativement à un
être, soit relativement à un non-être lorsque la puissance peut
appartenir au non-être : car alors, ce qui a été posé comme
n'étant pas un propre sera un propre. Par exemple, si on donne
comme un propre de l'être la capacité de pâtir ou d'agir, en
5 donnant le propre en puissance, on a donné le propre relativement à un être : car quand un être existe, il sera capable aussi
de pâtir ou d'agir d'une certaine façon, de sorte que la capacité
de pâtir ou d'agir sera un propre de l'être.

Ensuite, pour réfuter, il faut voir si l'adversaire a posé le
propre au superlatif : car alors ce qui a été posé comme étant
10 un propre ne sera pas un propre[2]. Il arrive, en effet, quand
on donne le propre de cette façon, que le nom ne soit pas vrai
pour la chose dont l'énoncé du propre est vrai : car, la chose
une fois détruite, l'énoncé du propre n'en subsistera pas moins,
puisqu'il appartient au superlatif à quelqu'une des choses existantes. C'est le cas, par exemple, si on a donné pour propre du

---

1. Car le véritable propre doit convenir au sujet *omni* et *semper*. Si on dit
que le propre de l'air est d'être respirable, on dit par là même que l'animal respire même quand l'animal n'est pas : en effet, à moins que l'animal ne puisse le
respirer, l'air ne peut être respiré.

2. Ce qui est posé καθ᾽ ὑπερβολήν (*ab hyperbole seu superlatione*, Pacius,
II, 426) n'est pas le propre, car il n'y a pas forcément réciprocation entre le sujet
(τοὔνομα, l. 11, par exemple le feu) et le propre dit de cette façon (τὸν λόγον,
l. 11, le fait d'être le corps le plus léger), étant donné que, le sujet (le feu) une
fois disparu, le propre demeure et peut appartenir à un autre sujet (l'air, par
exemple) : or un propre ne doit pas appartenir à plusieurs sujets.

feu le fait d'être le corps le plus léger : car, le feu ayant péri, il restera néanmoins quelque corps qui sera le plus léger ; de 15 sorte que le fait d'être le corps le plus léger ne saurait être le propre du feu. – Pour établir la thèse [1], il faut voir si, en fait, on a eu soin de ne pas poser le propre au superlatif, car alors, à cet égard, le propre sera posé correctement. Par exemple, puisque en posant qu'un propre de l'homme est d'être un animal naturellement doux on n'a pas donné le propre au superlatif, le 20 propre aura été, à cet égard, correctement posé.

---

1. Bien qu'Alexandre n'ait ni connu, ni commenté ces dernières lignes, il n'y a aucune raison de les rejeter.

LIVRE VI

< Lieux communs de la definition >

1

< Division générale des problèmes se rapportant à la Définition >

L'étude des définitions se divise en cinq parties. <Nous avons à montrer>: ou bien, qu'il n'est pas du tout vrai 25 d'appliquer l'expression de la définition à la chose qui reçoit le nom[1] (car la définition de l'homme doit être vraie de chaque homme)[2]; ou encore, que, quoique l'objet ait un genre, on n'a pas eu soin de poser l'objet défini dans le genre, ou du moins on ne l'a pas posé dans le genre qui lui est propre (car il faut, en définissant, poser l'objet dans son genre, et, alors seulement, y rattacher ses différences : car de tous les éléments rentrant dans la définition, c'est surtout le genre, semble-t-il bien, qui 30

---

1. *Non dici de omnibus de quibus dicitur definitum* (Sylvius Maurus, I, 531).

2. Premier lieu : examiner si l'adversaire a posé une définition qni n'est pas dite *de omni definitio*, la définition de l'homme, par exemple, devant convenir à tout homme. – L. 26 et dans la suite du texte, λόγος est l'*oratio*, le discours qui exprime la définition.

signifie l'essence de la chose définie); ou encore, que l'expression de la définition n'est pas propre au défini [1] (car il faut que la définition soit propre au défini, ainsi que nous l'avons dit plus haut) [2]; ou encore, il faut voir si, bien que toutes les conditions précédentes aient été observées, on n'a pas cependant, en fait, défini la chose définie, c'est-à-dire exprimé sa quiddité. Il reste enfin, en dehors de ce que nous venons de 35 dire, à voir si, tout en ayant défini la chose, on ne l'a cependant pas définie correctement [3].

Si l'expression de la définition n'est pas vraie aussi de la chose qui reçoit le nom, notre examen doit se faire d'après les lieux relatifs à l'accident [4]. Ici encore, en effet, la question qui se pose est toujours : *Est-ce vrai, ou non vrai ?* Car lorsque, 139 b dans la discussion, nous établissons que l'accident appartient au sujet, nous déclarons qu'il est vrai; et quand nous établissons qu'il n'appartient pas au sujet, nous déclarons qu'il n'est pas vrai. – Et si on n'a pas eu soin de poser la chose dans son genre approprié, ou si l'expression donnée n'est pas particu-

---

1. Mais s'applique à d'autres choses que le défini. Or la définition doit convenir *soli definito*.

2. *Cf.* I, 4, 101 *b* 19.

3. Tels sont donc les cinq vices de la définition : elle ne s'applique pas *omni definito* (l. 25-27); elle n'indique pas le genre (l. 27-31); elle ne s'applique pas *soli definito* (l. 31-32); elle n'exprime pas l'essence (l. 32-34); elle est irrégulière dans sa forme (l. 34-35).

4. *Ibi enim traditi sunt loci ad examinandum utrum praedicatum conveniat vel non conveniat subjecto, adeoque ex iis locis poterit examinari an definitio conveniat vel non conveniat omni definitio* (Sylvius Maurus, I, 532). – Renvoi aux livres II et III.

lière à l'objet, c'est sur les lieux indiqués respectivement pour
le genre et pour le propre que notre examen doit s'appuyer[1].   **5**

Il ne reste plus qu'à dire comment rechercher si la chose
n'a pas été définie, ou si elle n'a pas été correctement définie[2].
Ce que nous devons examiner d'abord, c'est si la chose n'a pas
été définie correctement, car il est plus facile, pour n'importe
quoi, de faire que de bien faire. Évidemment, alors, l'erreur est
plus fréquente dans ce cas, puisque la tâche est plus difficile. **10**
Et, par suite, l'attaque devient plus aisée dans le dernier cas
que dans le premier.

L'incorrection dans la définition se divise elle-même en
deux parties : premièrement, c'est quand on a employé un langage obscur (car il faut, en définissant, se servir du langage le
plus clair possible, attendu que c'est dans le dessein de faire
connaître une chose qu'on en donne la définition); seconde- **15**
ment, c'est quand on a employé une expression plus étendue
qu'il ne fallait : car tout ce qui est ajouté en sus dans la définition est superflu. À son tour, chacune des divisions dont nous
venons de parler[3] se divise en plusieurs parties.

2
< De l'obscurité de la définition >

Un premier lieu donc, sur l'obscurité de la définition, c'est
de voir si le terme employé est homonyme à quelque autre[4] : **20**

---

1. Renvoi aux livres IV et V.
2. Quatrième et cinquième vices de la définition.
3. À savoir, l'obscurité et la redondance.
4. Ambiguïté *dans la définition*, résultant de l'emploi d'un terme
équivoque.

si l'on dit, par exemple, que le devenir est un *passage* à la
substance, ou que la santé est un *équilibre* des éléments chauds
et froids. Ici, en effet, *passage* et *équilibre* sont des termes
homonymes[1]; par suite, on ne voit pas bien lequel des sens
exprimés par le terme à significations multiples on veut
désigner. – De même encore, si, le terme défini étant pris en
différents sens, on a énoncé la définition sans les distinguer[2] :
25 car alors on ne voit pas bien duquel d'entre eux on a donné la
définition, et en outre l'adversaire peut chicaner en disant que
la définition ne s'applique pas à toutes les choses dont on a
donné la définition[3] : et une pareille objection peut se faire
surtout dans le cas où l'homonymie est cachée à celui qui
définit. On peut encore, après avoir distingué les différents
sens du terme donné dans la définition, argumenter soi-même :
30 car si l'expression employée n'est adéquate au sujet en aucun
de ses sens, il est évident qu'on ne saurait l'avoir défini
convenablement[4].

Un autre lieu, c'est de voir si l'adversaire a parlé par
métaphore, s'il a, par exemple, défini la science comme

---

1. *Cf.* Alexandre, 423, 19.

2. Ambiguïté *du défini.* Il faut distinguer les différents sens des
homonymes avant de définir.

3. Si, par exemple, on n'a pas distingué les différents sens du terme *chien*
(mammifère, poisson, constellation), et qu'on le définisse comme *aptum ad
latrandum*, l'adversaire pourra chicaner (συκοφαντεῖν, *quia notionis
ambiguae una definitio esse omnino non potest*, Waitz, II, 496) et soutenir que
la définition ne s'applique pas au poisson ni à la constellation.

4. *Cf.* Waitz, II, 496 : ... *ita, ut ipse patefacta ambiguitate convincat
adversarium, si demonstrare possit definitionem propositam in nullam notionis
ambiguae significationem quadrare.* – L. 31, κατὰ τρόπον a le sens de *apte, ut
decet* (Bonitz, *Index arist.*, 772 *b* 45).

inébranlable, ou la Terre comme une *nourrice*, ou la tempérance comme une *harmonie* : car tout ce qui se dit par métaphore est obscur. Il est possible aussi de chicaner celui qui se sert d'une expression métaphorique comme s'il l'avait **35** employée au sens littéral : car la définition indiquée ne s'appliquera pas au terme défini, dans le cas de la tempérance, par exemple, puisque l'harmonie est toujours entre des sons. De plus, si l'harmonie est le genre de la tempérance, la même chose sera dans deux genres dont l'un ne contient pas l'autre, car ni l'harmonie ne contient la vertu, ni la vertu l'harmonie [1].   **140 a**

De plus, il faut voir si l'adversaire se sert de termes inusités : lorsque Platon, par exemple, décrit l'œil comme *ombragé par les sourcils*, ou la tarentule comme *produisant la putréfaction par sa morsure*, ou la mœlle comme *engendrée par les os* [2]. En effet, un terme inusité est toujours obscur.   **5**

Il y a certaines expressions qui ne sont prises, ni par homonymie, ni par métaphore, ni pourtant au sens littéral, comme quand la loi est dite *mesure* ou *image* des choses qui sont naturellement justes. De telles expressions sont encore inférieures à la métaphore. La métaphore, en effet, ne va pas sans procurer une certaine connaissance de la chose signifiée, en raison de la ressemblance qu'elle établit, car toutes les fois qu'on se sert de la métaphore on le fait toujours en vue de **10**

1. On peut encore dire qu'il s'ensuivrait que le défini appartiendra à deux genres non subordonnés entre eux, ce qui est absurde : la tempérance, par exemple, tombera à la fois dans le genre de l'harmonie et dans le genre de la vertu, qui ne se contiennent pas l'un l'autre.

2. On ne trouve pas trace de ces définitions dans les œuvres de Platon qui nous sont parvenues. – L. 3, μὴ κειμένοις ὀνόμασι = *non positis, non receptis, inusitatis nominibus. Cf.* Alexandre, 426, 7.

quelque ressemblance [1]. Par contre, cette autre sorte d'expression ne fait rien connaître, car il n'y a aucune ressemblance en raison de laquelle la loi est mesure ou image, et la loi n'est pas non plus ordinairement ainsi appelée. Par conséquent, si l'on dit que la loi est au sens propre une mesure ou une image, on
15 commet une erreur : car une image est une chose produite par imitation, caractère qui n'appartient pas à la loi. Et si, d'autre part, on ne prend pas le terme au sens propre, il est évident qu'on a employé une expression qui est obscure et bien inférieure à n'importe quelle expression métaphorique.

En outre, il faut voir si la définition du contraire de la définition donnée manque de clarté : car les définitions correc-
20 tement données expliquent aussi leurs contraires. Ou encore, il faut voir si la définition prise en elle-même n'indique pas avec évidence de quelle chose elle est la définition, mais s'il en est comme dans les œuvres des vieux peintres où, sans le secours d'une inscription, on ne pouvait reconnaître quelle figure chaque tableau représentait.

3
< La redondance dans la définition >

Si donc la définition n'est pas claire, c'est à l'aide de considérations de ce genre que notre examen doit se faire.

Si, d'autre part, on a donné à la définition un énoncé trop étendu, en premier lieu il faut examiner si on s'est servi d'un
25 attribut qui appartient à toutes choses, soit aux objets réels en général, soit à ceux qui tombent sous le même genre que le

---

1. Avec une autre chose prise comme *tertium comparationis*.

défini, car cet attribut est nécessairement trop étendu[1]. Il faut, en effet, que le genre sépare les choses des autres choses[2], et que la différence sépare la chose de l'une des autres choses rentrant dans le même genre. Or l'attribut appartenant à toutes choses ne sépare la chose de rien du tout, tandis que l'attribut appartenant à toutes les choses tombant sous le même genre, **30** ne la sépare pas des choses qui rentrent dans le même genre. Il en résulte qu'une pareille addition est inutile[3].

Ou encore, il faut voir si, bien que l'attribut ajouté soit propre au défini, pourtant, si on l'enlève, ce qui reste de la définition n'en est pas moins propre et n'exprime pas moins l'essence du défini. Ainsi, dans la définition de l'homme[4], **35** l'addition *capable de recevoir la science* est superflue : car, cet attribut une fois enlevé, le reste de la définition est encore propre à l'homme et exprime son essence. En un mot, est superflu tout ce qui, une fois enlevé, n'en permet pas moins au **140 b** reste d'exprimer le terme défini. Telle est aussi, par exemple, la définition de l'âme, si l'on dit qu'elle est un *nombre* se mouvant lui-même[5], car ce qui se meut soi-même c'est

---

1. Tout attribut universel, ou commun à tous les êtres rentrant dans le même genre, est inutile et superflu.

2. Qui ne tombent pas dans le même genre. – *Cf.* Trendel., *Elementa*, p. 148 et *sq.*, sur le genre et la différence spécifique.

3. Si je dis, par exemple, que l'homme est un être doué d'âme, de sens et de raison, le terme *être* est inutile. Et si je dis que l'homme est un animal sensible et raisonnable, le terme *sensible* est inutile (tout animal étant sensible). *Cf.* Pacius, II, 429.

4. Savoir, *l'homme est un animal pédestre-bipède* (Waitz, II 497).

5. Xénocrate, fragm. 60, Heinze.

précisément l'âme, suivant la définition de Platon[1]. Il peut
encore se faire, il est vrai, que l'expression employée, bien que
5 propre au sujet, ne manifeste pas l'essence de l'âme si le terme
nombre est éliminé[2]. De laquelle de ces deux façons[3] les
choses se passent-elles en réalité, c'est difficile à déterminer
clairement : ce qu'il faut, dans tous les cas de cette nature, c'est
avoir égard à ce qui est avantageux dans la discussion. Ainsi,
on dit que la définition du phlegme est : *l'humide non digéré*
provenant en premier de la nourriture. Or ce qui vient en
premier est unique et non multiple[4], de telle sorte que le terme
10 *non digéré* est superflu, et que, même si on l'élimine, le reste
de la définition n'en sera pas moins propre au sujet : car il n'est
pas possible qu'à la fois le phlegme et quelque autre chose
aussi proviennent en premier de la nourriture. Ou, peut-être
encore, le phlegme n'est-il pas, au sens absolu, ce qui provient
en premier de la nourriture, mais seulement le premier parmi

1. *Phèdre*, 245 e. – Le terme *nombre* est superflu et n'ajoute rien à la
définition de l'âme qui est essentiellement automotrice (Cf. *de Anima*, I, 6
et *passim*).

2. Car, après tout, le nombre peut être considéré comme le genre de l'âme,
ainsi que l'ont soutenu Xénocrate et Platon. Or le genre doit entrer dans la
définition de la chose.

3. Savoir, l'âme est un nombre automoteur ou l'âme est automotrice,
autrement dit, le nombre est le genre de l'âme ou non (Alexandre, 429, 25). – On
ne peut savoir, dit Aristote ce qu'il en est exactement. L'essentiel, dans les discussions de ce genre, c'est d'éviter que l'adversaire ne tire parti de la solution
adoptée. Et Aristote indique, dans l'exemple qui suit, la façon de procéder au
mieux des intérêts de la discussion.

4. Il n'y a qu'un premier, et par suite le terme *non digéré* est superflu, le
phlegme étant suffisamment distingué, par le fait d'être premier, de toutes les
autres choses qui viennent de la nourriture. Il est vrai, ajoute Aristote, qu'on
peut dire que le phlegme est seulement premier parmi les choses non digérées :
dans ce cas, il est clair que le terme *non digéré* devient nécessaire.

les choses non digérées, de telle sorte qu'il faille ajouter le
terme *non digéré* : car, si on s'exprime de l'autre façon, la
définition n'est vraie que si le phlegme est le premier de tous
les produits de la nourriture sans distinction.   15

En outre, il faut voir si, en fait, l'un des éléments compris
dans la définition n'appartient pas à toutes les choses tombant
sous la même espèce[1] : car cette sorte de définition est inférieure encore à celles où l'on se sert d'un attribut appartenant à
tous les êtres. Dans le cas précédent, en effet, si le reste de
l'expression[2] est propre au défini, le tout aussi lui sera propre :
car on peut dire, d'une façon absolue, que si au propre on
ajoute un attribut vrai, quel qu'il soit, l'expression tout entière 20
aussi devient propre[3]. Dans le cas présent, au contraire, si l'un
des éléments compris dans la définition n'appartient pas à
toutes les choses qui tombent sous la même espèce, il est
impossible que l'expression tout entière soit propre au défini,
car elle ne sera pas un attribut réciprocable avec la chose ; soit
animal-pédestre-bipède-haut de quatre coudées : une expression de cette sorte n'est pas un attribut réciprocable avec la
chose, du fait que le terme *haut de quatre coudées* n'appartient 25
pas à tous les êtres tombant sous la même espèce.

Et encore, il faut voir si l'adversaire a répété plusieurs fois
la même chose[4] : s'il a dit, par exemple, que l'appétit est le

---

1. Est inutile la partie de la définition qui ne s'applique pas à tous les êtres
compris dans le défini.

2. Le terme superflu étant éliminé.

3. Une simple redondance n'empêche pas la convertibilité du λόγος avec
la chose.

4. Le fond de l'argument tiré de la tautologie est le suivant. L'appétit étant
l'appétit de l'agréable, la définition de l'appétit implique toujours la définition

désir de l'agréable. Tout appétit, en effet, a pour objet l'agréable, de telle sorte que ce qui est la même chose que l'appétit
aura aussi pour objet l'agréable. Notre définition de l'appétit
devient donc le désir de l'agréable de l'agréable : car il n'y a
30 aucune différence entre dire *appétit* et dire *désir de l'agréable*,
de sorte que chacun de ces termes aura pour objet l'agréable. Il
peut se faire, il est vrai, qu'il n'y ait là aucune absurdité, car on
peut dire : l'homme *est un bipède*; *par suite ce qui est la même
chose que l'homme sera aussi un bipède*; *or animal-pédestre-
bipède est la même chose que l'homme*; *il en résulte que*
35 *animal-pédestre-bipède sera un bipède*[1]. Or aucune absurdité ne découle de là. En effet, *bipède* n'est pas un prédicat
d'*animal-pédestre* (car s'il l'était, le *bipède* serait affirmé
deux fois de la même chose), mais, en fait, *bipède* est dit
141 *a* d'*animal-pédestre-bipède*, de sorte que bipède n'est employé
comme prédicat qu'une seule fois. Et il en est de même dans
l'exemple de l'appétit : en effet, ce n'est pas du désir que le fait
d'avoir l'agréable pour objet est affirmé, mais bien de l'expression tout entière[2], de sorte que, ici encore, la prédication ne se
5 fait qu'une fois. Ce qui une absurdité, ce n'est pas de
répéter deux fois le même mot, mais d'attribuer plusieurs fois
le même prédicat à un sujet; si, par exemple, on dit, comme

---

de l'agréable (l. 29, τὸ ταὐτὸν τῇ ἐπιθυμίᾳ, *h. e.* ἡ ὄρεξις ἡδέος), de sorte
qu'il est inutile de l'ajouter. *Cf.* Waitz, II, 497-498.

1. Il n'y a en réalité aucune tautologie quand une même chose est dite deux
fois, une fois implicitement *ex parte definiti*, une fois explicitement *ex parte
definitionis* : c'est même ce qui arrive dans toute définition, celle de l'homme
par exemple, où bipède est posé deux fois, une fois implicitement dans la notion
homme, et une fois explicitement dans la définition *animal-pédestre-bipède*.
On peut en dire autant de l'appétit (*cf.* Sylvius Maurus, I, 536).

2. C'est-à-dire du désir de l'agréable.

Xénocrate que la prudence c'est ce qui définit et contemple les êtres[1] : car la définition est déjà une certaine contemplation, de sorte qu'en ajoutant encore les mots *et qui contemple*, on répète deux fois la même chose. Commettent aussi la même erreur ceux qui disent que le refroidissement est une privation 10 de la chaleur naturelle. Toute privation est, en effet, privation d'un attribut naturel, de sorte qu'il est superflu d'ajouter le mot *naturel* ; mais il suffisait de dire *privation de chaleur*, puisque le terme *privation* indique de lui-même qu'il s'agit d'une chaleur naturelle.

Et encore, il faut voir si, l'universel ayant été énoncé, on 15 y a ajouté un terme particulier ; si l'on dit, par exemple, que l'équité est une atténuation de ce qui est utile et juste[2]. Le juste, en effet, est une sorte d'utile, et par suite il est contenu dans l'utile : le terme *juste* est donc superflu, car en indiquant l'universel on a déjà ajouté le particulier[3]. De même encore, si on définit la Médecine comme une science de ce qui est sain pour l'animal et pour l'homme, ou la loi comme une image de ce qui 20 est naturellement beau et juste : car le juste est une sorte de beau, et par suite on a répété plusieurs fois la même chose.

---

1. Fragment 7, Heinze. – La définition de la prudence par Xénocrate est une tautologie, non pas *verbis* mais *re ipsa* : le *definitivum* est une *species contemplativi*.

2. Dans la définition, on ne doit pas en même temps poser l'universel et le particulier qui contient cet universel.

3. L. 17, contrairement à Strache-Wallies, nous rétablissons le texte adopté par tous les éditeurs (notamment Bekker et Waitz), et lisons τὸ γὰρ δίκαιον συμφέρον τι, ὥστε περιέχεται ἐν τῷ συμφέροντι. περιττὸν οὖν τὸ δίκαιον, ὥστε καθόλου, κ. τ. α.

4
< Autres lieux >

La question de savoir si la définition est correcte ou
incorrecte doit donc être examinée au moyen de ces considérations et d'autres semblables. – Quant à savoir si on a ou si
25 on n'a pas indiqué et défini la quiddité de la chose, voici
comment on procédera.

En premier lieu, il faut voir si l'adversaire a omis de
constituer la définition à l'aide de termes antérieurs et plus
connus. Puisque, en effet, la définition n'est donnée qu'en vue
de faire connaître le terme posé, et que nous faisons connaître
les choses en prenant non pas n'importe quels termes mais
bien des termes antérieurs et plus connus, comme on le fait
30 dans la démonstration (car il en est ainsi pour tout enseignement donné ou reçu)[1], il est clair qu'en ne définissant pas par
des termes de cette sorte on n'a pas défini du tout. Sinon, il
y aurait plusieurs définitions de la même chose : c'est qu'en
effet, il est évident que procéder par des termes antérieurs et
plus connus, c'est aussi faire une définition, et une définition
qui est meilleure, de sorte que l'une comme l'autre seraient des
définitions de la même chose. Or c'est là une manière de voir
35 qui n'est pas généralement admise, car pour chacun des êtres il
n'y a qu'une seule essence. Par suite, si l'on veut qu'il y ait
plusieurs définitions de la même chose, l'essence de la chose
définie sera identique à son expression dans chacune des
définitions, et ces expressions ne sont pas les mêmes puisque

---

1. Sur le sens de διδασκαλία et de μάθησις l. 30, cf. *Anal. post.*, I, 1, 71
a 1, et la note de notre traduction. – Les notions préexistantes de toute définition
ont déjà été étudiées, *Anal. post.*, I, 1 et 2.

les définitions sont différentes[1]. Il est donc évident qu'on n'a 141 *b*
pas défini du tout, quand on n'a pas défini par des termes
antérieurs et plus connus.

Dire que la définition n'a pas été constituée au moyen de
termes plus connus peut se comprendre de deux façons : ou
bien on suppose que ses termes sont moins connus au sens
absolu, ou bien on suppose qu'ils sont moins connus pour
nous, car les deux cas peuvent se présenter[2]. Ainsi au sens 5
absolu, l'antérieur est plus connu que le postérieur : par
exemple, le point est plus connu que la ligne, la ligne que la
surface, et la surface que le solide ; comme aussi l'unité est plus
connue que le nombre, car elle est antérieure à tout nombre et
principe de tout nombre. Et de même encore, la lettre est plus
connue que la syllabe. Mais quant à ce qui est plus connu pour
nous, c'est parfois l'inverse qui se produit : c'est en effet le 10
solide qui tombe avant tout sous le sens, et la surface plus que
la ligne, et la ligne plus que le point, car la plupart des hommes
connaissent d'abord ces notions-là : n'importe quel intelli-
gence ordinaire peut les comprendre, tandis que les autres
exigent un esprit pénétrant et hors de pair.

Au sens absolu, il est donc préférable de s'efforcer de faire 15
connaître les choses postérieures par les choses antérieures,
car un tel procédé est plus productif de savoir. Toutefois, pour
ceux qui sont incapables de connaître les choses par des termes

---

1. Chaque chose a son essence et n'en a qu'une seule. Or comme la
définition exprime l'essence de la chose, s'il y avait plusieurs définitions, il y
aurait plusieurs essences (*cf.* Alexandre, 435, 17).

2. Aristote est revenu à plusieurs reprises sur cette distinction. *Cf. Anal.
post.*, I, 2 ; *Phys.*, I, 1. – L. 4, et dans la suite, ἁπλῶς a le même sens que τῇ
φύσει.

de cette nature, il peut être nécessaire de constituer la définition au moyen de termes qui leur sont connus. Parmi les défini-
20 tions de ce genre sont celles du point, de la ligne et de la surface,
qui toutes expliquent l'antérieur par le postérieur, puisque le
point, dit-on[1], est la limite de la ligne, la ligne celle de la
surface, et la surface celle du solide. On ne doit pourtant pas
perdre de vue qu'en définissant de cette manière il est impossible d'exprimer la quiddité du défini (à moins que, par une
rencontre fortuite, il n'y ait identité de fait entre ce qui est plus
connu pour nous et ce qui est plus connu absolument)[2],
25 puisqu'une définition correcte doit définir par le genre et
les différences, et que ces déterminations appartiennent aux
choses qui sont, au sens absolu, plus connues que l'espèce
et antérieures à elle. En effet, la suppression du genre et de la
différence entraîne celle de l'espèce, de sorte que ce sont là des
notions antérieures à l'espèce. Elles sont aussi plus connues :
30 car si l'espèce est connue, le genre et la différence doivent
nécessairement être connus aussi (en connaissant l'homme par
exemple, on connaît en même temps l'animal et le pédestre),
tandis que si c'est le genre ou la différence qui est connue, il ne
s'ensuit pas nécessairement que l'espèce soit connue aussi :
l'espèce est donc plus inconnue. En outre, si on prétend que
sont de véritables définitions celles qui ont pour caractère de
35 procéder à partir de termes connus de tel ou tel, on sera conduit
à dire qu'il y a plusieurs définitions de la même chose : car il
arrive en fait que telles choses sont plus connues pour telles
personnes ; et telles autres pour telles autres, et ce ne sont pas

---

1. Définition vulgaire, qui n'exprime pas l'essence.
2. Nous avons mis ces mots entre parenthèse, pour éviter une équivoque.

les mêmes pour tout le monde, de sorte qu'à chaque personne il
faudra donner une définition différente, s'il est vrai que la 142 a
définition doit se faire à partir de termes plus connus pour tel
ou tel. De plus, pour les mêmes personnes, à des temps différents, ce sont des choses différentes qui sont plus connues : au
début, ce sont les objets sensibles, mais quand l'esprit devient
ensuite plus pénétrant, c'est l'inverse, de sorte que, même pour
la même personne, il ne faudra pas donner toujours la même 5
définition, si on prétend que la définition doit être constituée à
partir de termes plus connus pour tel ou tel. Il est donc évident
qu'on ne doit pas définir à l'aide de termes de cette nature,
mais bien à l'aide de termes plus connus au sens absolu : c'est
seulement de cette façon qu'on pourra obtenir une définition
qui soit toujours une et la même. Mais sans doute aussi ce qui
est connu au sens absolu n'est-il pas ce qui est connu par tout le
monde, mais seulement ce qui est connu par ceux qui ont 10
l'esprit bien conformé, de même que le sain au sens absolu est
ce qui est sain pour ceux qui ont le corps en bon état. Il importe
donc de bien préciser chacun de ces points et de s'en servir au
mieux de l'intérêt de la discussion. – Mais ce qui est par-dessus
tout incontestable, c'est qu'une définition peut être détruite,
s'il se trouve en fait qu'on n'a formé son expression ni en
partant de ce qui est connu au sens absolu, ni en partant de ce 15
qui l'est plus pour nous[1].

Ainsi, une première façon erronée de ne pas procéder par
des termes plus connus, c'est d'exprimer l'antérieur par le
postérieur, ainsi que nous l'avons remarqué plus haut[2]. – Une

---

1. Dans ce cas, la définition est manifestement fausse.
2. 141 a 26. – L. 20, avec Bekker, nous supprimons ἡμῖν après ὁ λόγος.

autre façon encore, c'est de donner la définition de ce qui est
en repos et de ce qui est déterminé, par ce qui est indéterminé
20 et ce qui est en mouvement, car ce qui demeure et ce qui est
déterminé, sont des notions respectivement antérieures à ce
qui est indéterminé et à ce qui est en mouvement.

L'erreur qui consiste à n'avoir pas formé la définition par
le moyen de termes antérieurs revêt trois formes. La première,
c'est quand l'opposé a été défini par son opposé, par exemple
le bien par le mal, car les opposés sont simultanés par nature [1].
Et certains pensent aussi qu'ils sont tous deux objets de la
25 même science, de sorte qu'on ne peut pas dire non plus que
l'un soit plus connu que l'autre. Il faut cependant ne pas perdre
de vue que certaines choses ne sont peut-être pas susceptibles
d'être définies d'une autre façon : c'est le cas du double qui ne
peut être défini sans la moitié, ainsi que de tous les termes qui
sont des relatifs par eux-mêmes [2]. En effet, pour tous les termes
de cette nature, leur être consiste tout entier dans une certaine
relation avec quelque chose, de sorte qu'il est impossible de
connaître l'un des corrélatifs indépendamment de l'autre ;
30 c'est pourquoi, dans la définition de l'un, l'autre doit aussi
nécessairement être compris. Il convient donc de connaître

---

1. Les opposés étant simultanés, l'un ne peut être défini par l'autre
puisqu'il n'est pas antérieur à cet autre. – Sur tout ce passage, *cf.* Trendel.,
Elementa, p. 149-151, avec les références aux autres textes d'Aristote

2. Cf. *Catég.*, 7, et les notes de notre traduction, p. 29 et *sq.* [2004, p. 43-
55]. – Les relatifs καθ᾽ αὑτά *dicuntur quae non per se consistunt sicut pater et
filius, qui, quanquam alter ad alterum refertur, tamen etiam non relati ad se
invicem subsistunt, sed quae nisi referantur ad aliud cogitari omnino nequeunt.*
(Waitz, II, 498 et 499).

tout ce qui se comporte de cette façon, et de s'en servir dans les cas où cela nous paraît utile.

Une autre forme de cette erreur, c'est quand on s'est servi dans la définition du terme défini lui-même. Cela passe d'ailleurs inaperçu quand on ne se sert pas du nom même du défini : c'est le cas, par exemple, si on a défini le Soleil *un astre* **35** *qui se montre pendant le jour* ; car en se servant du terme *jour*, **142 b** on se sert aussi du terme *Soleil*[1]. Ce qu'il faut, pour déceler des erreurs de ce genre, c'est substituer la définition au nom[2], et ici, par exemple, définir le jour comme le mouvement du Soleil au-dessus de la Terre. Évidemment, en effet, quand on a dit *le mouvement du Soleil au-dessus de la Terre* on a dit *le Soleil*, de sorte qu'on se sert du terme *Soleil* en se servant du **5** terme *jour*.

Une troisième forme de cette erreur, c'est quand on a défini un terme coordonné d'une division par un autre terme de la même division[3], par exemple l'impair comme étant ce qui est plus grand que le pair d'une unité. En effet, les termes coordonnés d'une division dérivant du même genre sont simultanés par nature[4]. Or l'impair et le pair sont des termes coordonnés **10**

---

1. Qui est ainsi posé implicitement, ce qui a pour résultat de définir un terme par lui-même. – *Cf.* Platon, *Defin.*, 411 a.

2. La définition du jour au lieu du jour : *le jour est le mouvement du Soleil au-dessus de la Terre*. C'est donc la même chose de dire que le Soleil est un astre apparaissant pendant le jour, et que le Soleil est un astre qui apparaît lorsque le soleil se meut au-dessus de la Terre : la tautologie est évidente.

3. Sur les ἀντιδιῃρημένα, *termes opposés l'un à l'autre dans la division*, cf. *supra*, V, 6, 136 b 3, et la note.

4. Ils ne sont pas antérieurs l'un à l'autre, et ne peuvent servir à la définition.

d'une division, car tous les deux sont des différences du nombre.

De même encore, il faut voir si l'adversaire a défini un terme supérieur par un terme subordonné : s'il a dit, par exemple, que le pair est un nombre divisé en moitiés, ou le bien un état de la vertu ; car la moitié est dérivée de *deux*, qui est un nombre pair, et la vertu est une sorte de bien[1], de sorte
15 que ces termes sont subordonnés aux autres. En outre, quand on se sert du terme subordonné, on se sert aussi nécessairement de l'autre : car quand on se sert du terme *vertu*, on se sert aussi du terme *bien*, puisque la vertu est un certain bien ; et de même, quand on se sert du terme *moitié* on se sert aussi du terme *pair*, puisque *être divisé par moitiés* signifie *être divisé en deux* et que *deux* est pair.

5
< Autres lieux >

20   Généralement parlant, il n'y a donc qu'un seul lieu pour la définition qui n'est pas faite par des termes antérieurs et plus connus ; et les subdivisions de ce lieu sont celles qui ont été énumérées ci-dessus. – Un second lieu, c'est de savoir si, bien que la chose rentre dans un genre, l'adversaire a eu le tort de ne pas la poser dans un genre. Cette sorte d'erreur se rencontre partout où l'essence de la chose n'est pas posée dans l'expres-

---

1. Le pair est ainsi défini par une notion inférieure au pair (le *deux*), et le bien par une notion inférieure au bien (la *vertu*). Or le supérieur ne doit pas être défini par l'inférieur, car le supérieur étant contenu dans la définition de l'inférieur, on aboutit ainsi à définir le supérieur par lui-même, ce qui est une tautologie.

sion de la définition[1] : par exemple, la définition du corps
comme ce qui a trois dimensions, ou la définition de l'homme, **25**
en supposant qu'on ait à la donner, comme ce qui sait compter ;
car on n'a pas indiqué la nature de ce qui a trois dimensions ou
la nature de ce qui sait compter[2]. Or le genre vise précisément
à signifier l'essence de la chose, et c'est le premier terme qui
est supposé[3] parmi les éléments de la définition.

En outre, il faut voir si, alors que le défini est applicable à **30**
plusieurs choses, on a eu le tort de ne pas le rapporter à elles
toutes : c'est le cas, par exemple, si on a défini la Grammaire
comme la science d'écrire ce qui est dicté, car on doit ajouter
aussi *et de lire*. En effet, en donnant la Grammaire comme la
science d'écrire, on ne l'a pas plus définie qu'en la donnant
pour la science de lire, de sorte que c'est en indiquant, non pas
l'une ou l'autre, mais bien les deux choses à la fois qu'on la
définit, puisqu'il n'est pas possible qu'il y ait plusieurs définitions de la même chose. Pourtant, c'est seulement dans **35**
certains cas qu'il en est véritablement comme on vient de le
dire ; dans d'autres cas, il n'en est rien, comme, par exemple, **143 a**
pour tous les termes qui ne sont pas dans un rapport essentiel
avec les deux choses à la fois[4] : ainsi, quand on dit que la

1. *Ubicumque definitio non incipit ab eo quod naturam rei definiendae
exprimit* (Waitz, II, 499).

2. À savoir, la substance, genre de ce qui a trois dimensions ou de ce qui sait
compter.

3. « Supposé », parce que μὴ κατὰ ἀπόδειξιν λαμβάνεται (Alexandre,
444, 8).

4. Mais qui se rapportent essentiellement à l'une (la production de la santé,
dans l'exemple de la Médecine), et accidentellement à l'autre (la production de
la maladie). Dans ces cas, la définition du terme peut être donnée en indiquant

Médecine est science de la production de la maladie et de la santé ; car la Médecine est dite produire par soi la santé, et la maladie seulement par accident, produire la maladie étant une
5 chose absolument étrangère à la Médecine. Ici donc, quand on donne la Médecine comme se rapportant à la fois à ces deux activités, on ne la définit pas mieux qu'en la rapportant à l'une d'elles seulement ; mais peut-être même une pareille définition est-elle pire, puisque le premier venu, même étranger à la Médecine, est capable de produire la maladie.

En outre, il faut voir si on a rapporté le défini, non pas
10 au meilleur mais au pire[1], quand il y a plusieurs choses auxquelles est rapporté le défini ; car toute science, toute puissance, se rapporte, semble-t-il bien, au meilleur.

Et encore, si le terme n'est pas placé dans son propre genre, il faut l'examiner d'après les règles élémentaires applicables aux genres, ainsi que nous l'avons dit plus haut[2].

15 De plus, il faut voir si dans l'indication des genres on en a sauté, en définissant, par exemple, la justice comme un *état* productif d'égalité ou distributeur de ce qui est égal : car en définissant de cette façon, on saute la vertu, et ainsi, laissant de côté le genre de la justice[3], on n'indique pas sa quiddité, l'essence d'une chose étant, dans chaque cas, accompagnée

seulement son rapport essentiel avec la première chose. En conséquence, on définit mieux la Médecine comme la science productive de la santé seulement, que comme la science productive de la santé et de la maladie.

1. Si on a défini la Médecine, par exemple, comme la science de la production de la maladie.

2. VI, 1, 139 *b* 3.

3. À savoir, la vertu, qui est le genre prochain de la justice, tandis que l'*habitus* n'en est que le genre éloigné.

de son genre. Cela revient à ne pas poser la chose dans son genre le plus rapproché, car en la posant dans le genre le plus **20** rapproché on a indiqué par là même tous les genres supérieurs, attendu que tous les genres supérieurs sont affirmés des genres subordonnés. Par conséquent : ou bien il faut placer la chose dans son genre le plus rapproché ; ou bien il faut rattacher au genre supérieur toutes les différences par lesquelles est défini le genre le plus rapproché, car de cette façon rien ne saurait être laissé de côté, mais au lieu du nom c'est par sa définition qu'on **25** aura indiqué le genre subordonné[1]. Au contraire, en mentionnant seulement le genre supérieur en lui-même, on n'indique pas en même temps le genre subordonné : si, par exemple, on dit une *plante*, on ne dit pas par là même un *arbre*.

6
<*Autres lieux*>

Et encore, en ce qui concerne les différences, nous devons examiner de la même façon si les différences aussi qu'on a indiquées sont bien celles du genre. Si, en effet, on n'a pas **30** défini par les différences propres de la chose[2], ou si on a donné un terme tel qu'il ne puisse absolument pas être une différence de quoi que ce soit, l'animal ou la substance par exemple, il est

---

1. C'est-à-dire le genre le plus rapproché. – Si on définit par le genre éloigné, on doit alors énumérer, dans leur ordre, toutes les différences qui le divisent : cela revient, en fait, à poser le genre le plus rapproché, non pas *proprio nomine* (par exemple, *animal*), mais dans la définition qui l'exprime et qui est constituée par le genre éloigné accompagné de toutes ses différences (*corps animé sentant*). Cf. *Anal. post.*, II, 13, 97 *a* 35.

2. Si l'on a dit, par exemple, que la science *esse habitum bipedem*, car *bipes* est une différence de l'animal et non de la science (Pacius, II, 434).

clair qu'il n'y a pas de définition, car ces termes ne sont des
différences de rien[1]. – En outre, il faut voir si la différence
indiquée possède un terme qui lui soit opposé dans la même
35 division[2] : si elle n'en a pas, il est évident que la différence
indiquée ne saurait être celle du genre. Un genre, en effet, est
toujours divisé par des différences qui sont des termes coor-
143 b données d'une division : par exemple, l'animal est divisé par le
pédestre, l'ailé, l'aquatique et le bipède. – Ou encore, il faut
voir si, en dépit de l'existence d'une différence opposée à celle
qui est donnée, cette différence n'est cependant pas vraie du
genre : car alors il est clair que ni l'une ni l'autre ne saurait être
une différence du genre, puisque les différences coordonnées
5 d'une même division sont toutes vraies du genre propre de la
chose[3]. – De même encore, il faut voir si, bien que la différence opposée à la différence donnée[4] soit vraie, son addition
au genre ne forme cependant pas une espèce : il est évident
alors qu'elle ne saurait être une différence spécifique du genre,
car toute différence spécifique ajoutée au genre forme une
espèce. Et si elle n'est pas une différence, la différence indi-
10 quée ne l'est pas davantage, puisqu'elle lui est opposée dans la
division.

1. L'animal et la substance sont eux-mêmes des genres.

2. *Cf.* Trendel., *Elementa*, p 146, et Waitz, II, 499. – Toute différence a son
opposé dans la même division du genre.

3. Si *immortel*, différence opposée à mortel, n'est pas vrai d'*animal*, mortel
ne sera pas non plus une différence d'*animal*.

4. L. 6, εἰ ἀληθεύεται μέν, *int.* ἡ διαφορὰ ἡ ἀντιδιῃρημένη τῇ
εἰρημένῃ (Waitz, II, 500).

En outre, il faut voir si on a divisé le genre par une négation[1], à la façon de ceux qui définissent la ligne comme étant une longueur sans largeur, car cela ne signifie rien d'autre sinon que la ligne n'a pas de largeur. Le résultat sera alors que le genre participe de son espèce[2] : en effet, toute longueur doit être ou sans largeur ou avec largeur, puisque, en toute chose, c'est ou l'affirmation ou la négation qui est vraie ; 15 de sorte que le genre de la ligne aussi, qui est la longueur, sera ou sans largeur ou avec largeur. Mais la longueur sans largeur est la définition d'une espèce, et de même l'est aussi la longueur avec largeur : car *sans largeur* et *avec largeur* sont des différences, et c'est à partir de la différence et du genre que la 20 définition de l'espèce est constituée. Le genre recevrait ainsi la définition de son espèce[3]. Et de même encore, il recevrait la définition de la différence, puisque l'une ou l'autre des différences sus-indiquées est nécessairement affirmée du genre. Au surplus, le lieu dont nous parlons est utile à l'encontre de ceux

1. La négation n'est pas une différence. Dans l'exemple qui suit, la longueur est le genre : *avec largeur* et *sans largeur* sont les différences opposées dans le même genre, lesquelles, jointes au genre, définissent respectivement la surface et la ligne.

2. Ce qui est absurde, car c'est au contraire l'espèce qui participe du genre (cf. *supra*, IV, 1, 121 *a* 10). – Toute la démonstration d'Aristote est dirigée uniquement contre la théorie des Idées. Si, avec les Platoniciens, on pose le genre (la Longueur-en-soi, par exemple) comme une réalité une et indivisible (l. 29-31), on rassemble alors dans une même substance des attributs contraires, et la division en espèces, dont l'une affirme ce que l'autre nie, est impossible, *nam quum species insint in genere, genus ipsum sibi repugnabit* (Waitz, II, 500). Si, par contre, on admet, comme il se doit, que le genre n'existe que dans ses espèces, le lieu n'a plus d'application, ainsi qu'Aristote le dit expressément, l. 29.

3. Conclusion du raisonnement, déjà annoncée *supra* l. 13-14.

qui posent l'existence des Idées. Si, en effet, la Longueur-en-
25 soi existe, comment affirmera-t-on du genre qu'il est avec
largeur ou sans largeur ? Car il faut que, pour la longueur prise
dans la totalité de sa notion, ou l'un ou l'autre de ces attributs
soit vrai, puisqu'il doit être vrai pour le genre[1]. Or c'est ce qui
ne se produit pas ici, attendu qu'il y a à la fois des longueurs
sans largeur et des longueurs avec largeur. Ce lieu est donc
30 utile uniquement contre ceux qui professent qu'un genre est
toujours numériquement un, opinion qui n'est soutenue que
par les partisans des Idées, car la Longueur-en-soi et l'Animal-
en-soi, ils disent que c'est un genre.

Il peut se faire que, dans certains cas, on soit dans la
nécessité, quand on définit, d'employer même une négation ;
par exemple, pour définir les privations : *aveugle* signifie ce
35 qui n'a pas la vue alors qu'il devrait naturellement l'avoir. Il
n'y a du reste aucune différence entre diviser le genre par une
négation et le diviser par une affirmation telle qu'elle a nécessairement une négation comme terme opposé dans la division :
144 a si, par exemple, on a défini une chose comme une longueur qui
a largeur ; car *ce qui a largeur* a pour terme coordonné dans la
division *ce qui n'a pas largeur*, et rien d'autre, de sorte que là
encore le genre est divisé par une négation.

5   En outre, il faut voir si on a donné l'espèce comme une
différence, à la façon de ceux qui définissent l'insulte, une
insolence accompagnée de raillerie : la raillerie est, en effet,

---

1. *Si genus est idea, et unum numero : certe de eo necesse est ut sit vera
affirmatio vel negatio, nec potest utraque simul esse vera* (Pacius, II, 435). Et
ces difficultés, ajoute Pacius, ne sauraient se rencontrer chez ceux qui, avec
Aristote, n'admettent ni l'existence des Idées, ni l'identité numérique du genre.

une sorte d'insolence ; il en résulte que la raillerie n'est pas une différence, mais bien une espèce.

De plus, il faut voir si on a indiqué le genre comme une différence, si on a dit, par exemple, que la vertu est un état bon ou honnête, car le bien est, en fait, le genre de la vertu[1]. Ou 10 plutôt, le bien, est-il, non pas le genre, mais la différence[2], s'il est vrai que la même chose ne peut être dans deux genres qui ne se contiennent pas l'un l'autre : car ni le bien ne contient l'état, ni l'état, le bien, puisque tout état n'est pas un bien, ni tout bien un état. Il en résulte que ces deux notions ne sauraient être l'une et l'autre des genres, et par suite, si l'état est le genre de la 15 vertu, il est évident que le bien n'en est pas le genre mais plutôt la différence. On peut ajouter que l'état exprime l'essence de la vertu[3], tandis que le bien exprime, non pas l'essence, mais une qualité : or il semble bien que la différence a pour fonction de signifier une certaine qualité.

Il faut voir encore si la différence donnée signifie non pas 20 une certaine qualité, mais telle chose individuelle, car, de l'avis général, la différence exprime toujours une certaine qualité.

On doit aussi examiner si la différence appartient seulement par accident au défini : jamais, en effet, la différence ne doit faire partie des attributs accidentels, pas plus que

1. Et non la différence.

2. On peut soutenir cependant, admet Aristote, que le bien est la différence, et non le genre de la vertu. Une première raison, c'est que, si le bien est le genre de la vertu, la vertu tombera sous deux genres, le bien et l'état, qui ne sont pas subordonnés l'un à l'autre : or c'est là une impossibilité. – Une seconde raison est donnée l. 17.

3. Et l'état est ainsi le genre de la vertu.

25 le genre, parce qu'il n'est pas possible que la différence d'une chose, à la fois appartienne et n'appartienne pas à cette chose [1].

En outre, si la différence, ou l'espèce, ou l'une des choses qui sont subordonnées à l'espèce [2], est un prédicat du genre, il ne saurait y avoir de définition. Aucun de ces termes en effet, 30 ne peut être affirmé du genre, puisque le genre est celui de tous qui a le plus d'extension. – Et encore, il faut voir si on a, en fait, affirmé le genre de la différence : car il semble bien que le genre est affirmé, non pas de la différence, mais de ce dont la différence est elle-même affirmée [3]. L'animal, par exemple, est affirmé de l'homme, du bœuf et des autres animaux pédes- 35 tres, et non de la différence elle-même [4] qui est affirmée de l'espèce. En effet, si l'on veut que l'animal soit affirmé de chacune de ses différences, l'animal sera alors plusieurs fois 144 b affirmé de l'espèce, puisque les différences sont affirmées de l'espèce [5]. J'ajoute que les différences seront toutes soit des

---

1. Ce qui est le caractère de l'accident. La différence est donc au nombre des attributs essentiels.

2. C'est-à-dire les individus. – Le genre ayant plus d'extension que l'espèce et que la différence, on ne doit pas définir une chose de telle sorte que l'espèce ou la différence soit affirmée universellement du genre. Telle serait, par exemple, la définition du zoophyte *animal vivens terrae affixum*, où *vivens*, qui est posé comme différence, est affirmé universellement d'*animal* (Sylvius Maurus, I, 544).

3. Le genre est affirmé, non pas des différences, mais des espèces et des individus dont la différence est affirmée. Autrement dit, les genres ne se divisent pas εἰς διαφοράς, ἀλλὰ διαφοραῖς (Alexandre, 452, 1-3). Le genre ne saurait donc rentrer dans la notion et la définition des différences, et on ne doit pas définir une chose par la différence dans la définition de laquelle est inclus le genre.

4. Savoir, le pédestre ou le bipède.

5. Si le genre s'attribuait à la différence (et non à l'espèce formée du genre et de la différence), le genre serait plusieurs fois attribut de l'espèce (l. 37,

espèces, soit des individus[1], si elles sont des animaux, car chaque animal est soit une espèce, soit un individu.

On doit examiner encore de la même façon, si l'espèce, ou l'une des choses au-dessous de l'espèce, est affirmée de la différence : cela est, en effet, impossible, puisque la différence 5 a plus d'extension que les espèces. En outre, le résultat sera que la différence est une espèce, si l'une des espèces est affirmée d'elle : si, par exemple, *homme*, est attribué à la différence, il est évident que la différence est *homme*[2]. – Et encore, il faut voir si la différence n'est pas, en fait, antérieure à l'espèce, car la différence doit être postérieure au genre, mais 10 antérieure à l'espèce[3].

Il faut examiner encore si la différence indiquée appartient à un genre différent, qui n'est ni contenu, ni contenant[4]. On

πολλὰ ζῷα = πολλάκις τὸ ζῷον, Waitz, II, 500). En effet, *animal* se dirait une fois de l'espèce *homme*, une fois de la différence *raisonnable*, ce qui sans doute constituerait une nouvelle espèce, pour laquelle renaîtrait la même difficulté (*cf.* Alexandre, 452, 5).

1. Ce qui est absurde. – Autre raison pour prouver que le genre ne peut être affirmé de la différence. *Nam de quibuscumque praedicatur genus « animal », ea aut species sunt animalium aut individua, ut differentiae aut species aut individua essent, quod ineptum est* (Waitz, II, 500). Par exemple si *raisonnable* est *animal*, il est nécessaire que *raisonnable* soit une espèce d'animaux ou un animal individuel, puisque rien d'autre n'est contenu dans le genre que l'espèce et l'individu (*cf.* aussi Alexandre, 452, 17, qui expose bien le raisonnement d'Aristote).

2. Si *homme* est attribué à *pédestre*, *pédestre* sera *homme*, ce qui est absurde.

3. La différence est antérieure à l'espèce, parce que, jointe au genre, elle forme l'espèce (cf. *supra*, 143 *b* 8).

4. C'est-à-dire, ni contenu dans le genre en question, ni contenant ce genre. – *Si est differentia alterius generis non subalterni, certe non est differentia hujus generis cui in definitione est adjuncta* (Pacius, II, 436). *Cf.* aussi *Catég.*, 3, 1 *b* 6.

admet généralement, en effet, que la même différence ne peut
pas être à deux genres dont l'un ne contient pas l'autre. Sinon,
15 il arrivera que la même espèce aussi sera dans deux genres
dont l'un ne contient pas l'autre : car chacune des différences
emporte avec elle son propre genre, le pédestre et le bipède,
par exemple, emportant avec eux l'animal. Si donc chacun
des genres est vrai aussi de ce dont la différence est vraie, il
s'ensuit manifestement que l'espèce devra être dans deux
genres dont l'un ne contient pas l'autre [1]. Ou peut-être n'est-il
20 pas impossible pour la même différence, d'être à deux genres
dont l'un ne contient pas l'autre, et devons-nous ajouter *excepté*
quand tous deux sont eux-mêmes subordonnés à un même
genre [2] : c'est ainsi que l'animal pédestre et l'animal ailé sont
des genres dont l'un ne contient pas l'autre, et le bipède est la
différence de tous les deux. Il faut donc ajouter *excepté quand*
les genres sont eux-mêmes compris sous le même genre, car
25 ils sont ici l'un et l'autre subordonnés à l'animal [3]. Il est évident aussi [4] qu'il n'y a pas de nécessité pour la différence

---

1. Ce qui est impossible.
2. Aristote apporte une restriction à ce qu'il vient de dire. Une différence
(le bipède) peut appartenir à deux genres non subordonnés (animal pédestre et
animal ailé), quand ces deux genres appartiennent eux-mêmes à un troisième
genre commun (animal).
3. En résumé, la même différence ne peut pas appartenir à deux genres qui
ne sont pas subordonnés entre eux, et qui ne rentrent pas eux-mêmes dans un
genre supérieur.
4. Conséquence de ce qui précède. Si la même différence peut appartenir à
deux genres, non subordonnés mais rentrant dans un genre supérieur, il est
évident aussi, etc… (*cf.* Waitz, II, 500-501). Si, par exemple, la différence
bipède peut appartenir à *animal pédestre* et à *animal ailé* (genres rentrant eux-
mêmes dans le genre *animal*), elle n'implique pas plus le genre *animal pédestre*

d'emporter avec elle la totalité de son genre propre, étant donnée la possibilité pour la même différence d'être à deux genres dont l'un ne contient pas l'autre ; ce qui est nécessaire, c'est qu'elle emporte seulement avec elle l'un ou l'autre des genres, avec, en plus, tous ceux qui lui sont supérieurs, comme le bipède emporte avec lui ou bien l'animal ailé, ou bien l'animal pédestre.   30

Il faut voir encore si on a donné l'existence *dans* quelque chose comme la différence de la substance d'une chose[1] : car il semble bien qu'une substance ne diffère pas d'une substance par sa localisation. C'est pourquoi aussi on blâme ceux qui divisent l'animal par les termes *pédestre* et *aquatique*, attendu que le pédestre et l'aquatique indiquent uniquement une localisation. Ou bien peut-être, dans ces cas, le reproche n'est-il pas justifié : l'aquatique ne signifie pas, en effet, l'existence 35 dans quelque chose ni un certain lieu, mais bien une certaine qualité, puisque, si la chose est à sec, elle n'en est pas moins aquatique ; et de même, l'animal pédestre, même dans l'eau, sera pédestre et non aquatique. Toutefois s'il arrive jamais à la 145 *a* différence de signifier l'existence en quelque chose, il est clair qu'on aura commis une erreur dans la définition.

Et encore, il faut voir si on a donné l'affection pour la différence[2] : car toute affection, en devenant plus intense, défait la substance de la chose, tandis que la différence n'est jamais dans ce cas. La différence, en effet, paraît plutôt sauve- 5

que le genre *animal ailé* : elle implique seulement l'un ou l'autre, et en plus les genres plus élevés (*animal*) où ce genre est contenu.

1. *Quod significat ubi, non est differentia* (Pacius, II, 437).

2. Si l'adversaire dit, par exemple, que l'homme est un animal chaud ou froid (Alexandre, II, 455, 6).

garder ce dont elle est la différence, et il est absolument impossible pour chaque chose d'exister indépendamment de sa
différence propre : si le pédestre n'est pas, il n'y aura pas
d'homme. En fait, absolument parlant, rien de ce en vertu de
quoi la chose est sujette à altération ne peut constituer une
différence pour cette chose, car toutes les déterminations de
10 cette sorte, en devenant plus intenses, défont la substance. Par
conséquent, si on a donné quelque différence de cette nature,
on a commis une erreur, car nous ne subissons absolument
aucune altération selon nos différences.

De plus, il faut examiner si, en fait, on a donné pour
différence d'un terme relatif, une différence qui n'est pas elle-
même relative : car les différences des relatifs sont elles-
mêmes des relatifs, comme c'est le cas pour la science aussi [1].
15 Cette dernière, en effet, est dite spéculative, pratique et poé-
tique, et chacune de ces différences marque une relation, la
science étant la théorie de quelque chose, la production de
quelque chose, et l'action de quelque chose.

Il faut encore examiner si, en définissant, on a rapporté
chacun des relatifs à ce à quoi il est naturellement relatif [2]. En
20 effet, tandis que, dans certains cas, chacun des relatifs ne peut
être employé qu'en relation avec ce à quoi il est naturellement
relatif, à l'exclusion de toute autre chose, dans d'autres cas il
peut être aussi employé en relation avec une autre chose : par
exemple, la vue sert seulement à voir, tandis que l'étrille peut
aussi servir à puiser de l'eau. Pourtant, si on définissait l'étrille

---

1. Laquelle est relative à son objet.
2. *Differentia petenda est ex eo ad quod res per se refertur, non ex eo ad quod refertur per accidens* (Pacius, II, 437).

comme un instrument pour puiser de l'eau, on commettrait une erreur, car ce n'est pas à cet usage qu'il se rapporte naturellement. La définition de ce à quoi une chose est naturellement 25 relative, c'est *ce à quoi la chose serait employée par l'homme prudent en tant que prudent, et par la science propre à celle chose.*

Ou encore, il faut voir si, alors qu'un terme se trouve être en relation avec plusieurs choses, on ne l'a pas donné, en fait, dans sa relation primordiale : si on a défini, par exemple, la prudence comme étant la vertu de l'homme ou de l'âme, et non comme étant celle de la partie rationnelle de l'âme ; car la 30 prudence est primordialement la vertu de la partie rationnelle, puisque c'est seulement d'après cette faculté que l'âme et l'homme sont dits avoir la prudence.

En outre, si la chose, dont le terme défini a été dit une affection, ou une disposition, ou n'importe quelle autre détermination, n'est pas susceptible de la recevoir, c'est qu'une erreur a été commise dans la définition[1]. Toute disposition, en effet, et toute affection, se produit naturellement dans la chose 35 dont elle est une disposition ou une affection, comme la science aussi se produit dans l'âme, étant une disposition de l'âme. Mais parfois on se trompe dans des cas de cette sorte : quand on dit, par exemple, que le sommeil est une impuissance 145 *b* de la sensation, l'incertitude une égalité de raisonnements contraires, et la douleur une séparation violente des parties naturellement unies. En effet, le sommeil n'est pas un attribut de la sensation (tandis qu'il devrait l'être, s'il était une impuis-

---

1. Si l'affection, ou la disposition, a été définie comme se trouvant dans un sujet qui, en réalité, n'est pas apte à la recevoir, la définition ne vaut rien.

5 sance de la sensation); de même l'incertitude n'est pas non
plus un attribut des raisonnements contraires; ni la douleur un
attribut des parties naturellement unies, car les choses inanimées auraient alors de la douleur, puisque la douleur[1] serait
présente en elles. Telle est encore la définition de la santé, si on
dit qu'elle est un équilibre des éléments chauds et froids, car
alors il faudra nécessairement que les éléments chauds et
froids aient de la santé : l'équilibre de chaque chose est, en
10 effet, un attribut inhérent aux choses dont il est l'équilibre, de
sorte que la santé serait un attribut de ces choses. En outre, il se
passe que ceux qui définissent de cette façon posent l'effet
pour la cause, ou inversement. En effet, la séparation des
parties naturellement unies n'est pas une douleur, mais seulement une cause de douleur; ni non plus le sommeil une impuis-
15 sance de la sensation, mais l'un est la cause de l'autre, car ou
nous dormons parce que la sensation défaille, ou la sensation
défaille parce que nous dormons[2]. De même aussi, l'égalité
entre des raisonnements contraires semblerait bien être la
cause de l'incertitude : en effet, lorsque, raisonnant dans
les deux sens, toutes les raisons nous paraissent égales de part
et d'autre, c'est alors que nous sommes dans l'incertitude sur
20 l'action à entreprendre.

En outre, il faut porter son attention sur toutes les périodes
de temps, et voir s'il n'y a pas à cet égard quelque discordance

---

1. Telle qu'elle est définie, l. 1 et 2, *supra*, comme une séparation violente
des parties unies naturellement : les choses inanimées ont, en effet, elles aussi,
des parties naturelles qui peuvent être violemment séparées.
2. L. 16, nous lisons ὑπνοῦμεν, et non ὑπνώσομεν.

< entre le défini et la définition >[1] : si l'on a, par exemple, défini l'immortel ce qui est un vivant présentement incorruptible[2], car le vivant présentement incorruptible ne sera que présentement immortel. Ou bien il peut se faire aussi, dans ce cas, que la conséquence ne s'ensuive pas[3], en raison de l'ambiguïté de l'expression *présentement incorruptible*, qui peut signifier soit que la chose n'a pas été détruite présentement, soit qu'elle ne peut pas être détruite présentement, soit 25 enfin qu'elle est présentement telle qu'elle ne peut jamais être détruite. Quand donc nous disons qu'un vivant est présentement incorruptible, nous voulons dire qu'il est présentement un vivant tel qu'il est de nature à n'être jamais détruit : or cela revient à dire qu'il est immortel, de sorte qu'il n'en résulte pas qu'il soit immortel seulement au moment présent. Mais cependant, s'il arrive que ce qui a été donné dans la définition 30 appartienne seulement au présent ou au passé, alors que ce qui est signifié par le nom y est étranger, il ne saurait y avoir identité <de la définition et du défini>[4].

Il faut donc se servir de ce lieu ainsi que nous l'avons dit.

1. *Cf.* Alexandre, 459, 5. L'attribut limité à un certain temps n'est pas une différence.

2. Et non dans le passé, ni dans l'avenir, de sorte que le vivant n'est pas immortel ἁπλῶς.

3. Aristote apporte une correction à ce qu'il vient de dire. L'expression *présentement incorruptible* peut signifier non seulement ce qui *nunc* est périssable ou peut périr, mais encore ce qui est *nunc* de nature à ne jamais périr, de sorte qu'elle est synonyme d'*immortel* ἁπλῶς, requis pour une véritable définition.

4. *Cf.* Waitz, II, 501 : *Sin autem aliquando fit, est definitio* (τὸ κατὰ τὸν λόγον ἀποδοθέν) *temporis praesentis vel praeteriti notionem habeat, dum a re ipsa* (τὸ κατὰ τοὔνομα) *temporis finiti ratio aliena sit definitionem non idem exprimere quod notionem defliniendam apparet.*

7
< Autres lieux >

Il faut examiner encore si quelque autre chose exprime la
nature de la chose définie plus correctement que la définition
35 donnée : c'est le cas, par exemple, si on définit la justice
comme la faculté distributive de l'égalité. En effet, *juste*
indique plutôt l'homme qui veut, de propos délibéré, distribuer
l'égalité, que l'homme qui en a seulement la capacité ; de sorte
que la justice ne saurait être la faculté distributive de l'égalité,
146 a car alors aussi l'homme le plus juste serait l'homme qui aurait
la plus grande capacité de distribuer l'égalité [1].

En outre, il faut voir si la chose est susceptible de plus [2],
tandis que ce qui est donné selon la définition [3] ne l'est pas, ou,
inversement, si ce qui est donné selon la définition est suscep-
5 tible de plus, tandis que la chose ne l'est pas. Il faut, en effet,
que chose et définition soient l'une et l'autre susceptibles de
plus, ou qu'aucune des deux ne le soit, s'il est vrai que ce qui
est donné selon la définition est identique à la chose. – En
outre, il faut voir si, bien que chose et définition soient susceptibles de plus, elles ne croissent cependant pas en même
temps : c'est le cas si on a défini, par exemple, l'amour physique comme l'appétit de l'union charnelle. Car, en réalité,

---

1. Mais qui, en fait, ne l'exercerait pas. *Cf.* Alexandre, 460, 14 : κυριωτέρα
γὰρ ἡ προαίρεσις τῆς δυνάμεως. Οὐ γὰρ ὁ δυνάμενος ἀλλ' ὁ προαιρούμενος σπουδαῖος, κἂν μὴ δύναται. – Avec Pacius, I, 716, nous avons
traduit ὁ προαιρούμενος, l. 37, par *qui consulto vult*.

2. De *plus* et de *moins* : *num admittat gradum* (Waitz, II, 501), *suscipiat
intentionem* (Pacius, I, 717).

3. Ou plus simplement : la définition.

celui qui aime plus n'a pas un appétit plus intense[1] de l'union 10
charnelle, de sorte que ces deux choses[2] ne croissent pas en
même temps ; et pourtant il le faudrait s'il est vrai qu'il y avait
identité de la définition et du défini.

De plus, deux choses étant posées, il faut voir si à celle dont
le défini est susceptible de plus, on a donné une définition susceptible de moins[3] : si, par exemple, on a défini le feu comme
étant le corps qui est composé des plus fines particules. En 15
effet, la flamme est plus feu que la lumière, mais la flamme est
moins que la lumière un corps composé des plus fines particules ; or il faudrait que définition et défini appartinssent tous
deux plus à la même chose, s'il est vrai qu'il y avait identité
entre eux. — Et encore, il faut voir si, du défini et de la
définition, l'un appartient au même degré aux deux objets
proposés, tandis que l'autre n'appartient pas au même degré
aux deux, mais plus à l'un qu'à l'autre[4]. 20

---

1. La συνουσία étant φθαρτικὴ τοῦ ἔρωτος (Alex, 461, 8).

2. L'amour et le désir de l'union.

3. *Num, si et definitio et notio definita de aliis praedicentur, gradus quem utraque admittat non simul augeatur* (Waitz, II, 501). – Dans l'exemple qui suit, la flamme et la lumière sont des espèces du feu. La définition du feu comme le corps le plus subtil doit être rejetée. En effet, si c'était la définition du feu, ce qui est plus feu devrait être aussi plus corps le plus subtil ; or c'est ce qui n'est pas, puisque ce qui est plus feu est la flamme, et ce qui est plus corps le plus subtil, la lumière.

4. Variante du lieu précédent. – *Si duobus definitum aeque attribuitur, definitio vero inaequaliter attribuitur ; vel contra definitio aeque attribuitur, definitum autem inaequaliter, certe definitio prava est* (Pacius, II, 438). C'est le cas où on définit, le feu, par exemple, comme un corps combustible : car le charbon et la flamme sont *aeque* du feu, mais ils ne sont pas *aeque* combustibles (Alexandre, 461, 27).

En outre, il faut voir si on a donné la définition relativement à deux choses prises séparément[1] : par exemple, si on définit le beau ce qui est agréable à la vue ou à l'ouïe[2], et l'être ce qui est capable de pâtir ou d'agir. En effet, la même chose sera alors à la fois belle et non-belle, et, pareillement, sera à la fois être et non-être. C'est que l'agréable à l'ouïe sera identique au beau,
25 de sorte que le non-agréable à l'ouïe sera identique au non-beau : en effet, de choses identiques les opposés sont aussi identiques, et l'opposé du beau est le non-beau, tandis que l'agréable à l'ouïe a pour opposé le non-agréable à l'ouïe ; on voit ainsi qu'il y a identité du non-agréable à l'ouïe avec le
30 non-beau. Si donc une chose est agréable à la vue mais non à l'ouïe, elle sera à la fois belle, et non-belle[3]. Nous montrerions aussi de la même façon que la même chose est à la fois être et non-être.

En outre, pour les genres, les différences, et tous les autres termes donnés dans la définition, on mettra les définitions à la
35 place des noms, et on verra alors s'il y a quelque discordance[4].

---

1. La définition d'une chose ne doit pas être donnée *per disjunctionem duorum* (agréable à la vue, *ou* à l'ouïe).

2. Cf. *Hipp. maj.*, 297 e, 299 c.

3. Le raisonnement d'Aristote (l. 23-31) repose sur la disjonction des deux membres de la définition (*agréable à l'ouïe, agréable à la vue*). Si le beau est l'agréable à la vue *ou* à l'oreille, il s'ensuit que l'agréable à la vue est le beau et que, pareillement, l'agréable à l'ouïe est le beau. Donc ce qui n'est pas agréable à la vue est le non-beau ; or cela peut être ce qui est agréable à l'ouïe et n'est pas agréable à la vue. On aboutit ainsi à une contradiction, puisqu'on a posé que ce qui est agréable à l'ouïe est beau.

4. La définition étant composée du genre et des différences, il faudra, si on veut la ruiner, substituer à chacun de ces éléments leurs propres définitions, et relever les discordances qui peuvent exister entre noms et définitions (Alexandre, 463, 9).

8
<*Autres lieux*>

Si le terme défini est un relatif, soit en lui-même, soit en raison de son genre, il faut examiner si on a eu le tort de ne pas indiquer dans la définition ce à quoi il est relatif, soit en lui-même, soit en raison de son genre [1] : si, par exemple, on a défini **146 b** la science un jugement inébranlable, ou le vouloir un désir sans tristesse. En effet, l'essence de tout relatif, c'est de se rapporter à une autre chose, puisque nous avons dit [2] que tout l'être de chaque relatif ne consiste en rien d'autre que de se trouver dans une certaine relation. Il fallait donc dire que la science est un **5** jugement du connaissable, et le vouloir un désir du bien. De même encore, si on a défini la Grammaire la science des lettres : car il fallait donner, dans la définition, soit ce à quoi le terme défini lui-même est relatif, soit du moins ce à quoi son genre est relatif [3]. – Ou encore, il faut voir si on a eu le tort de ne pas donner un terme relatif en relation avec sa fin, la fin étant, **10** en chaque chose, ce qu'il y a de meilleur ou ce en vue de quoi tout le reste existe. Il faut donc indiquer l'élément le meilleur ou l'élément dernier, dire, par exemple, que l'appétit est

1. La définition exprimant l'essence, et l'essence de tout relatif consistant dans sa relation avec son corrélatif, il est clair que la définition doit indiquer ce corrélatif. (La science devra être définie par rapport au connaissable, et le vouloir par rapport au bien). – Le relatif est *par soi* (la science et le connaissable, la sensation et le sensible, le double, et la moitié), ou *ratione generis* (la Géométrie, la Grammaire, espèces de la science). – Sur les relatifs en général, cf. *Catég.*, 7, et les notes de notre traduction [2004, p. 43-55].

2. Cf. *Catég.*, 7, et notamment 8 *a* 31.

3. La Grammaire est relative par soi *ad legendum et scribendum* (cf, *supra*, 5, 142 *b* 30); elle est relative en raison de son genre (la science) au connaissable.

appétit non pas de l'agréable, mais du plaisir, car c'est en vue de celui-ci que nous recherchons aussi l'agréable.

Il faut examiner encore si ce à quoi on a rapporté le terme est un devenir ou une action : car rien de tout cela n'est une fin[1]. C'est le terme de l'action et du devenir qui est une fin,
15 plutôt que l'action et le devenir en eux-mêmes. Ou peut-être cette règle n'est-elle pas vraie dans tous les cas, car la plupart des hommes préfèrent jouir à cesser de jouir, de sorte qu'ils se feraient bien plutôt une fin de l'action elle-même que de son terme.

20   De plus, dans certains cas, il faut voir si on a omis de distinguer la quantité, ou la qualité, ou le lieu, ou les autres différences d'une chose[2] : par exemple, pour l'ambitieux, la quantité et la qualité des honneurs qu'il désire, car, tous les hommes désirant les honneurs, il s'ensuit qu'il ne suffit pas d'appeler ambitieux celui qui les désire, mais il faut ajouter les différenciations dont nous venons de parler. De même encore
25 pour le cupide, il faut dire la quantité des richesses qu'il désire, ou, pour l'intempérant, au sujet de quels plaisirs il l'est : car celui qui se livre à une espèce quelconque de plaisir n'est pas appelé intempérant, mais c'est celui qui se livre à une espèce déterminée de plaisir. Ou c'est encore le cas quand on définit la nuit une ombre sur la terre, le tremblement de terre un mouvement de la terre, le nuage une condensation de l'air, ou le vent un mouvement de l'air : il faut encore spécifier la quantité, la

---

1. Or c'est à la fin, nous le savons (*supra*, l. 9-12), que doit se rapporter le relatif. = Ce que les hommes recherchent, c'est l'objet de l'action et non l'action en elle-même, sauf la correction indiquée l. 16 et *sq.* (*Cf.* aussi *Éth. Nic.*, I, 1).

2. Sur la présence du génitif, l. 20, *cf.* Waitz, II, 502 : Aristote a dans l'esprit l'exemple qui suit.

qualité, le lieu et la cause. Même remarque pour les autres cas 30
de cette sorte : laisser de côté une différence quelle qu'elle soit,
c'est ne plus indiquer la quiddité. Et il faut toujours diriger son
attaque contre ce qui manque dans la définition : un mouvement de la terre, en effet, pris indépendamment de sa nature
et de son ampleur, ne sera pas un tremblement de terre ; un
mouvement de l'air, indépendamment de sa nature et de son
ampleur, ne sera pas non plus un vent.   35

En outre, dans le cas des désirs, il faut voir si on a omis
d'ajouter le mot *apparent*, et il en est de même pour tous les
autres cas où il s'applique : si l'on dit, par exemple, que le
vouloir est un désir du bien, ou l'appétit un désir de l'agréable, 147 *a*
sans dire, qu'il s'agit du bien ou du plaisir apparent. Souvent,
en effet, quand on désire, on ne fait pas attention à ce qui est
bon ou agréable, de sorte qu'il n'est pas nécessaire que l'objet
soit en réalité bon ou agréable, il suffit qu'il le paraisse. On
devait donc aussi donner la définition en tenant compte de
cette restriction. D'autre part, même si le terme en question a 5
été ajouté dans la définition, il faut amener sur le terrain des
Idées l'adversaire qui soutient l'existence des Idées[1]. Il n'y
a en effet Idée de rien de ce qui est apparent, mais il semble
bien que l'Idée est toujours dite par rapport à une Idée : par
exemple, l'Appétit-en-soi est celui de l'Agréable-en-soi, et
le Vouloir-en-soi, du Bien-en-soi ; ce ne sera donc pas du

---

1. *Si quis autem quod modo diximus vitium non admiserit, sed adjecerit
definitioni* τὸ φαινόμενον, *alia ratione redargui poterit, si ideas esse
contendat : nam idearum naturae ita repugnat* τὸ φαινόμενον, *ut cum ea
conciliari nullo modo possit* (Waitz, II, 502).

10 bien apparent ni de l'agréable apparent, car l'existence d'un
Bien-apparent-en-soi ou d'un Agréable-apparent-en-soi est
une absurdité.

9
<Autres lieux>

De plus, si la définition est celle de l'état, il faut porter son
attention sur le sujet qui le possède, et si la définition est celle
du sujet qui possède l'état, il faut porter son attention sur l'état.
Et de même pour tous les autres cas de ce genre. Par exemple,
15 si l'agréable est identique à l'utile, alors aussi l'homme qui
ressent du plaisir retire de l'utilité. En un mot, dans les définitions de cette sorte, il arrive à celui qui définit, de définir, en
un certain sens[1], plusieurs choses au lieu d'une seule : en définissant la science, par exemple, on définit aussi d'une certaine
façon l'ignorance, et pareillement encore le savant et l'igno-
rant, ainsi que savoir et ignorer. Car le premier terme étant
20 éclairci, le reste aussi, en un certain sens, s'éclaircit. Il faut
donc se mettre en garde, dans tous les cas de ce genre, contre
quelque discordance, en se servant pour cela des principes
élémentaires tirés de la considération des termes contraires et
des termes appartenant à une même série[2].

En outre, dans le cas de termes relatifs, il faut voir si
l'espèce est donnée comme relative à l'espèce de ce à quoi le

---

1. *Virtualiter*, précise Sylvius Maurus, I, 552.
2. Renvoi à II, 7, 8, 9; IV, 3, 4, et V, 6. – L'attribut contraire appartient au
sujet contraire, et le terme apparenté, aux autres termes de la même série.
L. 22, il faut lire στοιχείοις (l'édition Strache-Wallies contient une faute
évidente).

genre est lui-même donné comme relatif[1]. Si, par exemple, la croyance est relative à l'objet de croyance, il faut voir si une croyance déterminée est relative à un objet déterminé de croyance; et si le multiple est relatif au sous-multiple, il faut voir si un multiple déterminé est relatif à un sous-multiple déterminé : car si ces correspondances ne sont pas données, il est clair qu'une erreur a été commise.

Il faut voir encore si l'opposé du terme a la définition opposée, si, par exemple, la définition de la moitié est l'opposée de celle du double : car si le double est ce qui dépasse d'une quantité égale, la moitié est ce qui est dépassé d'une quantité égale. – Pour les contraires, la règle est la même : car au terme contraire s'appliquera la définition qui est contraire selon l'un des modes de combinaison des contraires[2]. Par exemple, si l'utile est ce qui produit le bien, le nuisible est ce qui produit le mal ou ce qui détruit le bien, car l'une ou l'autre de ces deux dernières expressions est nécessairement le contraire du terme originaire[3]. Si donc ni l'une ni l'autre n'est le contraire du terme originaire, il est clair qu'aucune des définitions données en dernier lieu[4] ne saurait être la définition du contraire du terme originairement défini; par suite, la définition originairement donnée <du terme originaire> n'a pas été non plus correctement donnée[5]. – Et puisque, pour certains des

_____

1. Si le genre A est relatif au genre B, l'espèce a, comprise sous le genre A, doit être relative à l'espèce b comprise sous le genre B.

2. Cf. *supra*, II.

3. C'est-à-dire de la définition de l'utile (ce qui produit le bien).

4. Savoir, ce qui produit le mal et ce qui produit le bien.

5. Le raisonnement d'Aristote, depuis 147 *b* 1, est bien résumé par Sylvius Maurus, I, 552 : *Si vero neutra ex his definitionibus nocivi sit contraria utili,*

contraires, l'un n'est désigné que par la privation de l'autre,
5 comme par exemple l'inégalité paraît bien être la privation de
l'égalité (car sont appelées inégales les choses qui ne sont pas
égales), il est par suite évident que le contraire désigné d'après
la privation doit nécessairement être défini par l'autre, tandis
que l'autre ne peut pas l'être par le terme désigné d'après la
privation, car il arriverait alors que chacun d'eux serait connu
par l'autre[1]. Il faut donc prendre bien garde, dans le cas de
10 termes contraires[2], de commettre une erreur de cette nature,
de définir, par exemple, l'égalité comme étant le contraire
de l'inégalité, car alors c'est la définir par le terme désigné
d'après la privation. En outre, en définissant ainsi, on est forcé
de se servir dans la définition du défini lui-même[3] : et cela
devient évident si au nom on substitue sa définition. En effet,
15 dire *inégalité* ne diffère en rien de dire *privation de l'égalité* ;
l'égalité <ainsi définie> sera donc le contraire de la privation
de l'égalité, de sorte qu'on aura employé le terme même qu'on

---

neutra erit definitio nocivi, ac proinde nec oratio his contraria (l'utile est ce qui
produit le bien) *est definitio utilis. Si enim haec esset definitio utilis, aliqua ex
contrariis esset definitio nocivi ; ergo si nulla ex contrariis est definitio nocivi,
nec ipsa est definitio utilis.*

1. Ce qui est inadmissible. La privation peut être connue par l'état mais non
pas inversement : on peut définir l'inégalité par la privation de l'égalité, mais
non l'égalité par la privation de l'inégalité.

2. Et quand l'un des contraires est la privation de l'autre.

3. Autre raison pour montrer qu'on ne peut définir un état par sa privation,
l'égalité, par exemple, par la privation de l'inégalité. En effet, l'inégalité = la
privation de l'égalité (car on peut toujours remplacer un nom par sa définition) ;
par suite, si l'égalité est définie par sa privation (l'inégalité), elle sera le
contraire de l'inégalité, autrement dit de la privation de l'égalité. On arrive ainsi
à définir *idem per idem*, à poser dans la définition de l'état l'état lui-même
(d'après Waitz, II, 503).

doit définir. – Supposons pourtant[1] qu'aucun des deux contraires ne soit désigné selon la privation, mais que cependant la définition soit donnée de la même façon que précédemment, si on a, par exemple, défini le bien comme le contraire du mal, alors, puisqu'il est clair que le mal aussi sera le contraire du bien (car la définition des choses qui sont contraires de cette façon doit être donnée de la même manière), le résultat, là 20 encore, est qu'on emploie le défini lui-même : car le bien est contenu dans la définition du mal. Si donc le bien est le contraire du mal, et si le mal ne diffère en rien du contraire du bien, le bien sera le contraire du contraire du bien. On voit donc qu'on s'est servi du terme même à définir.   25

En outre, il faut voir si, en donnant le terme désigné selon la privation[2], on a manqué de donner le terme dont il est la privation, à savoir l'état, ou le contraire, ou telle autre chose dont il est la privation ; et aussi, si on a omis d'ajouter le terme dans lequel la privation se produit naturellement, soit qu'on n'ait ajouté absolument aucun terme, soit qu'on n'ait pas

1. Un contraire ne saurait être défini par son contraire, même en dehors des cas où l'un n'est pas la privation de l'autre. En effet, le même vice de raisonnement que ci-dessus se rencontrera ; on définira *idem per idem*. Si, par exemple, on pose le mal dans la définition du bien (*le bien est le contraire du mal*), c'est comme si on posait la définition du mal lui-même (*le mal est le contraire du bien*) : la tautologie est flagrante (*le bien est le contraire du contraire du bien*). – Pour le texte des l. 19 et 20, nous acceptons les corrections proposées par Pickard-Cambridge. Nous lisons, en conséquence, δῆλον γὰρ ὅτι καὶ κακόν... ἀποδοτέος ἐστι (et non ἀποδοτέος ὥστε), et nous considérons τῶν γὰρ οὕτως... ἀποδοτέος ἐστι comme une parenthèse.

2. La définition d'un terme privatif (l'ignorance, par exemple) doit indiquer l'état correspondant à cette privation (l. 26-28), ainsi que le sujet qui en est privé (l. 28-29), et ce sujet doit être le sujet premier, en lequel l'état se réalise naturellement et primordialement.

ajouté le sujet premier dans lequel se produit naturellement la
privation. C'est le cas, par exemple, si, définissant l'ignorance
30 comme une privation, on n'a pas dit qu'elle est une privation
de la science ; ou si on n'a pas ajouté le sujet dans lequel elle se
produit naturellement ; ou si, tout en ajoutant le sujet, on n'a
pas donné le sujet premier dans lequel elle a lieu : si on a dit,
par exemple, qu'elle est, non pas dans la partie rationnelle de
l'âme, mais dans l'homme ou dans l'âme. Si, en effet, on a
manqué à l'une quelconque de ces règles, on a commis une
erreur. Il en est de même encore si on n'a pas indiqué que la
35 cécité est une privation de la vue dans un œil[1] : car pour définir
148 a correctement sa nature, il faut établir à la fois de quoi elle est la
privation, et quel est le sujet de cette privation.

Il faut voir encore si on a défini par la privation un terme
qui n'est pas dit selon la privation. Par exemple, dans le cas de
5 l'ignorance, une erreur de ce genre aussi paraîtrait le fait de
ceux qui entendent l'ignorance comme n'étant pas une pure
négation[2]. En effet, le sujet qui n'a pas la science n'ignore pas,
semble-t-il bien ; c'est plutôt celui qui s'est trompé. Voilà
pourquoi nous ne disons ni des êtres inanimés, ni des enfants,
qu'ils ignorent. L'ignorance ne doit donc pas être dite selon la
privation de la science.

1. Autre exemple, qui n'ajoute rien à ce qui précède.
2. Cf, *Anal. post.*, 1, 16, 79 *b* 23. – L'ignorance κατ' ἀπόφασιν est
légitimement définie par la privation ; par contre, l'ignorance qui n'est pas κατ'
ἀπόφασιν (l. 5), mais κατὰ διάθεσιν, n'est pas un simple état négatif,
et on commettrait une erreur en voulant la définir par la privation (*Cf.* Waitz,
II, 503).

10
< Autres lieux >

En outre, il faut voir si les inflexions semblables de la **10** définition s'accordent avec les inflexions semblables du nom défini : si, par exemple, *utile* signifie *productif de santé*, *utilement* signifie *productivement de santé*, et *ayant été utile*, *ce qui a produit la santé*.

Il faut encore examiner si la définition indiquée s'appliquera aussi à l'Idée. Dans certains cas, en effet, cette correspondance ne se produit pas : par exemple, quand Platon ajoute **15** le terme *mortel* dans sa définition des animaux. En effet, l'Idée, par exemple l'Homme-en-soi, ne peut être mortelle, de sorte que la définition ne s'applique pas à l'Idée. Absolument parlant, partout où sont ajoutés les termes *capable d'agir* ou *capable de pâtir*, il y a nécessairement discordance de la définition avec l'Idée, car, pour ceux qui professent l'exis- **20** tence des Idées, elles sont, semble-t-il bien, impassibles et immobiles [1]. Et c'est contre ces théoriciens [2] que même les arguments de ce genre sont utiles,

De plus, il faut voir si, pour les termes employés par homonymie, on a donné une seule définition commune à tous les sens [3]. En effet, ce sont les termes synonymes qui n'ont qu'une seule définition pour leur commune dénomination ; par suite, la définition donnée n'est propre à aucune des choses **25**

1. Cf. *supra*, II, 7, 113 *a* 25-31, et la note.
2. L. 21, nous lisons, avec Bekker, τούτους, au lieu de τούτοις (Waitz) ou τοιούτους (Strache-Wallies).
3. Une définition commune ne peut s'appliquer qu'aux synonymes, non aux homonymes.

contenues sous le terme homonyme, puisqu'elle s'applique de
la même manière à tout ce qui est contenu sous ce terme[1]. Or
tel est le vice de la définition que Denys[2] a donnée de la vie,
quand il dit qu'elle est un mouvement d'un genre d'êtres
nourrissable, congénitalement présent : ce caractère n'appartient pas plus aux animaux qu'aux plantes, tandis que la vie,
30 semble-t-il, ne signifie pas une seule espèce de chose, mais elle
est autre dans les animaux et autre dans les plantes[3]. Il peut
donc se faire qu'on veuille délibérément donner la définition
de cette façon-là[4], en considérant que la vie est un terme
synonyme et toujours employé pour signifier une seule espèce
de choses; mais il peut arriver aussi que, tout en apercevant
l'homonymie et en ne voulant donner que la définition d'un
35 seul des deux sens du terme, on ne se rende pas compte qu'on a
donné une définition qui n'est pas propre au sens qu'on se
proposait de définir, mais qui est commune aux deux sens. Il
n'en est pas moins vrai que, quelle que soit la façon de
procéder, on commet une erreur[5]. – Et puisque les termes

---

1. *Ea quorum una est secundum nomen definitio sunt univoca; ergo non
sunt aequivoca; ergo cum definitio convenit omnibus, de quibus nomen dicitur
aequivoce, nullum eorum definitur, cum non possit ullum eorum definiri, nisi
propria definitione, quae non conveniat cœteris* (Sylvius Maurus, I, 554).

2. Denys le Sophiste, cité encore par Aristote, *Physiogn.*, 3, 808 a 16. On ne
sait rien de lui.

3. Autrement dit, la vie, notion homonyme et équivoque, n'est pas
susceptible d'une définition unique, s'appliquant également aux animaux et
aux plantes.

4. C'est-à-dire la définition d'une notion homonyme.

5. Deux sortes d'erreurs (l. 31-37); soit en prenant un homonyme pour un
synonyme et en donnant volontairement une seule définition pour deux notions
en réalité équivoques (c'est l'erreur de Denys); soit en ayant conscience de

homonymes échappent parfois à l'attention, il faut que celui qui interroge s'en serve comme s'ils étaient synonymes (car la **148 b** définition de l'un des sens ne s'appliquera pas à l'autre, de sorte que celui qui répond ne paraîtra pas l'avoir défini comme il convient, puisque le terme synonyme doit s'appliquer à tout ce qui est contenu sous lui)[1], tandis que celui qui répond doit, au contraire, distinguer les différents sens du terme[2]. – En outre, comme certains de ceux qui répondent, d'une part appellent homonyme ce qui est en réalité synonyme, quand la définition donnée ne s'applique pas à tout ce qui est compris sous le défini, et, d'autre part[3], appellent synonyme ce qui est en réalité homonyme, quand la définition donnée s'applique **5** aux deux sens du terme, dans ces conditions, il faut au

---

l'homonymie, mais en donnant une définition qui, au lieu d'être propre à un seul sens, s'applique aux autres genres du terme équivoque (*cf.* Waitz, II, 504).

1. Celui qui veut réfuter une définition (tel est le sens de ὁ ἐρωτῶν, l. 37 : *cf.* Alexandre, 474, 5 et Pacius, I, 724, et II, 441 ; Waitz, II, 504, traduit *is qui thesin probare vult*) a intérêt à considérer un terme homonyme comme un synonyme, quand l'homonymie a échappé à son adversaire. En effet, il lui sera aisé de montrer que le terme, en sa qualité de synonyme, ne convient pas à toutes les espèces du défini.

2. Celui qui répond a, au contraire, intérêt à prouver que la communauté des différents sens n'est que verbale (Alexandre, 474, 8).

3. Inversement. – L'argumentation des l. 4-10 est celle-ci. Il faut déterminer préalablement, d'accord avec l'adversaire, ou au besoin par une preuve antérieure, si le terme dont on se sert est homonyme ou synonyme. Sinon, l'adversaire peut, dans le cours de la discussion, soutenir qu'un terme synonyme est homonyme, sous prétexte qu'il ne s'applique pas à toutes les espèces ou à tous les individus (si, par exemple, on définit l'animal comme une substance animée irrationnelle, l'adversaire, étant donné que cette définition ne s'applique pas à tous les animaux, dira que la notion d'animal est un homonyme qui n'admet pas de définition commune) ; ou, inversement, qu'un terme homonyme est synonyme, sous prétexte qu'il s'applique à toutes les espèces et à tous les individus (*cf.* Alexandre, 474, 19).

préalable s'accorder avec l'adversaire sur ces points-là, ou sinon prouver auparavant que le terme est homonyme ou synonyme, suivant le cas : car l'entente se fait plus aisément, quand on ne prévoit pas quelle sera la conséquence. Mais si,

10 aucun accord n'étant intervenu, on prétend que ce qui est réellement synonyme est homonyme du fait que la définition donnée ne s'applique pas au second sens, il faut examiner si la définition de ce second sens s'applique aussi aux sens restants : car, s'il en est ainsi, il est évident que ce sens doit être synonyme avec les termes restants, sinon il y aurait plusieurs définitions de ces sens restants, puisqu'on leur applique deux

15 définitions distinctes dans l'explication du terme, à savoir celle qui a été donnée en premier lieu, et celle qui l'a été en dernier[1]. – D'autre part, si, devant définir un terme pris en plusieurs acceptions, et si sa définition ne s'applique pas à elles toutes, l'adversaire prétendait non pas que le terme est

---

1. Et cette multiplicité de définitions pour un même terme est une absurdité. – Pour l'interprétation de ce passage assez difficile, cf. Waitz, II, 504 : *Si non convenerit inter disputantes, utrum ambiguum sit id quod definiatur an non sit, qui definitionem impugnat interdum notionem definitam, quamvis revera uno semper et eodem sensu dicatur, ambiguam esse dicit, ut propositam definitionem in omnia quae notioni definitae subjecta sunt, quadrare neget. Quod si quis fecit, videndum est, num definitio ejus partis rei definiendae, cui ille definitionem antea propositam convenire negat (nam alia hujus partis definitio jam proponenda erit), etiam reliquis partibus notionis quam ille ambiguam esse contendit apta sit : nam si his convenit, notionem, definitam non ambiguam esse concedatur, duae ejusdem rei definitiones erunt, quod absurdum est : namque una, quam ab initio propositam notionis ambiguae definitionem esse dixit adversarius, altera, quam deinceps prolatam singulis notionis definiendae partibus convenire adversarius ipsae concessit. Ut intelligantur quae diximus, tenendum est, quod notio ex partibus reapse diversis b c d e... constet, si ambigua sit; si vero non sit ambigua* (συνώνυμος) *ex partibus homogeneis a a' a'' a'''...*

homonyme mais que le nom ne s'applique pas proprement à toutes parce qu'elle-même sa définition ne s'y applique pas non plus, alors il faudrait rétorquer à un tel adversaire que, bien 20 que dans certains cas on ne doive pas s'exprimer comme le vulgaire, on est obligé pourtant de se servir de la terminologie traditionnelle et généralement suivie, et de ne pas procéder à de pareils bouleversements.

11
<Autres lieux>

Si on a donné une définition d'un terme complexe, il faut enlever la définition de l'un des éléments du terme complexe, et voir si le reste de la définition définit le reste du terme ; 25 sinon, il est évident que la totalité de la définition ne définit pas non plus la totalité du terme. Par exemple, si on a défini la ligne droite finie comme étant la limite d'une surface pourvue de limites et dont le milieu est dans l'alignement des extrémités ; et si la définition de la ligne finie est qu'elle est la limite d'une surface pourvue de limites, le reste, à savoir *dont le milieu est dans l'alignement des extrémités*, doit être la définition de *droite*. Or, en réalité, la ligne infinie n'a ni milieu ni limites, et 30 pourtant elle est droite. Par conséquent, ce reste n'est pas la définition du reste du terme.

De plus, quand le terme défini est une notion composée, il faut voir si la définition donnée est formée d'autant de membres que le défini[1]. Une définition est dite formée

---

1. La définition ne doit pas être *aequimembris* au terme composé à définir. Sinon, c'est un simple échange de noms qui n'ajoute aucune explication à la notion. Par exemple, on ne doit pas définir, avec Gaius, la *capitis deminutio* du

35 d'autant de membres que le défini quand le nombre des
   éléments composés < compris dans le défini > est le même que
   le nombre des noms et des verbes compris dans la définition[1] :
   car il est inéluctable, dans les cas de ce genre, qu'il y ait simple
   échange de terme à terme, soit pour tous les termes, soit
149 a du moins pour certains, puisqu'il n'y a pas plus de noms
   employés maintenant qu'auparavant. Or il faut, quand on
   définit, rendre les noms par leur expression, de préférence
   pour tous, ou sinon pour la plupart : car, en procédant ainsi[2],
   même les termes simples pourraient être définis par un simple
   changement de nom, en mettant, par exemple, *vêtement* au lieu
   de *manteau*.

5   L'erreur est encore plus grave, si ce sont des termes moins
   connus qu'on a substitués aux premiers, si, par exemple, au
   lieu d'*homme blanc* on a dit *mortel candide* : on n'a pas défini
   et, bien plus, cette expression est moins claire.

      Il faut examiner encore si, dans l'échange des mots, la
   signification n'est plus la même[3] : par exemple, si on définit la
10 science théorétique comme étant un jugement théorétique, car

---

droit romain, comme une *status permutatio*. Ce n'est pas là, en effet, une
véritable définition, dont le rôle est de distinguer en parties ce qui est ramassé
dans le tout de la notion, mais un simple changement de nom (*status* est mis
pour *caput*, et *permutatio* pour *deminutio*). *Cf.* Pacius, II, 443, auquel nous
empruntons cet exemple.

   1. Il faut comprendre, avec Sylvius Maurus, I, 556 : *Cum singulis
nominibus ac verbis, quibus componitur definitum, correspondent totidem
nomina ac totidem verba ex parte definitionis*.

   2. C'est-à-dire par un simple changement de nom. On n'est pas plus avancé
en disant *vêtement* au lieu de *manteau*, et ce qui est vrai de ces termes simples
doit l'être des termes composés.

   3. Plus précisément, si à un terme on substitue un autre terme qui ne
présente pas la même signification.

le jugement n'est pas la même chose que la science; et c'est pourtant ce qu'il faudrait si la définition prise dans sa totalité doit être aussi la même chose que le défini[1] : car, bien que le mot *théorétique* soit commun aux deux expressions, le reste est cependant différent.

En outre, il faut voir si, en remplaçant l'un des termes par quelque autre chose, on a changé le genre et non la différence, comme dans l'exemple que nous venons de donner : car le terme *théorétique* est moins connu que le terme *science*, attendu que ce dernier est le genre et l'autre la différence, et que de tous les termes celui qui est le plus connu c'est le genre. Par conséquent, ce qu'il fallait changer, ce n'est pas le genre, mais la différence, puisqu'elle est moins connue. Il est vrai qu'on pourrait trouver notre critique ridicule. Rien n'empêche, en effet, que la différence ne s'exprime par le terme le plus connu, et non pas le genre; auquel cas, il est clair que c'est du genre et non de la différence qu'il faut aussi changer le nom. Si cependant on substitue à un nom, non pas seulement un nom, mais une expression entière, il est évident que c'est de la différence plutôt que du genre que la définition doit être donnée[2], puisque c'est en vue de faire connaître que la définition est donnée : car la différence est moins connue que le genre.

---

1. Nous comprenons comme Alexandre, 479, 14 : δεῖ δὲ ταὐτὸν σημαίνειν (la science et le jugement), εἴπερ μέλλει καὶ τὸ ὅλον ἤγουν ὁ ὁρισμός, ταὐτὸν εἶναι τῷ ὁριστῷ.

2. La différence étant, *ex sua natura*, moins connue que le genre. *Cf.* Pacius, II, 443 : *Tunc enim respicimus potius ad res ipsas quam ad vocabula; quandoquidem definitio explicat quid res sit, non vim vocabulorum.*

12

< Autres lieux >

Si on a donné la définition de la différence[1], il faut examiner si la définition donnée est commune encore à quelque
30 autre chose[2]. Par exemple, quand on a dit que le nombre impair
est un nombre ayant un milieu, il faut définir en outre la façon
dont il a un milieu : car le terme *nombre* est commun aux deux
expressions, et c'est au terme *impair* que la définition a été
substituée. Mais et une ligne et un corps ont un milieu, tout en
n'étant pas impairs ; de sorte que ce ne saurait être là la
35 définition de l'impair. Si, d'autre part, l'expression *ayant un
milieu* revêt plusieurs acceptions[3], il faut définir en quel sens
on prend ici *ayant un milieu*. Il en résultera soit le discrédit de
la définition proposée[4], soit la preuve qu'on n'a rien défini du
tout[5].

---

1. Ce paragraphe (l. 29-37) se rattache manifestement au chapitre précédent, où, depuis 148 *b* 23, il est question de la définition des συμπεπλεγμένα
(un élément étant le genre, l'autre la différence). *Cf.* Pacius, II, 443 et Waitz, II,
505. Nous avons cependant suivi la division traditionnelle, conservée par
Pacius lui-même, Bekker et Strache-Wallies.

2. Car, explique Pacius, II, 443-444, *tota definitio* (le genre et la différence ;
dans l'exemple d'Aristote, le nombre et l'impair) *simul sumpta reciprocabitur
cum definito simul sumpto ; dempto tamen eodem generis nomine* (le nombre)
*tam ex definitione quam ex definito, reliqua definitio non reciprocabitur cum
reliqua parte definiti*.

3. Le milieu de la ligne (cf. *supra*, 11, 148 *b* 26) n'est pas le milieu du
nombre impair (par exemple, 5 = 2 + 1 + 2). *Cf.* Alexandre, 481, 9.

4. Dans le cas où on n'a pas suffisamment déterminé le sens de l'expression
ayant un milieu.

5. Comme il a été dit *supra*, l. 33-35.

Et encore, il faut voir si ce dont on a donné la définition[1]
fait partie des choses existantes, tandis que ce qui est contenu
sous la définition ne fait pas partie des choses existantes ; si,
par exemple, on a défini le blanc comme étant une couleur
mêlée au feu. Il est impossible, en effet, qu'une chose incor-   149 *b*
porelle soit mélangée avec un corps[2], de sorte que la couleur
mêlée au feu ne saurait exister, alors que le blanc existe.

En outre, toutes les fois qu'on n'explique pas distinc-
tement, dans le cas des relatifs, ce à quoi la chose est relative,
mais qu'on englobe ce corrélatif dans un trop grand nombre de
choses[3], on se trompe, soit en totalité, soit en partie : si, par 5
exemple, on a dit que la Médecine est science de ce qui est. En
effet, si la Médecine n'est science de rien de ce qui est, il est
clair que l'erreur est totale ; si, au contraire, elle est science de
quelque chose réelle mais non de quelque autre, l'erreur est
partielle : car la Médecine doit être science de tout ce qui est, si
elle est dite, par soi et non par accident, être science de ce qui
est. C'est ce qui se passe aussi avec les autres relatifs : car tout 10
objet de science est un terme relatif à sa science. Et il en est
de même encore pour tous les autres relatifs, puisque tous
les relatifs se réciproquent[4]. – De plus, si on prétend que la

1. La chose, le défini (le blanc) : le blanc existe, tandis que sa définition
couleur mêlée au feu est inexistante.

2. Le feu avec la couleur.

3. *Cf.* Pacius, I, 728 : *... et eam rem ad quam relatio fier debet, et alias
quoque res.*

4. La réciprocation du relatif et de son corrélatif (la science et son objet)
exige que le relatif soit donné par une définition καθ᾽ αὑτό : il n'y a pas
de conversion possible quand les termes sont définis πρὸς κοινότερον καὶ
κατὰ συμβεβηκός (Alexandre, 483, 1-5), ce qui est le cas pour la Médecine à
l'égard de l'*ens.*

véritable façon de rendre compte d'une chose c'est de la rendre
non en elle-même, mais par accident, alors chacun des termes
relatifs se rapporterait non pas à une seule chose, mais à
15 plusieurs[1] : rien n'empêche, en effet, que la même chose ne
soit à la fois réelle, et blanche, et bonne, de sorte que rapporter
la chose à l'une quelconque de ces déterminations serait en
donner la définition véritable, si donner la définition par
accident c'est donner la bonne définition. – J'ajoute qu'il est
impossible qu'une telle définition soit propre au terme donné :
20 car, non seulement la Médecine, mais encore la plupart des
autres sciences sont dites relativement à ce qui est, de sorte que
chacune d'elles sera science de ce qui est. On voit ainsi qu'une
telle définition n'est définition d'aucune science : car il faut
que la définition soit propre et non commune[2].

　　Quelquefois on définit non pas la chose, mais la chose en
25 bonne condition ou à l'état parfait : telles sont les définitions
du rhéteur et du voleur, si on définit le rhéteur comme celui qui
est capable de voir ce qui entraînera la persuasion dans toute
circonstance donnée, sans rien laisser de côté, et le voleur
comme celui qui prend en secret ; car il est évident que, tous
deux étant ainsi caractérisés, l'un sera un bon rhéteur, et l'autre
un bon voleur, alors qu'en fait ce n'est pas celui qui prend en

---

1. Preuve par l'absurde de la nécessité, dans la définition d'un relatif, de
poser un corrélatif spécial et unique et non global, autrement dit par soi (le sain
pour la Médecine) et non par accident (l'être pour la Médecine, en tant que le
sain est être). Les accidents d'une chose sont, en effet, innombrables, et rien
n'empêcherait de définir la Médecine, par exemple, comme la science du blanc
ou du bien, ce qui est absurde.

2. Propre au défini, et non commun au défini et à d'autres objets.

secret, mais bien celui qui veut prendre en secret qui est un **30**
voleur.

En outre, il faut voir si on a donné ce qui est désirable en
soi comme désirable pour ce qu'il produit ou ce qu'il fait, ou,
d'une façon générale, comme désirable pour une autre chose
quelconque ; si on a dit, par exemple, que la justice est ce qui
sauvegarde les lois, ou la sagesse ce qui produit le bonheur : car
ce qui produit ou sauvegarde rentre dans ce qui est désirable
pour autre chose. On peut dire, il est vrai, que rien n'empêche **35**
que ce qui est désirable en soi ne soit aussi désirable pour autre
chose. Cependant on ne se trompe pas moins en définissant ainsi ce qui est désirable en soi : en effet, ce qu'il y a de
meilleur dans chaque chose est contenu dans l'essence[1], et il
est meilleur pour une chose d'être désirable en soi que d'être
désirable pour une autre chose, de sorte que c'est ce caractère
que la définition devait de préférence indiquer.

13
< Autres lieux >

Il faut examiner encore si, en donnant la définition d'une **150 a**
chose, on l'a définie comme étant *ceci et cela* ou comme étant
un produit de ceci et de cela, ou comme étant *ceci plus cela*[2].

---

1. Cf. *supra*, 5, 143 *a* 9. – *Quod in quaque re praestantissimum est, id ei
maxime proprium est ejusque naturam maxime exprimit* (Waitz, II, 506).
2. L'erreur consiste à définir une seule chose comme étant plusieurs, soit
qu'on dise qu'elle est τάδε (*hoc et illud*, A et B, hypothèse étudiée l. 150 *a*
1-21), ou τὸ ἐκ τούτων (*hoc ex illis*, *produit de A et B*, hypothèse étudiée l. 150
a 21-150 *b* 26), ou enfin τόδε μετὰ τοῦδε (*hoc cum illo*, A + B, hypothèse
étudiée l. 150 *b* 27 à la fin du chapitre).

Si on l'a définie comme *ceci et cela*, il arrivera que la définition sera vraie des deux choses à la fois et pourtant ne sera vraie d'aucune prise à part : si, par exemple, on a défini la justice comme étant tempérance *et* courage. En supposant deux hommes, en effet, si chacun d'eux possède l'une des deux
5 qualités seulement, tous les deux seront justes et aucun des deux ne le sera, puisque tous deux pris ensemble possèdent la justice et que chacun pris à part ne la possède pas. Même si ce que nous venons de dire n'apparaît pas encore comme complètement absurde du fait qu'une pareille situation se présente aussi dans d'autres cas (car rien n'empêche que deux hommes ne possèdent une mine à eux deux, bien qu'aucun des deux ne
10 l'ait séparément), pourtant il serait du moins, semble-t-il, tout à fait absurde que les attributs contraires appartinssent aux mêmes sujets. Et c'est cependant ce qui arrivera si l'un de ces hommes possède tempérance et lâcheté, et l'autre courage et intempérance : car tous les deux posséderont alors la justice et l'injustice, puisque si la justice est tempérance et courage,
15 l'injustice sera lâcheté et intempérance. – Et, d'une manière générale, les arguments qui tendent à prouver que le tout n'est pas identique à ses parties[1], peuvent tous être utilisés en vue de la présente discussion : car, en définissant ainsi, on semble dire que les parties sont identiques au tout[2]. Ces arguments sont particulièrement appropriés aux cas où l'assemblage des parties est manifeste, comme pour une maison ou telle autre

---

1. Plus précisément : le tout n'est pas la même chose que la somme de ses parties.
2. Dans l'exemple qui précède, le courage et la tempérance sont les parties de la justice (*cf.* Alexandre, 486, 16).

chose de ce genre : là, en effet, il est évident que rien ne 20
s'oppose à ce que les parties existent sans que le tout existe, de
sorte que les parties ne sont pas la même chose que le tout.

Mais si on a dit que le défini est, non pas *ceci et cela*, mais
le produit de ceci et de cela, il faut examiner en premier lieu
s'il n'y a pas un obstacle naturel à la production d'une seule
chose par ces termes : certaines choses, en effet, sont entre
elles de telle sorte que rien ne peut en provenir, par exemple
une ligne et un nombre. – En outre, il faut voir si le défini se 25
trouve en vertu de sa nature dans un seul sujet premier[1], tandis
que les termes d'où l'on dit qu'il provient ne se trouvent pas
dans un seul sujet premier, mais chacun d'eux dans un sujet
séparé. Car alors il est clair que le défini ne saurait provenir de
ces termes, puisque là où sont les parties, là aussi est nécessairement le tout, de sorte que le tout se trouverait non dans un
seul sujet premier, mais dans plusieurs[2]. – Si, d'autre part, à la 30
fois les parties et le tout sont dans un seul sujet premier, il faut
examiner si ce sujet n'est pas le même, mais s'il est autre pour
le tout et autre pour les parties[3]. – Et encore, il faut voir si les
parties périssent en même temps que le tout, car, inversement,

1. Telle la prudence, qui a comme sujet premier non pas l'âme, mais la
partie rationnelle de l'âme. – Si le défini (la prudence, par exemple) est dans un
seul sujet premier (la partie rationnelle), mais que les parties dont il est la
résultante (la tempérance et la force) soient dans des sujets premiers différents
(la partie concupiscible, la partie irascible), il est clair que la définition est
incorrecte.

2. Ce qui est absurde.

3. Si les parties (la tempérance et la libéralité, par exemple), tout en étant
dans un même sujet premier (la partie concupiscible), ne sont pas dans le même
sujet premier que le défini (la prudence, laquelle est dans la partie rationnelle),
la définition n'est pas correcte.

il doit arriver que, les parties ayant péri, le tout périsse aussi,
35 tandis que si c'est le tout qui a péri, il n'y a aucune nécessité
que les parties périssent aussi[1]. – Ou bien, il faut voir si le tout
est bon ou mauvais, alors que les parties ne sont ni l'un
ni l'autre; ou, inversement, si les parties sont bonnes ou
mauvaises, alors que le tout n'est ni l'un ni l'autre. En effet, il
n'est possible ni que, de choses qui ne sont ni bonnes ni
mauvaises, vienne quelque chose de bon ou de mauvais, ni
que, de choses bonnes ou mauvaises, vienne quelque chose qui
150 b n'est ni bon ni mauvais. – Ou encore, il faut voir si, l'un des
deux éléments étant bon plus que l'autre n'est mauvais, ce qui
provient de ces éléments n'est cependant pas, lui aussi, bon
plus que mauvais : c'est le cas, par exemple, si on a défini
l'impudence comme provenant du courage et de l'opinion
fausse. Ici, en effet, le courage est bon plus que l'opinion
5 fausse n'est mauvaise; par conséquent, il fallait aussi que le
produit des deux suivit le sort du meilleur, et qu'il fût soit
absolument bon, soit, du moins, bon plus que mauvais. Il est
vrai qu'on peut dire que cette conséquence n'est nécessaire
que si chacune de ces qualités est par soi bonne ou mauvaise :
car beaucoup de choses qui en produisent d'autres ne sont pas
bonnes en elles-mêmes, mais seulement quand elles sont
mélangées; inversement, chaque chose prise séparément peut
10 être bonne, et, mélangée avec d'autres, mauvaise, ou ni bonne
ni mauvaise. Ce que nous venons de dire est surtout évident

---

1. *Ablato toto* (c'est-à-dire le défini, composé de parties) *non debent
auferri partes, ablatis vero partibus debet auferri totum. Si ignitur totum
dicatur constare ex partibus, quae auferentur ablato toto, vel quibus ablatis,
non auferatur totum, peccatur, et mala est definitio* (Sylvius Maurus, I, 560).

pour les choses de la santé et de la maladie : certains remèdes se comportent de telle façon que chacun pris à part est bon, mais que, s'ils sont administrés l'un avec l'autre, ils sont mauvais.

Et encore, il faut voir si le tout, provenant d'un élément meilleur et d'un élément pire, n'est pas pire que le meilleur et meilleur que le pire[1]. On peut dire cependant que cela n'arrive [15] nécessairement que si les éléments dont le tout est composé sont bons en eux-mêmes ; sinon, rien n'empêche que le tout ne soit pas bon, comme dans les cas que nous venons de citer[2].

En outre, il faut voir si le tout est synonyme avec l'une de ses parties : car il ne doit pas l'être, pas plus qu'il ne doit l'être dans le cas des syllabes, où la syllabe n'est jamais synonyme [20] avec aucune des lettres dont elle est composée.

De plus, il faut voir si on a manqué d'indiquer le mode de composition, car il ne suffit pas, pour faire connaître la chose, de mentionner les éléments d'où elle procède. En effet, l'essence de chaque composé ne consiste pas seulement dans les éléments dont il est formé, mais encore dans la façon dont ces éléments sont réunis, comme c'est le cas pour une maison : il n'y a pas de maison, si on ne tient pas compte de la façon dont [25] les matériaux sont assemblés.

Si on a défini une chose comme étant *ceci plus cela*, il faut commencer par dire que *ceci plus cela* est la même chose que *ceci et cela* ou que *le produit de ceci et de cela* : en effet, dire

1. *Cf.* Sylvius Maurus, I, 561 : *Si totum* (le défini) *constat ex duobus partibus, altera meliore, altera detereriore, debet esse deterius meliore et melius deteriori*, de façon à donner une moyenne.

2. *Supra*, 1, 8.

miel plus eau, c'est dire *miel et eau* ou *fait de miel et d'eau*. Par
30 conséquent, si on admet que *ceci plus cela* est identique à l'une
quelconque des deux autres expressions, les mêmes objections
que nous avons adressées plus haut à chacune de ces dernières
s'appliqueront ici. – En outre, après avoir distingué les différents sens suivant lesquels on dit *une chose plus une autre*, il
faut examiner si, en fait, on ne peut dire *ceci plus cela* en aucun
de ces sens [1]. Par exemple, si l'expression *une chose plus une
autre* signifie qu'elles existent soit dans un même sujet capable de les recevoir (comme la justice et le courage sont dans
35 l'âme), soit dans le même lieu, soit dans le même temps, et
qu'aucun de ces sens ne soit vrai pour les termes en question, il
est évident que la définition donnée ne saurait s'appliquer à
rien, puisqu'on ne peut dire en aucune manière *ceci plus cela*.
Mais si, parmi les différents sens que nous venons de distin-
151 a guer, il est vrai que chacun des deux termes [2] se trouve dans le
même temps que l'autre, il faut examiner s'il peut se faire que
l'un et l'autre ne se disent pas relativement à la même chose :
c'est le cas si, par exemple, on a défini le courage comme étant
une audace plus une pensée juste. Il est possible, en effet,
qu'on ait de l'audace pour dérober et une pensée juste sur les
choses saines ; mais on n'est pas encore courageux quand on
5 possède, dans le même temps, la première qualité plus la
seconde. – En outre, même si ces qualités se disent toutes deux

---

1. Trois sens de l'expression *une chose plus une autre*. Si aucun de ces sens
ne s'applique au cas en question (*A* + *B*), la définition donnée est incorrecte.

2. *A* et *B*. Il s'agit du troisième sens de l'expression *une chose plus une
autre* (ἐν χρόνῳ τῷ αὐτῷ, l. 36). Si les deux termes (audace et pensée juste),
en dépit de leur simultanéité, ne se rapportent pas à une même chose, mais à des
choses diverses (le vol, la Médecine), la définition est défectueuse.

relativement à une même chose, par exemple relativement aux choses médicales (car rien n'empêche qu'on n'ait à la fois de l'audace et une pensée droite dans les choses médicales), pourtant on n'est pas pour autant courageux quand on possède l'une plus l'autre. En effet, pas plus qu'elles ne doivent toutes deux être rapportées à un objet différent, pas plus le même 10 objet auquel elles se rapportent ne doit être le premier venu : mais il faut qu'elles se rapportent à la fin même du courage, aux dangers de la guerre par exemple, ou toute autre chose, s'il en est, qui exprime mieux cette fin [1].

Quelques-unes des définitions de cette dernière forme ne tombent pas du tout sous la division dont nous venons de parler : par exemple, si l'on définit la colère comme une tristesse accompagnée du sentiment qu'on est méprisé. En effet, 15 cela veut dire que c'est du fait d'un sentiment de cette sorte que la tristesse se produit [2]. Mais dire qu'une chose se produit du fait d'une autre, ne revient pas à dire *une chose plus une autre*, et ce, en aucun des sens indiqués plus haut.

14
< Autres lieux >

Et encore, si on a indiqué le tout comme étant la 20 composition de ses parties [3] (par exemple, un vivant comme

---

1. *Non satis est, ut ad idem referantur, nisi etiam ad id relata sint ad quod proprie referatur notio definita* (Waitz, II, 506).

2. C'est une causalité et non une addition. Le sentiment qu'on est méprisé est la cause de la tristesse (Alexandre, 492, 3-11).

3. L. 20, τούτων (τῶνδε, dit Alexandre), τουτέστι μερῶν (Alexandre, 492, 13). – Cf. *supra*, 13 *b* 22-26.

une composition de l'âme et du corps), il faut examiner
d'abord si on a omis de dire quelle est la nature de la composition : si, par exemple, on a défini la chair ou l'os comme une
composition de feu, de terre et d'air. Il ne suffit pas, en effet,
de dire que c'est une composition, il faut en outre déterminer
de quelle espèce de composition il s'agit : ce n'est pas selon
25 n'importe quel mode de composition de ces éléments que la
chair se forme, mais tel mode de composition donne la chair, et
tel autre mode l'os. Il semble bien, du reste, qu'aucun des deux
composés dont nous venons de parler ne soit en rien identique
à une composition, car toute composition a pour contraire
une dissolution, alors qu'aucun des touts sus-indiqués n'a
de contraire. De plus, s'il est également probable que tout
composé soit une composition ou qu'aucun ne le soit, et que
30 chacun des êtres vivants tout en étant un composé ne soit pas
une composition, alors aucun des autres composés ne saurait
être non plus une composition [1].

En outre, si les contraires peuvent pareillement appartenir
à quelque sujet en vertu de sa nature, et que la chose n'ait été
définie que par l'un des deux, il est clair qu'elle n'a pas été
définie [2]. Autrement, il arriverait que la même chose aurait
35 plusieurs définitions : quelle raison, en effet, de préférer la

---

1. Argument δι' ὁμολογίας ἀπὸ τῶν ὁμοίων (Alexandre, 493, 6), bien
compris et exposé par Sylvius Maurus, I, 563 : *Vel omnia concreta et composita
sunt concretio, vel nullum concretum et compositum est concretio vel compositio, eadem enim est ratio de omnibus ; sed non omne concretum est concretio,
animal enim ex. gr. non est concretio neque compositio* (l'animal étant un tout
substantiel, animé et sensible, et non une σύνθεσις de l'âme et du corps) ; *ergo
nullum.*

2. Le sujet susceptible de recevoir deux attributs contraires ne peut être
défini par l'un d'eux.

définition par l'un des contraires à la définition par l'autre, attendu que tous les deux se trouvent, d'une manière égale, appartenir naturellement à un même sujet? Telle est la définition de l'âme, quand on la définit comme une substance 151 *b* apte à recevoir la science, attendu qu'elle est tout aussi apte à recevoir l'ignorance.

Il faut encore, quand on ne peut pas s'attaquer à la définition dans sa totalité, faute de connaître cette totalité, s'attaquer du moins à l'une de ses parties, si on la connaît et 5 qu'elle paraisse n'avoir pas été correctement rendue : en effet, la partie une fois détruite, la définition tout entière est détruite aussi. Toutes les fois que les définitions sont obscures, on doit d'abord les rectifier et les reformer en vue d'en éclaircir quelque point et d'y prendre appui pour les attaquer, et alors procéder à leur examen : en effet, celui qui répond doit nécessairement ou bien accepter ce qui est posé par celui qui ques- 10 tionne[1], ou bien expliquer lui-même clairement tout ce que peut bien signifier sa définition. En outre, de même que dans les Assemblées il est d'usage, quand on propose une loi nouvelle, d'abroger la précédente si la loi nouvelle est meilleure, ainsi doit-on procéder aussi dans le cas des définitions et doit-on en proposer soi-même une autre : car si elle paraît meilleure et mieux exprimer la chose à définir, il est clair que la 15

---

1. Nous traduisons comme Pacius, I, 735 : *vel id quod ab interrogante assumitur, admittere*. – L. 10, τὸ ἐκλαμβανόμενον, *id quod adversarius substituere vult in locum ejus quod obscurum est* (Waitz, II, 507).

définition déjà posée s'écroulera, puisqu'il ne peut pas y avoir plusieurs définitions de la même chose[1].

Pour attaquer les définitions, le principe à ne jamais dédaigner c'est de se donner d'abord à soi-même, avec précision, une définition de l'objet en question, ou d'adopter une définition correctement exprimée déjà : car on doit nécessairement, en y fixant son regard comme sur un modèle, apercevoir à la fois ce qui manque parmi les éléments que la définition devrait avoir, et ce qui est inutilement ajouté ; et ainsi on est plus abondamment pourvu d'arguments pour la réfutation.

Nous en avons dit assez sur les définitions.

---

1. Alexandre, 494, 21, remarque que c'est ce qu'a fait Aristote lui-même pour la définition de l'âme, donnée dans le *de Anima*, II, 1, 412 *a* 27, et qui a remplacé les définitions anciennes.

LIVRE VII

LIEUX COMMUNS DE L'IDENTITE — SUITE DES LIEUX
DE LA DEFINITION >

1

< Lieux de l'Identité >

25, *titul.*

La question de savoir si deux choses sont identiques ou différentes, au sens le plus fondamental de tous ceux qui ont été indiqués pour le terme *identique* (et nous avons dit[1] que l'identique au sens le plus fondamental, c'est ce qui est numériquement un), doit être examinée au moyen des inflexions des **30** choses, de leurs coordonnés et de leurs opposés[2]. Si, en effet, la justice est identique au courage, alors aussi le juste est identique au courageux, et *justement* à *courageusement*. Et de même pour les opposés : si tels termes sont identiques, leurs opposés, sont identiques aussi, quelle que soit l'espèce d'opposition dont on parle[3]. Car peu importe qu'on prenne **35**

---

1. *Cf.* I, 7, 103 *a* 23. Sur les différents sens du terme *identique*, voir tout ce chapitre 7, et aussi *Métaph.*, Δ, 9.
2. *Cf.* I, 15, 106 *b* 29 ; II, 9, 114 *a* 26, etc.
3. Cf. *Catég.*, 10.

l'opposé de l'un ou de l'autre, puisqu'ils sont identiques[1].
– L'examen doit se faire encore à partir des facteurs de production ou de destruction des choses en question, de leur
152a génération et de leur destruction, et, d'une manière générale,
de tout ce qui se rapporte d'une façon semblable à chacune
d'elles : car lorsque les choses sont absolument les mêmes[2],
leurs générations et leurs destructions sont aussi les mêmes,
ainsi que leurs facteurs de production ou de destruction.

5   Il faut examiner aussi, dans le cas où l'une des deux choses
en question est dite être une chose quelconque au plus haut
degré, si l'autre de ces mêmes choses peut aussi se dire au plus
haut degré sous le même rapport[3]. C'est ainsi que Xénocrate
démontre que la vie heureuse et la vie vertueuse sont la même
chose, parce que de toutes les vies la vie vertueuse est la plus
désirable, et qu'il en est de même de la vie heureuse, car c'est à
une seule chose que s'applique l'expression *le plus désirable*,
10 autrement dit le *plus grand*. Et il en est de même dans les autres

---

1. Si *A* et *B* ont respectivement pour opposés *C* et *D*, et si *C* = *D*, alors
A = *B*. Peu importe, ajoute Aristote, l'opposé à partir duquel on argumente,
puisqu'ils sont les mêmes.

2. C'est-à-dire, numériquement unes.

3. Si *A* est numériquement identique à *B*, et si *A* est dit être *C* (*blanc*, par
exemple) au superlatif, *B* doit être aussi *C* au superlatif. Tel est l'exemple donné
par Xénocrate (fragment 82, Heinze. Cf. *supra*, II, 6, 112 *a* 87), qu'Aristote
critique d'ailleurs *infra*, l. 26. – Mais (l. 11) il faut que chacune des notions
constitue un tout un et identique, et qu'elle ne soit pas seulement identique
specie, c'est-à-dire une partie ou une espèce de l'autre notion (les Lacédémoniens, par exemple, rentrent dans les Péloponésiens. Par suite (l. 26) le raisonnement de Xénocrate est défectueux, διὰ τὸ ἕτερα εἶναι τὰ ὑποκείμενα
πράγματα· ὁ μὲν γὰρ εὐδαίμων βίος ἓν ὅλον τί ἐστιν, ὁ δὲ σπουδαῖος
βίος μέρος ἐστὶν αὐτοῦ, περιέχεται γὰρ ὑπὸ τοῦ ἑτέρου (*Schol.* Brandis,
291, 20).

cas de cette sorte. – Mais il faut que chacune des deux
choses qualifiées la plus grande ou la plus désirable soit
numériquement une. Sinon, on n'aura pas démontré que
c'est la même : car, de ce que les Péloponésiens et les
Lacédémoniens sont les plus braves des Grecs, il ne s'ensuit
pas nécessairement que les Péloponésiens soient les mêmes
que les Lacédémoniens, attendu qu'il n'y a pas unité numé- 15
rique de *Péloponésien*, ni de *Lacédémonien*; ce qui s'ensuit
seulement, c'est que l'un des termes doit être compris sous
l'autre, comme les Lacédémoniens sous les Péloponésiens.
Autrement, si l'un de ces peuples n'est pas compris sous
l'autre, il arrivera qu'ils seront réciproquement meilleurs l'un
que l'autre [1]. En effet, les Péloponésiens sont alors nécessairement meilleurs que les Lacédémoniens, puisque l'un de ces 20
peuples n'est pas compris sous l'autre : car ils sont meilleurs
que tous les autres ; et, de leur côté, les Lacédémoniens sont
aussi nécessairement meilleurs que les Péloponésiens, car ils
sont, eux aussi, meilleurs que tous les autres ; ainsi, chacun de
ces peuples sera réciproquement meilleur que l'autre ! On voit
donc que ce qui est appelé le meilleur, le plus grand, doit être 25
numériquement un, si l'on veut démontrer l'identité des termes.
C'est aussi pourquoi la démonstration de Xénocrate est inopé-
rante : car il n'y a pas unité numérique de la vie heureuse ni de
la vie vertueuse, de sorte qu'il ne suit pas nécessairement, du
fait qu'elles sont toutes deux les plus désirables, qu'elles
soient pour autant la même chose, mais seulement que l'une
est comprise sous l'autre.   30

---

1. Ce qui est absurde.

Et encore, il faut examiner si, en supposant qu'une des deux choses soit la même qu'une troisième, l'autre est aussi la même que cette troisième : car si elles ne sont pas toutes deux les mêmes que la même chose, il est clair qu'elles ne sont pas non plus les mêmes entre elles [1].

En outre, on doit examiner les deux choses, à partir de leurs accidents et des choses dont elles sont elles-mêmes les acci-dents : car tout ce qui est accident de l'une doit être aussi 35 accident de l'autre ; et les choses auxquelles appartient l'une d'elles par accident doivent avoir aussi l'autre pour accident. Si, dans l'un de ces cas, il y a discordance, c'est qu'évidem-ment les choses en question ne sont pas identiques [2].

Il faut voir de plus si les deux choses, au lieu de se trouver dans un seul genre de catégorie, signifient l'une la qualité, et l'autre la quantité ou la relation. – Il faut voir encore si le 152 b genre de chacune n'est pas le même, mais que l'une soit, par exemple, bonne, et l'autre mauvaise, ou l'une vertu et l'autre science ; ou encore, si le genre est bien le même, mais que les différences affirmées de chacune d'elles ne soient pas les mêmes, l'une étant différenciée comme une science théoré-5 tique, et l'autre comme une science pratique. Et ainsi de suite.

En outre, du point de vue du plus, il faut voir si l'une des choses est susceptible de plus, et l'autre non, ou bien si toutes les deux l'admettent, mais non en même temps ; c'est ainsi que celui qui aime plus n'a pas un appétit plus intense de l'union

1. Si *A* est identique à *C*, et si *B* n'est pas identique à *C*, *A* et *B* ne sont pas identiques entre eux. Deux choses identiques à une troisième sont identiques entre elles.
2. Si *A* est identique à *B*, ils doivent avoir les mêmes accidents, ou être accidents des mêmes sujets.

charnelle, de sorte qu'il n'y a pas identité entre l'amour et
l'appétit de l'union charnelle[1].

De plus, il faut s'aider de l'addition, et voir si, en addi- 10
tionnant chacune des deux choses en question à la même
chose, on n'obtient pas le même tout; ou si, en soustrayant la
même chose de chacune d'elles, on obtient un reste différent[2] :
si, par exemple, on a déclaré que le double d'une moitié est
identique au multiple d'une moitié; alors, en retranchant la
moitié de chaque côté, il fallait que les restes signifient la
même chose; or ils ne la signifient pas, car le double et le 15
multiple n'expriment pas la même chose.

Il faut examiner aussi, non seulement si quelque conséquence impossible résulte directement de la proposition < que
A et B sont identiques >[3], mais encore si cette impossibilité
peut résulter d'une hypothèse; c'est ce qui arrive à ceux qui
prétendent que *vide* est identique à *plein d'air*; car il est clair 20
qu'en supposant l'air une fois expulsé[4], il n'y aura, non pas
moins de vide, mais davantage, alors que le plein d'air n'existera plus. Donc, par une supposition, qui peut être d'ailleurs
vraie ou fausse (peu importe ce point), l'une des deux choses
est détruite, et non l'autre, de sorte qu'elles ne sont pas la
même chose.

---

1. Cf. *supra*, VI, 7, 146 *a* 9.

2. Si $A + C$ n'égale pas $B + C$, ou si A (*le double*) – C (*la moitié*) n'égale pas
B (*le multiple*) – C (*la moitié*), A n'est pas identique à B.

3. *Cf.* Alexandre, 501, 9: οἷς... τὸ ἀδύνατον ἕπεται τοῖς αὐτοῖς
τιθεμένοις, πρόδηλον ὅτι ταῦτα ἕτερα.

4. Hypothèse (cf. *Anal. prior*, I. 15, 34 *a* 55). *Si duo ita se habeant ut facta
aliqua suppositione, sive vera, sive falsa, alterum* (le plein d'air) *interimatur,
alterum* (le vide) *non, illa* (le plein d'air et le vide) *non sunt eadem* (Sylvius
Maurus, I, 567).

25 D'une manière générale, on doit examiner s'il existe quelque part une discordance dans les prédicats affirmés d'une façon quelconque de chacun des deux termes, et dans les choses dont ces termes sont eux-mêmes affirmés : car tout ce qui est attribué à l'un doit être aussi attribué à l'autre, et tout ce dont l'un est prédicat doit aussi avoir l'autre comme prédicat [1].

30 En outre, étant donné que le terme *identique* se prend en plusieurs acceptions, il faut examiner si les choses sont aussi les mêmes dans un sens différent [2]. En effet, il n'est ni nécessaire, ni même possible, que les choses qui sont les mêmes spécifiquement ou génériquement soient aussi les mêmes numériquement [3] : or, ce que nous devons considérer, c'est si elles sont les mêmes en ce dernier sens ou si elles ne le sont pas.

Enfin, il faut voir si l'une des deux choses peut exister sans 35 l'autre [4] : car alors elles ne sauraient être la même chose.

2
< De l'usage des lieux de l'Identité dans la Définition >

Tel est le nombre des lieux relatifs à l'identique.

Il résulte clairement de ce que nous venons de dire que tous les lieux de l'identité valables pour réfuter peuvent aussi servir pour réfuter la définition, ainsi que nous l'avons dit plus haut [5] :

---

1. Ce lieu est à peu près le même que *supra*, 152 *a* 32. Mais il est plus général, car il s'applique à toute attribution quelle qu'elle soit (ὁπωσοῦν, l. 25), et non plus seulement aux accidents (*cf.* Alexandre, 601, 19).

2. Dans un sens différent de celui que nous avons posé. – L. 30, nous lisons, avec Bekker, εἰ καὶ καθ' ἕτερον.

3. Alors que le contraire est vrai.

4. L'âme et le corps, par exemple (Pacius, II, 450).

5. *Cf.* I, 5, 102 *a* 11.

car, si ce qui est signifié par le nom et par son expression n'est pas la même chose, il est évident que l'expression donnée 153*a* ne saurait être une définition. – D'autre part, aucun des lieux valables pour établir n'est utile pour établir la définition : car il ne suffit pas de montrer l'identité de ce qui tombe sous l'expression donnée et sous le nom, pour établir que l'expression est une définition, mais la définition doit aussi posséder tous les autres caractères déjà annoncés [1].   5

3
< Suite des lieux de la Définition >

C'est donc de cette façon et par ces moyens qu'on doit toujours essayer de réfuter une définition. – Mais si nous voulons en établir une, il faut d'abord savoir que jamais, ou du moins rarement, on n'aboutit, dans les discussions, à une définition par le raisonnement ; mais on prend toujours la définition pour point de départ : c'est ce qu'on fait à la fois en Géométrie, en Arithmétique, et dans les autres disciplines ana- 10 logues [2]. Il faut savoir ensuite que c'est à un autre traité que

---

1. Probablement, VI, 1, 139 *a* 27-35.
2. Les *Anal. post.*, II, 3-7, ont établi qu'il n'y a pas de démonstration de l'essence ; que la définition, notamment dans les sciences exactes, est posée sans démonstration, comme principe du raisonnement syllogistique, et qu'elle ne peut être établie par voie de conclusion. Mais il est possible cependant de conclure la définition διαλεκτικῶς καὶ πιθανῶς (Alexandre, 503, 25), en ce sens qu'on peut prouver que le λόγος proposé, qui contient tous les attributs rentrant dans l'essence de la chose (à savoir le genre et les différences) est bien la définition de la chose, et qu'il ne saurait y en avoir une autre. L. 9, τὸ τοιοῦτον = τὸ ὅρον. – L. 14, ὅτι δυνατὸν γενέσθαι ὁρισμοῦ καὶ τοῦ τί ἦν εἶναι συλλογισμόν signifie, selon Alexandre, 503, 22, διὰ συλλογισμοῦ δειχθῆναι ὅτι (ou εἰ, suivant une autre leçon, peut-être préférable, indiquée

celui-ci[1] qu'il appartient d'indiquer avec exactitude et la
nature de la définition et la manière dont on doit définir. Pour
le moment, il suffit de nous en tenir à ce qui nous est présentement utile; par suite, tout ce que nous avons à dire c'est
seulement qu'il est possible d'obtenir par le raisonnement la
15 définition et la quiddité. Si, en effet, une définition est une
expression expliquant la quiddité de la chose; s'il faut que les
prédicats contenus dans la définition soient seuls aussi attribués à la chose dans son essence, et si les genres et les différences sont ainsi affirmés dans la catégorie de l'essence, il est
clair qu'en prenant les attributs qui sont seulement affirmés de
20 la chose dans son essence, l'expression qui contient ces attributs sera nécessairement une définition[2] : car il est impossible
que quelque chose d'autre soit une définition, étant donné que
rien d'autre[3] n'est affirmé de la chose dans son essence.

Qu'il soit donc possible d'atteindre une définition par
un raisonnement[4], c'est là une chose manifeste. Quant aux
moyens à l'aide desquels elle doit être établie, ils ont été déter-
25 minés ailleurs[5] avec plus de précision; mais, pour notre présente recherche, ce sont les mêmes lieux[6] qui vont nous servir.
Nous avons, en effet, à entrer dans l'examen des contraires et
des autres opposés de la chose, en considérant les expressions

dans l'apparat de l'édition Wallies) ὁρισμός. – L. 20, ὅτι fait double emploi
avec ὡς, l. 18.

1. *Anal. post.*, II, 3-13.

2. *Cf.* Sylvius Maurus, I, 568.

3. Aucun autre genre et aucune autre différence.

4. Sous la réserve qu'il s'agit d'un raisonnement dialectique et non
apodictique (Alexandre, 504, 13).

5. *Anal. post.*, II, 13, et *Métaph.*, Z, 17 (Alexandre, 504, 14).

6. Les mêmes lieux que pour réfuter (notamment, VI, 9-10).

prises à la fois dans leur totalité et dans leurs parties : car[1] si la définition opposée est celle du terme opposé, la définition donnée doit nécessairement être celle du terme proposé. Mais puisqu'il y a plusieurs combinaisons des contraires[2], il faut 30 choisir parmi ces combinaisons de contraires celle dont la définition contraire nous paraît la plus claire. Ainsi, il faut considérer les définitions prises dans leur totalité, de la façon que nous venons d'indiquer. Quant à l'examen de leurs parties[3], il se fait comme suit. En premier lieu, il faut voir si le genre donné a été correctement donné : car si la chose contraire se trouve dans le genre contraire, et que le sujet en question ne soit pas dans ce même genre, il est évident qu'il sera dans le 35 genre contraire, puisque les contraires sont nécessairement ou dans le même genre ou dans des genres contraires[4]. Les différences aussi qui sont affirmées des contraires, nous estimons qu'elles sont contraires : par exemple, celles du blanc et du noir, car l'une est le *dissociant* et l'autre le *comprimant* de la 153 b vision[5]. Si donc les différences contraires < à celles contenues

---

1. En ce qui concerne d'abord la preuve de la définition entière (l. 28-32). – L. 28, il faut comprendre; si la définition opposée à la définition proposée est celle du terme opposé au terme proposé, la définition proposée doit nécessairement être, etc.

2. Cf. *supra*, II, 7. – *Ex conjugationibus contrarium ... ea seligenda est, qua si utimur ad definitionem constituendam, quam facillime definitio nobis concedatur* (Waitz, II, 508).

3. Aristote passe à la preuve *ex contrariis* de la définition, envisagée *per partes*, c'est-à-dire dans son genre et ses différences. Le genre est étudié l. 32-36, et les différences l. 38-153 b 2. – L. 33, comprendre : si le sujet contraire au sujet en question se trouve dans le genre contraire à celui qui a été posé dans la définition en question, etc.

4. Sur ce point, cf. *Catég.*, 11, 14 a 20.

5. Cf. *supra*, I, 15, 107 b 28 et la note 1, p. 55.

dans la définition > sont affirmées du terme contraire, alors les différences données dans la définition seront affirmées du terme en question. Par conséquent, puisque, à la fois, le genre et la différence ont été correctement donnés, il est clair que la définition donnée sera la bonne définition. On pourrait répliquer sans doute[1] qu'il n'est pas nécessaire que les différences
5 contraires soient affirmées des contraires, à moins que les contraires ne se trouvent dans le même genre ; pour les choses dont les genres sont eux-mêmes contraires, rien n'empêche que la même différence ne soit dite des deux, par exemple de la justice et de l'injustice : car l'une est une vertu, et l'autre un vice de l'âme, de sorte que le terme *de l'âme* est la différence dans les deux cas, étant donné que le corps a aussi sa vertu et
10 son vice[2]. Mais ce qui, du moins, est vrai, c'est que les différences des contraires sont ou contraires, ou identiques[3]. Si donc la différence contraire < à la différence donnée > est affirmée du terme contraire et non du terme en question, il est évident que la différence posée doit être affirmée de ce dernier. D'une manière générale[4], puisque la définition est constituée à

1. Limitation à la portée de la preuve des différences *ex contrariis*.
2. Des espèces contraires (la justice et l'injustice) contenues dans des genres contraires (la vertu et le vice) peuvent avoir la même différence (*de l'âme*).
3. Bien que l'objection qui précède soit à retenir, le lieu peut cependant être utilisé. En effet, *contraria aut constituuntur iisdem differentiis, aut constituuntur differentiis contrariis; sed unum ex contrariis constituitur differentia per quam alterum non constituitur; ergo constituitur differentia* (Sylvius Maurus, I, 569).
4. Conclusion générale, condensée et obscure, sur l'établissement de la définition opposée du terme opposé, au moyen du genre et des différences. Aristote examine quatre combinaisons du genre et des différences des contraires :

partir du genre et des différences, si la définition du terme 15
contraire est évidente, la définition du terme proposé sera
évidente aussi. En effet, comme son contraire se trouve soit
dans le même genre, soit dans le genre contraire, et que pareillement aussi les différences affirmées des contraires sont
contraires ou identiques, il est évident que du terme proposé on
affirmera ou bien le même genre que celui de son contraire,
tandis que ses différences seront contraires à celles de son
contraire, soit toutes, soit du moins certaines d'entre elles, les 20
autres restant identiques ; ou bien, inversement, les différences
seront les mêmes et les genres seront contraires ; ou encore,
tous deux seront contraires, savoir les genres et les différences ; <et c'est là tout>, car que genres et différences
soient tous deux identiques, c'est une impossibilité, sinon
les contraires auraient la même définition.

Il faut en outre partir des inflexions et des termes coor- 25
donnés, car les genres doivent correspondre nécessairement
aux genres, et les définitions aux définitions. Ainsi, si l'oubli
est la perte de la science, *oublier* sera *perdre la science*, et
avoir oublié avoir perdu la science. L'un quelconque de ces

---

a) Même genre, différences contraires (le blanc et le noir, par exemple,
appartiennent au même genre, la couleur, avec des différences contraires, le
dissociant et le comprimant).

b) Genres différents, mêmes différences (la vertu et le vice appartiennent
respectivement à deux genres distincts, le bien et le mal, avec des différences
identiques, *de l'âme* ou *du corps*).

c) Genres différents, différences différentes (la justice et l'injustice
appartiennent à deux genres distincts, la vertu et le vice, avec des différences
différentes, savoir facteur d'égalité, facteur d'inégalité).

d) Même genre, mêmes différences : combinaison impossible, sinon les
contraires auraient la même définition, ce qui est absurde.

termes étant concédé, tout le reste doit nécessairement être
30 concédé aussi. De même encore, si la destruction est une dissolution de la substance, *être détruit* c'est *avoir sa substance
dissoute*, et *destructivement*, c'est *dissolublement*; et si *des-
tructif* est *dissolutif de la substance*, la destruction est aussi une
dissolution de la substance. Et ainsi de suite. De sorte que l'un
35 de ces termes une fois posé, tout le reste doit aussi être admis.

De plus, on doit se placer du point de vue des choses qui
sont dans les mêmes relations l'une avec l'autre. Car si le sain
est ce qui produit la santé, le bien-constitué sera ce qui produit
la bonne constitution, et l'utile ce qui produit le bien : chacun
des termes cités se comporte de la même façon par rapport à
154a sa fin propre, de sorte que si l'un d'eux est défini comme
productif de cette fin, ce sera là aussi la définition de chacun
des termes restants.

En outre, il faut partir du plus et du même degré, et voir de
combien de façons on peut établir la définition en comparant
5 les termes deux à deux. Par exemple, si telle définition définit
telle chose mieux que telle autre définition telle autre chose, et
que la définition qui définit moins bien en soit cependant une,
alors celle qui définit mieux en est une aussi[1]. Et si telle définition définit telle chose au même degré que telle autre définition définit telle autre chose, et si cette autre définition définit
cette autre chose, la définition restante définit aussi la chose
restante[2]. Par contre, quand il s'agit de comparer une seule

---

1. Quatre termes en présence. Si *A* définit *a* mieux que *B* ne définit *b*, et si *B*
définit *b*, *A* définit *a*.
2. Quatre termes en présence encore. Si *A* définit *a* autant *B* définit *b*, et si *B*
définit *b*, *A* définit *a*.

définition à deux choses, ou deux définitions à une seule chose, on ne peut tirer aucune utilité de la considération du plus : il n'est pas possible, en effet, qu'il y ait ni une seule 10 définition pour deux choses, ni deux définitions pour la même chose[1].

4
< Les lieux les plus utiles >

Les lieux les plus commodes sont ceux que nous venons d'indiquer[2], ainsi que ceux qui se tirent des termes coordonnés et des inflexions. Aussi sont-ce ceux-là qu'il est le plus important d'avoir en sa possession et sous la main : car ce sont eux qui sont les plus utiles dans le plus grand nombre de cas. Et parmi les autres, les plus importants sont ceux qui sont les plus 15 communs[3], car ils sont les plus efficaces : c'est ainsi qu'il faut s'attacher aux cas particuliers et alors examiner, pour leurs espèces, si la définition s'applique, attendu que l'espèce est synonyme avec les individus[4]. Ce lieu est encore utile pour réfuter ceux qui posent l'existence des Idées, ainsi que nous 20 l'avons dit plus haut[5]. – En outre, il faut voir si l'adversaire a pris un terme au sens métaphorique, ou s'il l'a affirmé du terme

1. Trois termes en présence : le lieu ne joue plus, car une même définition ne peut définir deux choses, ni une même chose avoir deux définitions.

2. Qui sont tirés du plus et du semblable (Alexandre, 510, 7).

3. Ceux qui reçoivent une plus large application (par exemple, ceux de II, 2, 109 *a* 13 et *sq.*).

4. On verra ainsi si la définition s'applique *toto definito*, à l'espèce et à tous les individus compris dans l'espèce.

5. VI, 10, 148 *a* 14.

lui-même comme s'il était autre. Et s'il y a encore quelque autre lieu qui soit commun et efficace, il faut s'en servir.

5
< De la facililé ou de la difficulté pour réfuter ou établir les différents problèmes >

Qu'il soit plus difficile d'établir une définition que de la ruiner, on le verra clairement d'après ce que nous allons dire. 25 En effet, il n'est pas aisé de voir soi-même et d'obtenir de ceux qu'on interroge des propositions du genre des suivantes : par exemple, que des éléments contenus dans la définition donnée l'un est le genre et l'autre la différence, et que seulement le genre et les différences sont affirmés dans la catégorie de l'essence. Pourtant, sans ces propositions, il est impossible d'obtenir une définition par raisonnement [1], car si quelques autres choses encore sont affirmées de là chose dans la caté- 30 gorie de l'essence, il est incertain si c'est l'expression indiquée ou une expression différente qui est la définition du sujet, puisqu'une définition est une expression qui explique la quiddité d'une chose. Et voici encore une preuve [2] : c'est qu'il est plus facile de tirer une seule conclusion que plusieurs. Or, quand on réfute une définition, il suffit d'argumenter contre une seule de ses parties (car en en détruisant une seule, quelle

---

1. Au sens indiqué au chapitre 3, *supra*, savoir διαλεκτικῶς.
2. Autre preuve qu'il est plus facile de ruiner que de prouver une définition : il est plus aisé de prouver une seule chose que plusieurs ; or, pour réfuter une définition, il suffit de réfuter l'un ou l'autre de ses éléments, tandis que pour l'établir, il faut les prouver tous. – L. 94, nous lisons πρὸς ἕν (et non ἕνα). – L. 36 (et *infra*, I, 155 *a* 25), συμβιβάζειν a le sens de συμπεραίνεσθαι, συλλογίζεσθαι (Bonitz, *Index arist.*, 715 *a* 16).

qu'elle soit, nous aurons aussi détruit la définition), tandis que, **35**
pour l'établir, on est dans la nécessité de conclure que toutes
les parties de la définition appartiennent à la chose. – En outre,
quand on établit une définition, il faut porter une conclusion
universelle[1], car la définition doit être attribuée à tout ce dont
le terme est lui-même attribué, et en outre être réciprocable, si **154 b**
l'on veut que la définition donnée soit propre au sujet. Quand
on réfute, au contraire, il n'est plus nécessaire de prouver
l'universel : il suffit de prouver que l'expression de la définition n'est pas vraie de l'une des choses comprises sous le
nom. Et quand bien même il faudrait réfuter par une propo- **5**
sition universelle, même dans ce cas il ne serait pas nécessaire de prouver la converse de la proposition pour réfuter
la définition : il suffit, pour la réfuter universellement, de
montrer que l'expression n'est attribuable à aucune des choses
auxquelles le terme est attribué, mais il n'est pas nécessaire de
prouver la converse, de montrer que le terme n'est pas affirmé
des choses dont l'expression est affirmée[2]. – En outre, même **10**
si elle s'applique à tout ce qui est compris sous le terme, mais
qu'elle ne s'applique pas à cela seul, la définition est par là-
même ruinée[3].

---

1. La définition à établir doit, en raison de son caractère universel,
s'appliquer *omni definito* ; si on veut, au contraire, ruiner la définition, il suffit
de prouver qu'un seul des individus compris dans la définition y échappe.

2. Sur les difficultés du texte, très négligé ou altéré, des l. 5-10, *cf.* Waitz,
II, 510. – L. 7, on doit lire comme s'il y avait κατ' οὐδενὸς ὧν, et supprimer,
l. 8, la négation οὐ (*cf.* Alexandre, 513, 2). L. 8-10, il faut comprendre, avec
Waitz, τὸ δ' ἀνάπαλιν οὐκ ἀναγκαῖον, τὸ δεῖξαι ὅτι καθ' ὧν ὁ λόγος
κατηγορεῖται τοὔνομα οὐ κατηγορεῖται. (Sur la conversion des
propositions, cf. *Anal. prior*, I, 2).

3. La définition à établir doit aussi s'appliquer *soli definito*.

Même remarque aussi en ce qui concerne le propre et le genre : pour l'un comme pour l'autre, il est plus facile de
15 réfuter que d'établir. – Pour le propre, cela résulte manifestement de ce que nous avons dit. En effet, le plus souvent, le propre est donné en liaison avec d'autres termes[1], de sorte qu'on peut le réfuter en détruisant un seul des termes, tandis que, pour l'établir, il faut nécessairement les prouver tous par raisonnement. Et presque toutes les autres règles relatives à la définition s'appliqueront aussi au propre. En effet, quand on
20 établit un propre, on doit montrer qu'il appartient à toutes les choses qui sont comprises sous le terme en question, tandis que si on le réfute, il suffit de montrer qu'il n'appartient pas à une seule d'entre elles. En outre, même si le propre appartient à toutes les choses tombant sous le terme, mais non à elles seules, même ainsi la réfutation est faite, ainsi que nous l'avons dit[2] pour la définition. – Quant au genre, il n'y a nécessairement qu'une seule façon de l'établir, c'est de montrer qu'il appar-
25 tient à la totalité du sujet ; tandis qu'on le réfute de deux façons : car qu'on ait montré, soit qu'il n'appartient à aucun des cas compris dans le sujet, ou qu'il n'appartient pas à quelque cas, on a détruit ce qui a été posé au début comme genre. De plus, pour établir le genre, il ne suffit pas de montrer qu'il appartient à la chose, mais il faut encore montrer qu'il lui appartient comme genre ; au contraire, quand on le réfute, il est suffisant de montrer qu'il n'appartient pas à quelque cas particulier
30 rentrant dans le sujet, ou qu'il n'appartient à aucun. – Il semble

---

1. Le propre est, la plupart du temps, donné avec le genre (*cf.* V, 3, 132 *a* 10).

2. L. 10.

bien, en fait, que, à la façon de ce qui se passe dans les autres domaines où il est plus facile de détruire que de créer, ici aussi il soit plus facile de réfuter que d'établir.

En ce qui concerne l'accident : s'il est universel, il est plus facile à réfuter qu'à établir ; pour l'établir, en effet, on doit montrer qu'il appartient à la totalité du sujet, tandis que, pour 35 le réfuter, il suffit de montrer qu'il n'appartient pas à un seul des cas compris dans le sujet. Si, au contraire, l'accident est particulier, il est plus facile à établir qu'à réfuter : pour l'établir, il suffit de montrer qu'il appartient à un cas particulier, tandis que, pour le réfuter, il faut montrer qu'il n'appartient à 155 *a* aucun.

On voit encore pourquoi le plus facile de tous les problèmes, c'est de réfuter une définition. En effet, comme c'est elle qui contient le plus grand nombre d'éléments, elle nous fournit par là-même un grand nombre de points pour l'attaquer[1], et la multiplicité des éléments favorise d'autant plus 5 le raisonnement : car il semble bien que l'erreur soit plus fréquente dans un grand nombre de choses que dans un petit. De plus, pour attaquer la définition, on peut aussi tirer parti des autres règles indiquées[2] : car, soit que l'expression ne soit pas propre à la chose, soit que le terme donné ne soit pas le genre, soit que l'un des éléments de la définition n'appartienne pas à la chose, de toute façon la définition est ruinée. Par contre, 10 pour réfuter les autres problèmes, on ne peut les attaquer ni par

---

1. *Cf.* Waitz, II, 511 : *Definitio quum plures habeat partes quam genus, proprietas et accidens, et in illa constituenda plura observanda sint quam in reliquis, facilius impugnatur quam reliqua.*

2. Les règles du propre, du genre et de l'accident.

les lieux tirés des définitions, ni par tous les autres qui restent :
seuls les lieux relatifs à l'accident sont communs à toutes les
espèces d'attributs dont nous avons parlé.

Car, tandis que chacune des espèces d'attributs sus-
indiquées doit appartenir à la chose en question, le genre peut
ne pas lui appartenir comme un propre sans pour cela être
détruit. De même aussi, il n'est pas nécessaire que le propre
15 appartienne à la chose comme genre, ni l'accident comme
genre ou comme propre : il faut seulement qu'il y ait attribution. Par conséquent, il n'est pas possible de se servir des
uns contre les autres, excepté dans le cas de la définition. On
voit aussi que le plus facile de tous les problèmes, c'est de
réfuter une définition, tandis que le plus difficile c'est de l'établir car il faut à la fois établir tous ces éléments par raisonnement (c'est-à-dire : et que les attributs indiqués appartien-
20 nent au sujet, et que le terme donné est le genre véritable, et que
l'expression est propre au sujet), et, en outre, en dehors de cela,
que l'expression explique bien la quiddité de la chose : et ceci[1]
doit être fait correctement.

Des autres problèmes, c'est le propre qui est le plus
semblable à la définition[2] : il est plus facile de le réfuter, du fait
qu'il se compose le plus souvent de plusieurs termes, tandis
25 que le plus difficile c'est de l'établir, du fait qu'il faut prouver
plusieurs éléments, et qu'outre cela il faut prouver qu'il

---

1. L. 22, τοῦτο, c'est-à-dire τὸ συλλογίζεσθαι καὶ δεικνύειν ὅτι ὁ
ὅρος (plus exactement, ὁ λόγος, l'expression de la définition) τὴν οὐσίαν τοῦ
πράγματος δηλοῖ (Alexandre, 516, 24).

2. L. 23, τοιοῦτον = χαλεπώτερος κατασκευάζειν. Le propre, explique
Alexandre, 517, 1, est plus difficile à établir que le genre et l'accident, mais plus
facile pourtant que la définition.

n'appartient qu'à la chose seule et qu'il se réciproque avec
elle.

Le plus facile de tous les problèmes, c'est d'établir l'accident : car, dans les autres cas, il faut montrer non seulement
que le prédicat appartient au sujet, mais encore qu'il lui
appartient de telle façon ; tandis que, pour l'accident, il suffit 30
de montrer qu'il appartient seulement au sujet. Par contre,
l'accident est ce qu'il y a de plus difficile à réfuter, parce que
c'est lui qui fournit le plus petit nombre d'éléments : car on
n'indique pas en sus pour l'accident la façon dont il appartient
au sujet. Par suite, tandis que, dans les autres cas, on peut
réfuter de deux façons, en montrant soit que le prédicat
n'appartient pas au sujet, soit qu'il ne lui appartient pas de telle
façon déterminée, dans le cas de l'accident on ne peut le réfuter 35
qu'en montrant qu'il n'appartient pas au sujet.

Les lieux, grâce auxquels nous serons munis d'arguments
pour traiter chaque problème, ont donc été l'objet d'une
énumération pratiquement suffisante.

LIVRE VIII

1

< Règles de l'interrogation >

Après cela, il faut traiter de l'ordre et de la méthode à suivre dans les interrogations. – Il convient premièrement, quand on se propose de formuler des interrogations, de trouver le lieu d'où l'attaque doit partir ; secondement, de formuler les 5 interrogations et de les ranger une par une, pour soi-même ; en troisième et dernier lieu, de les poser enfin à l'adversaire[1].

---

1. D'après Alexandre, 520, 5, le livre VIII était appelé aussi Περὶ ἐρωτήσεως καὶ ἀποκρίσεως et Περὶ τάξεως καὶ ἀποκρίσεως.

Les trois étapes sont donc les suivantes. D'abord trouver le problème et les lieux par lesquels l'argumentation doit se faire ; en second lieu, ordonner dans son esprit les interrogations une par une, tant celles qui se rapportent au problème à résoudre que celles qui se rapportent aux propositions servant de base à l'argumentation ; enfin, arrivant à la discussion avec l'adversaire, on doit lui poser les interrogations et les arguments dans l'ordre et de la façon qu'on vient d'établir soi-même intérieurement, *cf.* l'intéressante comparaison de Pacius, II, 455 : *Quemadmodum is qui pugnaturus est, primo debet invenire gladium ; deinde se cum ipse cogitare quomodo velit uti eo gladio, et quomodo velit petere et vulnerare adversarium ; postea, cum ita paralus fuerit, debet*

Jusques et y compris la découverte des lieux, la recherche est la
même pour le philosophe[1] et le dialecticien; mais dès lors
qu'on les range et qu'on formule les interrogations, c'est
l'office propre du dialecticien : car pour tout cela, il s'agit des
10 rapports avec l'adversaire[2]. Il n'en est pas de même du philosophe et de celui qui cherche pour soi : peu lui importe que les
prémisses de son raisonnement, fussent-elles vraies et connues,
soient rejetées par celui qui répond parce qu'elles sont voisines
de la question posée au début et qu'il prévoit ainsi la conséquence de son acceptation[3]. Bien plus : il doit même avoir soin
que ses axiomes soient les plus connus et les plus proches de la
15 question qu'il est possible, car c'est d'eux que procèdent les
raisonnements scientifiques.

---

gladium stringere contra adversarium. Voir aussi l'exposé de Sylvius Maurus,
I, 575. – L. 4, 5 et 9, le verbe ἐρωτηματίζειν a le sens de *mettre les interrogations en forme* (σχηματίζειν τὴν ἐρώτησιν, Alexandre, 520, 27).

1. Plus précisément, ὁ ἀποδεικτικός (Alexandre, 520, 34).

2. *Cf.* Alexandre, 521, 2 : ποιεῖ δὲ ταῦτα ὁ διαλεκτικὸς εἰκότως, διότι
πρὸς ἕτερον προτείνει τὰ εὑρεθέντα (c'est-à-dire les lieux qu'il a trouvés et
qu'il a rangés dans son esprit).

3. Comme Aristote l'indique plus loin, le dialecticien doit notamment
chercher à dissimuler le plus possible les conséquences des propositions qu'il
demande à l'adversaire de concéder; il a donc intérêt à lui faire accepter les
propositions les plus éloignées possibles du problème à résoudre : une proposition trop rapprochée de la question éveillerait l'attention de l'adversaire, qui
verrait immédiatement les conséquences qu'on en veut tirer, et qui par suite
refuserait de la concéder. Mais pour le philosophe, il n'en est plus de même :
soucieux uniquement de la vérité pour elle-même, il n'a pas à se préoccuper de
l'acceptation ou du rejet de ses propositions; il ne demande pas, il pose (*Anal.
prior*, I, 1, 24 *a* 24). Il a intérêt à utiliser des propositions évidentes, prochaines
et manifestement en connexité avec la conclusion à prouver (*cf.* Alexandre,
521, 3-24).

Les sources où il faut puiser les lieux de l'argumentation ont été indiquées plus haut[1] : nous avons maintenant à traiter de l'ordre et de la formation des questions, et d'abord à déterminer les prémisses, autres que les prémisses nécessaires[2], qu'il faut adopter. Par prémisses nécessaires, on entend celles qui servent à effectuer le raisonnement[3]. Celles qui sont adoptées[4] en dehors de celles-là sont de quatre sortes : elles servent soit, par induction, à faire accepter la prémisse universelle[5], soit à amplifier l'argument[6], soit à dissimuler la conclusion, soit à éclaircir l'argument. En dehors d'elles, il n'y a aucune autre prémisse à prendre : ce sont les seules par lesquelles il faut essayer d'amplifier et de formuler les questions. Au reste, les propositions tendant à dissimuler la conclusion ne sont employées que pour les besoins de la discussion ; mais, étant donné qu'une entreprise de cette nature[7] est toujours dirigée contre un adversaire, nous sommes obligés de nous en servir aussi.

Les prémisses nécessaires par lesquelles le raisonnement s'effectue ne doivent pas être proposées immédiatement, mais il faut partir de propositions qui en soient éloignées le plus

1. II-VII.

2. Car la Dialectique n'utilise pas seulement les prémisses nécessaires (qu'Aristote va étudier d'abord), mais encore d'autres, qu'il faut déterminer.

3. Aussi bien inductif que déductif.

4. En dialectique.

5. *Respondens concessis multis particularibus, concedat deinde aliquam propositionem universalem* (Sylvius Maurus, I, 576).

6. L'adversaire admet une proposition grossie, qu'il refuserait de concéder dans son état simple. – Aristote développera ces indications dans le cours du chapitre.

7. La Dialectique.

possible. Par exemple, si l'on veut faire admettre à l'adversaire
que la science des contraires est une et la même, on lui demandera de l'admettre non pas des contraires, mais des opposés : si
cette dernière proposition est concédée, on conclura que la
science des contraires est aussi une et la même, puisque les
contraires sont des opposés ; et si elle n'est pas concédée, il faut
faire admettre la proposition en question au moyen de l'induc-
35 tion, en s'appuyant sur des contraires particuliers. Car on doit
assurer l'acceptation des prémisses nécessaires soit par raisonnement, soit par induction, ou bien les unes par induction et les
autres par raisonnement, sous cette réserve que les propositions qui sont par trop évidentes doivent être posées elles-
mêmes immédiatement. En effet, la conclusion à venir est
156 a toujours plus difficile à discerner à distance et par l'induction[1], et, en même temps, même si nous ne sommes pas
capables d'atteindre de cette façon[2] les prémisses requises,
rien n'empêche que nous ne les proposions en elles-mêmes.

Quant aux prémisses, autres que les prémisses nécessaires,
qui ont été indiquées plus haut[3], elles doivent être prises en
vue de ces prémisses nécessaires, et voici comment on doit
se servir de chacune d'elles. – L'induction procède des cas
5 particuliers à l'universel, et du connu à l'inconnu, les objets
qui tombent sous les sens étant mieux connus, soit absolument,

---

1. Quand on a fait admettre une proposition plus universelle (la science
des opposés est une), ou des cas particuliers, l'adversaire est beaucoup plus
embarrassé pour réfuter la conclusion à venir (la science *des contraires* est une).

2. Si nous ne sommes pas capables de prouver par raisonnement ou par
induction (ἐκείνως l. 2), les propositions nécessaires, il nous reste toujours la
ressource de les poser elles-mêmes εὐθύς (*cf.* Alexandre, 525, 5).

3. L. 155 b 20-28.

soit du moins pour la plupart des gens. – La dissimulation de la
conclusion se fait en établissant par des prosyllogismes les
prémisses par lesquelles la preuve du problème posé au début
doit être obtenue, et il faudra en prendre le plus grand nombre
possible[1]. On pourra y parvenir, si l'on peut prouver par syllogisme non seulement les prémisses nécessaires, mais aussi 10
certaines de celles qui sont utiles à l'établissement de ces dernières. En outre, il ne faut pas énoncer les conclusions de ces
prosyllogismes, mais les tirer ultérieurement l'une après
l'autre : car c'est de cette façon qu'on tiendra celui qui répond
à la plus grande distance possible de la thèse du début. D'une
manière générale, quand on veut dans son enquête se servir de
la dissimulation, il faut interroger de façon que, l'interrogation
ayant porté sur la totalité de l'argument, et la conclusion une
fois établie, l'interlocuteur en soit encore à rechercher le 15
pourquoi[2]. Or ce résultat sera surtout atteint par la méthode
que nous venons de décrire. En effet, en énonçant seulement
la conclusion finale[3], on laisse dans l'ombre la façon dont
on l'obtient : car celui qui répond n'a pas vu préalablement de
quelles propositions elle découle, du fait que les syllogismes
antérieurs ne lui ont pas été exposés en détail[4], et que, de son
côté, le syllogisme de la conclusion est le moins détaillé 20

1. *Immo non a prosyllogismis principali syllogismo proximis, sed a
prosyllogismorum prosyllogismis* (Pacius, II, 458).

2. À savoir : comment la conclusion dérive-t-elle des prémisses ?
(Alexandre, 526, 14).

3. La conclusion principale. On doit se garder de donner les conclusions
des prosyllogismes.

4. L'expression διαρθροῦν τὸν συλλογισμόν a le sens de *syllogismum
compositum in suas partes discernere* (Bonitz, *Index arist.*, 188 a 6).

possible, puisque nous avons posé non pas les propositions dont il est formé, mais seulement celles dont ces propositions sont elles-mêmes tirées[1].

Il est utile aussi[2] de ne pas prendre dans leur ordre propre les propositions requises pour la formation des syllogismes, mais il faut prendre alternativement celles qui conduisent à une conclusion et celles qui conduisent à une autre : car si
25 celles qui sont propres à chaque conclusion[3] sont posées les unes auprès des autres, la conclusion qui en résultera sera plus évidente[4].

Il faut aussi, dans la mesure du possible, assurer l'acceptation de la prémisse universelle par une définition portant non sur les termes en question eux-mêmes, mais sur leurs coordonnés : car ceux qui répondent tombent d'eux-mêmes dans l'erreur, quand la définition a porté sur un terme coordonné, en
30 croyant qu'ils n'accordent pas la proposition universelle. Ce serait le cas, par exemple, si on avait à faire admettre que *l'homme en colère* désire la vengeance en raison du mépris qu'on lui a manifesté, et si on se faisait accorder que la *colère*[5] est un désir de vengeance causé par une manifestation de mépris car il est clair que, cette dernière proposition une fois accordée, nous aurions universellement ce que nous voulons

---

1. L. 21, le terme λήμματα, et, l. 23, le terme ἀξιώματα, ont le sens général de *propositions*, comme le mot συλλογισμός signifie *raisonnement* (Waitz, II, 512).

2. Toujours dans le but de dissimuler (Alexandre, 527, 24).

3. *Cf.* Alexandre, 527, 27 : τῶν γὰρ οἰκείων καὶ πρὸς τὸ αὐτὸ συντελουσῶν συμπέρασμα προτάσεως ἐφεξῆς τιθεμένων.

4. Pour celui qui répond.

5. *Colère* et *homme en colère* étant des termes compris dans une même συστοιχία.

faire admettre. Par contre, si on énonce des prémisses portant
sur les termes en question eux-mêmes, il arrive souvent que **35**
celui qui répond refuse de les accorder du fait que le terme lui-
même offre plus de prise à son objection : par exemple, que
l'homme en colère ne désire pas la vengeance, puisque nous
nous mettons en colère avec nos parents sans pourtant désirer
nous venger d'eux. Sans doute, l'objection n'est pas valable,
car, pour certaines personnes, c'est une vengeance suffisante
de leur causer une simple peine et de les faire se repentir ;
pourtant elle n'est pas sans avoir une certaine vraisemblance, **156 b**
qui donne à l'adversaire un semblant de raison pour rejeter la
proposition. Au contraire, dans le cas où c'est la colère qu'on
définit, il n'est pas aussi facile de trouver une objection.

En outre, il faut formuler la proposition comme si on la
formulait non pour elle-même, mais pour une autre chose. Car
ceux qui répondent sont en garde contre tout ce qui peut servir **5**
à la thèse. – Absolument parlant, il faut rendre aussi obscur que
possible le point de savoir si c'est la proposition avancée ou
bien son opposée qu'on veut faire admettre : car si ce qui sert à
l'argumentation demeure incertain, ceux qui répondent sont
plus disposés à dire ce qu'ils pensent eux-mêmes.

En outre, on peut essayer de procéder à l'interrogation[1] à **10**
l'aide de la similitude ; car cette façon d'interroger est per-
suasive, et l'universel échappe mieux à l'attention : c'est, par
exemple, de faire admettre que, de même que la science ou
l'ignorance des contraires est la même, ainsi aussi la sensation
des contraires est la même ; ou inversement que, puisque la

---

1. C'est-à-dire, de faire admettre des propositions.

sensation est la même, la science l'est aussi. Cet argument est
semblable à l'induction, tout en ne lui étant cependant pas
15 identique : car, dans l'induction, c'est des cas particuliers
qu'est pris l'universel, tandis que, dans le cas de la similitude,
ce qu'on prend ce n'est pas l'universel [1] sous lequel tous les
semblables sont contenus.

Il faut aussi parfois se faire à soi-même l'objection car
ceux qui répondent sont sans méfiance à l'égard de ceux qui
20 semblent argumenter impartialement. – Il est utile aussi
d'ajouter que ce qu'on soutient c'est une proposition généralement admise, car ceux qui répondent répugnent à ébranler
l'opinion habituelle, quand ils n'ont pas eux-mêmes d'objection toute prête ; et comme, en même temps, ils se servent eux-
mêmes d'arguments de ce genre, ils se gardent bien de les
ébranler. – De plus, il ne faut pas insister sur un argument, tout
utile qu'il soit, car l'insistance renforce l'opposition de
25 l'adversaire. – En outre, il faut avancer sa proposition comme
si c'était une simple comparaison : car ce qui est proposé pour
autre chose et n'est pas utile pour soi est plus aisément accepté.
– Il ne faut pas non plus énoncer la proposition même dont
l'adoption nous est nécessaire, mais bien une proposition dont
la première est la conséquence nécessaire : l'adversaire accorde plus facilement cette proposition-ci, parce qu'il n'aperçoit
30 pas aussi bien quelle en sera la conséquence ; et si la dernière a
été adoptée, l'autre l'a été aussi. – En outre, c'est en dernier
lieu qu'il faut demander ce qu'on désire surtout se voir

---

1. *Cf.* Sylvius Maurus, I, 579 : *Argumentum ex inductione procedit a
singularibus ad universale ; argumentum a paritate procedet non ab uno simili
ad universale continens omnia similia, sed ab uno simili ad aliud simile.*

concéder : car ceux qui répondent sont particulièrement portés à repousser les premières questions, du fait que la plupart de ceux qui interrogent parlent d'abord des choses qui leur tiennent le plus à cœur. Par contre, avec certains adversaires, ce sont des propositions de cette sorte qu'il faut avancer en premier lieu, car, les gens pointilleux accordent avec le plus de facilité ce qu'on leur présente d'abord (à moins que la conclu- 35 sion qui en résultera ne leur saute manifestement aux yeux), tandis que c'est à la fin qu'ils se montrent exigeants. Même attitude à observer à l'égard de ceux qui se piquent d'être fins dans leurs réponses : car, après avoir admis les choses proposées en premier lieu, ils soulèvent des arguties vers la fin, en prétendant que la conclusion ne suit pas des propositions posées. Mais ils acquiescent facilement, confiant dans leur caractère, et s'imaginant que rien de fâcheux ne leur arrivera. 157 *a*
– En outre, il est bon d'allonger l'argument et d'y insérer des choses sans utilité pour la discussion, comme le font ceux qui tracent de fausses figures géométriques : car la multitude des détails empêche de bien voir où siège l'erreur. C'est pour cette raison aussi que parfois ceux qui interrogent ne s'aperçoivent pas qu'ils ont avancé dans cette obscurité des choses qui, présentées en elles-mêmes, n'auraient pas été concédées.   5

La méthode de dissimulation fait donc appel aux règles dont nous venons de parler. Pour l'ornement de la pensée, on procède par l'induction et par la division des notions appartenant au même genre. Quelle est la nature de l'induction, c'est ce qu'il est facile de voir. Quant à la division, c'est par exemple de dire que telle science est meilleure que telle autre, soit en raison de sa plus grande exactitude, soit parce que son objet est

10 plus élevé; ou que les sciences sont les unes théorétiques, d'autres pratiques, d'autres enfin poétiques. Chacune de ces distinctions, en effet, ajoute un nouvel ornement à la discussion, bien qu'elles ne soient pas nécessaires à énoncer en vue de la conclusion.

Pour éclairer la discussion, il faut apporter des exemples et 15 des comparaisons, mais des exemples appropriés et tirés de choses que nous connaissons, comme dans Homère et non comme dans Chœrilus[1] : de cette façon, la proposition avancée peut devenir plus claire.

2
< Règles de l'interrogation, suite >

Il faut, dans les discussions dialectiques, se servir du syllogisme plutôt avec les dialecticiens qu'avec le vulgaire; au contraire, c'est plutôt l'induction qu'il faut employer avec le 20 vulgaire. D'ailleurs ce point a déjà été traité précédemment[2]. – Dans l'induction, on peut, dans certains cas, poser l'interrogation sous sa forme universelle[3]; mais, dans d'autres, ce n'est pas une chose aisée, du fait qu'il n'y a pas de nom commun établi pour toutes les ressemblances[4] : alors, quand on a besoin

---

1. Mauvais poète, cité aussi *Rhét.*, III, 14, 1415 *a* 4 et 16.

2. I, 12, 105 *a* 16 et *sq.* – Le syllogisme a plus de force probante, mais l'induction est plus facile.

Sur la lecture τούτου, l. 21, *cf.* Waitz, II, 513.

3. Quand l'universel porte un nom. On dira par exemple : l'homme a la sensation, le cheval a la sensation, le bœuf a la sensation… donc *tout animal* a la sensation (Pacius, II, 461).

4. C'est-à-dire : quand il n'existe pas de nom pour désigner l'universel. On emploie alors l'expression : *ita rem se habere in omnibus talibus rebus. Veluti,*

de prendre l'universel, on se sert de l'expression *et dans tous les cas de cette sorte*. Mais, ce qu'il y a de plus difficile, c'est de déterminer quelles sont, parmi les choses proposées, celles **25** qui sont *de cette sorte* et celles qui ne le sont pas; et de là vient souvent qu'on se trompe mutuellement dans les discussions, les uns affirmant la ressemblance de choses qui ne sont pas semblables, les autres doutant de la ressemblance de choses qui sont semblables[1]. C'est pourquoi il faut tâcher de forger soi-même un mot s'appliquant à toutes les choses de la sorte en question, afin qu'il ne soit permis, ni à celui qui répond de **30** douter et de dire que la chose proposée n'est pas prise en un sens semblable[2], ni à celui qui interroge de suggérer faussement que la chose est prise en un sens semblable, attendu que beaucoup de choses paraissent être prises en un sens semblable, qui en réalité ne le sont pas.

Quand on a fait une induction portant sur une multiplicité de cas, et que pourtant celui qui répond refuse de concéder la proposition universelle, alors il est légitime de lui demander **35** son objection[3]. Mais, à moins qu'on n'ait soi-même indiqué dans quels cas la chose est de telle façon, il n'est pas légitime de lui demander de dire dans quel cas la chose n'est pas de telle façon : on doit faire l'induction d'abord, et, alors seulement, demander à l'adversaire son objection. – Il faut, en outre,

---

ajoute Pacius, II, 461, *in numeris est commutata proportio, et in lineis, et in tempore; ergo in omnibus ejusmodi rebus est commutata proportio.*

1. *Si opponens dicat rem de qua agitur esse talem, respondens id negabit* (Pacius, *ibid.*).

2. C'est-à-dire, ne répond pas à la description donnée et ne rentre pas dans la notion universelle.

3. Le cas particulier contraire à la proposition universelle.

exiger que les objections ne portent pas sur la chose même qui
est proposée, à moins que cette chose ne soit la seule et unique
de son espèce, comme, par exemple, la dyade est, parmi les
157 *b* nombres pairs, le seul nombre premier : car il faut que celui qui
fait l'objection fasse porter son objection sur une autre chose, à
moins qu'il ne puisse dire que la chose en question est seule
de son espèce [1]. – Quant à ceux qui font des objections à une
proposition universelle, en faisant porter l'objection non pas
sur la chose elle-même mais sur un homonyme, et qui soutiennent, par exemple, qu'on peut avoir une couleur, ou un pied, ou
5 une main, qui n'est pas à soi [2] (puisque le peintre peut avoir une
couleur qui n'est pas la sienne, et le cuisinier un pied qui n'est
pas le sien) [3], on doit d'abord, dans des cas de ce genre, ne
poser sa question qu'une fois la distinction faite : car aussi
longtemps que l'homonymie demeure cachée, l'objection à la
proposition paraîtra valide. – Mais si l'objection, portant non
plus sur un homonyme mais sur la chose même, met en échec
l'interrogation, celui qui interroge doit retrancher la partie
10 atteinte par l'objection et proposer le reste en le rendant universel, jusqu'à ce qu'il fasse admettre ce qui lui est utile ;

1. *Cf.* Waitz, II, 513 : *Postulandum est ab eo qui occurrere velit thesi
propositae, ut eam rem, de qua ipsa disputetur, solam non excipiat de lege
universa, cui similia omnia adstricta esse inductione facta probatur, nisi si
revera una sit et sola, cujus exceptio facienda est* (ce qui est le cas de la dyade,
seul nombre premier pair).

2. Alors que la proposition universelle posée est : *Nihil habet colorem non
suum, vel pedem, aut manum non suam* (Sylvius Maurus, I, 582). Pour parer à la
réponse de l'adversaire, il faut d'abord distinguer entre les divers sens de
l'expression.

3. Le peintre utilisant la couleur étrangère pour peindre, et le cuisinier
faisant cuire un pied qui n'est pas le sien.

c'est le cas, par exemple, pour l'oubli et pour le fait d'avoir oublié[1] : car les adversaires refusent d'admettre que celui qui a perdu la science ait oublié, parce que, objectent-ils, si la chose vient à changer, on a perdu la science mais on n'a pas oublié. Ce qu'il faut donc faire, c'est retrancher la partie atteinte par l'objection et soutenir le reste ; dire, par exemple, que si, la chose continuant à subsister, on a perdu la science, alors on a oublié. Même attitude encore à l'égard de ceux qui font une objection à la proposition qu'à un bien plus grand est opposé un mal plus grand : car ils allèguent qu'à la santé, qui est un moindre bien que la bonne constitution, un mal plus grand est opposé, attendu que la maladie est un plus grand mal que la débilité. Il faut donc retrancher, ici aussi, la partie atteinte par l'objection ; car, cette partie une fois retranchée, l'adversaire sera plus disposé à admettre la proposition, à savoir, dans notre exemple, qu'à un plus grand bien un plus grand mal est opposé, à moins que[2] l'un des deux biens n'implique l'autre, comme la bonne constitution implique la santé. – Non seulement on doit faire cela quand l'adversaire formule une objection, mais encore si, même sans élever présentement d'objection, il nie ce que nous avançons parce qu'il prévoit pouvoir en formuler une de ce genre[3] : en effet, une fois qu'on aura retranché le point

1. *Cf.* pour le premier exemple (l. 11-16), *Anal. post.*, I, 6, 74 *b* 32, p. 39 de notre traduction, et la note ; et, pour le second exemple (l. 17-24), *supra*, VII, 3, 153 *b* 36. – La proposition posée par celui qui interroge est que tout homme qui perd la connaissance ou l'art qu'il avait antérieurement l'a oublié. L'objection de l'adversaire est réfutable à la condition de faire la part du feu et de limiter la proposition (« la chose continuant à subsister »).

2. C'est là le retranchement.

3. Il est bon de prendre les devants, et de ne pas attendre l'objection pour procéder aux retranchements nécessaires. *Cf.* Waitz, II, 514 : *Non semper*

sur lequel porte l'objection, l'adversaire sera forcé d'admettre notre proposition du fait qu'il ne peut prévoir dans le reste quelque cas qui ne soit pas comme on a dit; et s'il refuse de l'admettre, alors quand on lui demandera une objection, il ne sera pas capable d'en fournir une. Sont de ce type toutes les propositions qui sont partiellement fausses et partielle-
30 ment vraies, pour lesquelles, en effet, il est possible, en en retranchant une partie, de laisser le reste vrai. – Et si, quand on étend la proposition à plusieurs cas, l'adversaire n'apporte pas d'objection, on doit penser qu'il l'a admise : car, en Dialectique, est valide une prémisse qui s'applique ainsi à plusieurs choses sans soulever contre elle d'objection.

Quand on peut arriver à la même conclusion, soit sans réduction à l'impossible, soit par réduction à l'impossible,
35 alors, si on démontre et qu'on ne discute pas dialectiquement, il est indifférent que l'on conclue par une méthode ou par l'autre; mais si l'on discute dialectiquement avec un adver-saire, on ne doit pas se servir du raisonnement par l'impos-sible. En effet, si on a raisonné sans la réduction à l'impos-sible, aucun doute ne peut être soulevé par l'adversaire; si, au contraire, on a conclu une proposition impossible, l'adver-
158 a saire, à moins que sa fausseté ne soit par trop manifeste,

---

exspectandum est donec adversarius exceptionem faciat, sed etiam si sim-pliciter neget quod proponamus quamquam aliquid certi nondum habeat quod objiciat, sed praevideat tantum esse aliquid quod de regula, quam nobis concedi velimus, excipiendum sit.

conteste son impossibilité[1], de sorte que ceux qui interrogent n'arrivent pas à faire admettre ce qu'ils veulent.

Il faut avancer toutes les propositions qui s'appliquent à une pluralité de cas de la façon qu'on dit[2], et auxquelles on n'aperçoit aucune objection à apporter, soit d'une façon absolue, soit tout au moins à première vue : car, étant incapable d'apercevoir les cas où il n'en est pas comme on l'a dit, 5 l'adversaire admet la proposition comme vraie.

Il ne faut pas faire porter l'interrogation sur la conclusion ; sinon, dans le cas où l'adversaire la nie, on semble n'avoir pas fait de raisonnement[3]. Souvent, en effet, même quand elle n'est pas posée comme une interrogation mais présentée comme une conséquence, les adversaires la nient, et, ce faisant, ils ne paraissent pas réfutés pour ceux qui ne voient pas qu'elle est 10 la conséquence des données admises[4]. Quand donc, sans

---

1. Qui, en matière probable et dialectique, est rarement évidente. – Sur la démonstration directe et la démonstration par l'absurde, cf. *Anal. prior*, *passim*, notamment II, 14.

2. On doit, explique Sylvius Maurus, I, 583, *sumere ut universaliter veram propositionem, quae plerumque est vera, cum vel non instantia in contrarium, vel saltem instantia non est obvia.*

3. On doit tirer la conclusion comme découlant nécessairement des prémisses, et non pas la proposer sous une forme interrogative en demandant à l'adversaire de la concéder : car alors on semble révoquer soi-même en doute qu'elle suit nécessairement des prémisses, de sorte que tout raisonnement disparaît dans le cas où l'adversaire nie cette conséquence.

4. Aux regards de ceux qui ne voient pas que la proposition (la conclusion) niée est une conséquence nécessaire des prémisses posées, l'adversaire qui la nie n'est pas réfuté, alors qu'en réalité il l'est, puisque la conclusion suit nécessairement des prémisses. – L. 11, l'expression ὅτι (et non ὅ τι ; cf. Waitz, II, 514) συμβαίνει = ὅτι ὡς ἀληθῶς ἕπεται, et s'oppose à ὡς συμβαίνον

même dire qu'elle est une conséquence, on la pose comme une question, et que l'adversaire la nie, il ne semble absolument pas qu'on ait fait un raisonnement[1].

Toute interrogation universelle, semble-t-il, n'est pas une
15 proposition dialectique : par exemple, *qu'est-ce que l'homme ?* ou *en combien d'acceptions est pris le Bien ?* Car une proposition dialectique est celle à laquelle il est possible de répondre par *oui* ou par *non*[2], ce qu'on ne peut faire pour celles que nous venons de citer. C'est pourquoi les questions de ce genre ne sont pas dialectiques, à moins que celui qui interroge n'ait lui-même opéré des distinctions ou des divisions avant de les énoncer, en disant, par exemple, *le Bien est-il pris dans tel sens ou dans tel sens ?* Car à des questions de cette sorte il est facile
20 de répondre par une affirmation ou une négation. De là vient que c'est sous cette forme qu'il faut tâcher d'avancer les propositions de ce genre. Et, en même temps, il est peut-être légitime aussi de demander à l'adversaire en combien d'acceptions le Bien est pris, lorsque celui qui pose la question les ayant soi-même distinguées et formulées, l'adversaire refuse absolument de les accorder.

25   Celui qui interroge sur une seule chose pendant longtemps est un mauvais enquêteur. En effet, s'il le fait, bien que la personne interrogée réponde à ce qui lui est demandé, il est clair

---

ἐπιφέροντος, l. 9. Le sens est le suivant : οὐ δοκοῦσιν (les adversaires) ἐλέγχεσθαι τοῖς μὴ συνορῶσι ὅτι οὐ μόνον ὡς συμβαῖνον ἐπιφέρεται τὸ συμπέρασμα ἐκ τῶν τεθέντων ἀλλ' ὅτι καὶ ὡς ἀληθῶς συμβαίνει.

1. *Si quis autem, ne speciem quidem syllogismi servet, sed petat ut concedatur id quod cogere debet, adversarius vero neget, minime eum convicisse videbitur* (Waitz, II, 514).

2. Cf. *de Interpr.*, 11, 20 b 27, et *supra*, I, 10.

ou bien qu'il lui pose plusieurs questions différentes, ou bien qu'il lui pose plusieurs fois la même question : il en résulte ou bien que c'est du verbiage, ou bien qu'il n'y a pas de raisonnement, puisque le raisonnement est toujours constitué à partir d'un petit nombre de prémisses. Si, par contre, il procède ainsi parce que l'adversaire ne répond pas, alors il a tort de ne pas l'en reprendre ou de ne pas laisser là la discussion.   **30**

3
< Difficulté des arguments dialectiques >

Il y a certaines hypothèses qu'il est à la fois difficile d'attaquer et facile de défendre[1] : telles sont, par exemple, les choses qui sont les premières et celles qui sont les dernières, dans l'ordre naturel[2]. En effet, les premières ont besoin de définition ; quant aux dernières, elles sont conclues au moyen de beaucoup d'intermédiaires pour qui veut assurer une preuve continue à partir des premiers principes, ou bien, sans cela, **35** toute discussion à leur sujet semble purement sophistique, puisqu'on est incapable de démontrer une chose, si on ne prend pour point de départ les principes qui lui sont propres et si on n'enchaîne la série des raisonnements jusqu'aux ultimes conclusions[3]. Or, définir les premiers principes c'est ce que ceux qui répondent ne pensent pas à faire, et ils ne prêtent non

---

1. L. 31, ἐπιχειρεῖν = ἐρωτᾶν καὶ συλλογίζεσθαι, et ὑπέχειν = ἀποκρίνεσθαι. L. 32, ὑποθέσεις = προβλήματα (Alexandre, 541, 9). Mêmes sens dans le courant du chapitre.

2. Les premiers principes et les ultimes conclusions.

3. *Oportet ascendere usque ad prima principia, et ab iis per omnes medias propositiones quae permultae sunt, descendere ad ultimas illas conclusiones* (Pacius, II, 463).

plus aucune attention à celui qui interroge quand il définit : et pourtant, jusqu'à ce que devienne clair ce qui est proposé on ne **158 b** peut pas facilement le combattre[1]. Et c'est là ce qui arrive surtout dans le cas des principes : car, tandis que les autres propositions se démontrent par leur intermédiaire, les principes ne peuvent l'être par d'autres choses : nous sommes forcés de connaître chacune des propositions de ce genre par une définition.

5   Il est difficile aussi de combattre les propositions qui sont très rapprochées du principe : car on ne peut pas se procurer beaucoup d'arguments contre elles, du fait qu'il y a peu d'intermédiaires entre la conclusion et le principe, et que c'est par ces intermédiaires qu'il faut nécessairement prouver les propositions subséquentes. – Mais de toutes les définitions, les plus difficiles à attaquer sont celles qui se servent de termes 10 dont, tout d'abord, on ne sait pas bien s'ils sont pris en un sens simple ou en plusieurs sens, ou dont, en outre, on ne sait pas non plus s'ils sont pris au sens propre ou par métaphore par celui qui définit[2]. Et c'est en raison de leur obscurité qu'il n'est pas possible d'argumenter contre ces termes ; et du fait qu'on ignore si leur obscurité est due à leur caractère métaphorique, 15 il est impossible de les réfuter.

---

1. *Quamquam omnis demonstratio a definitione proficisci debet, tamen qui thesin alterius impugnant saepissime in eo peccant, quod neque postulant definitionem, rei de qua disputatur, si non data sit, neque datam exactissimo judicio examinant* (Waitz, II, 515).

2. Les l. 8-15 visent ainsi deux sortes de propositions : celles où l'on se demande si elles renferment des termes homonymes, et celles où l'on se demande si les termes sont pris en un sens métaphorique. Dans les deux cas, il en résulte une obscurité qui rend leur réfutation difficile.

En résumé, toutes les fois qu'un problème est difficile à attaquer, on doit supposer qu'il a besoin d'une définition; ou bien qu'il rentre dans ces choses qui ont plusieurs sens ou un sens métaphorique; ou encore qu'il n'est pas éloigné des principes; ou enfin que nous n'apercevons pas au premier abord cela même, à savoir à laquelle des modalités ci-dessus énumérées se rattache ce qui cause notre embarras : une fois 20 éclaircie la façon dont la difficulté se présente, il est évident qu'il nous faut ou définir, ou distinguer, ou nous procurer les propositions intermédiaires, puisque c'est ainsi qu'on prouve les conclusions finales.

Pour beaucoup de thèses, du fait que la définition n'a pas été correctement donnée, il n'est pas facile de les discuter et de les attaquer : par exemple, si une seule chose a ou 25 non plusieurs contraires. Mais les contraires une fois définis comme il convient, il est facile de conclure s'il est possible pour la même chose d'avoir plusieurs contraires ou non. On procède aussi de la même manière pour les autres termes qui ont besoin de définition. Il semble bien aussi, en Mathématiques, que la difficulté dans la démonstration des figures est due parfois à un défaut de la définition : quand on prouve, par exemple, que la droite qui coupe le 30 plan parallèle au côté < d'un parallélogramme > divise d'une manière semblable à la fois la ligne et la surface; tandis que, si la définition a été donnée, ce qu'on dit devient immédiatement clair : car les surfaces subissent le même retranchement que les lignes; or c'est là la définition de

35 *la même proportion*[1]. D'une façon absolue[2], les premiers
principes élémentaires[3], une fois posées les définitions (par
exemple, la nature de la ligne et la nature du cercle), sont très
faciles à prouver; seulement, les arguments qu'on peut apporter en ce qui concerne chacun d'eux ne sont pas nombreux,
parce qu'il n'y a pas beaucoup d'intermédiaires. Par contre,
si les définitions des principes n'ont pas été posées, la preuve
est difficile, et peut même être complètement impossible.
159 a Et ce qui se passe pour les notions mathématiques s'applique
également aux raisonnements dialectiques[4].

Il ne faut donc pas perdre de vue que, quand la thèse est
difficile à discuter, c'est qu'elle présente l'un des défauts dont
nous venons de parler. Mais quand c'est un travail plus
5 difficile de discuter le postulat, autrement dit la prémisse, que
de discuter la thèse elle-même[5], on peut se demander s'il faut

---

1. Soit le parallélogramme *ABCD* coupé par une sécante *EF* parallèle au
côté *AB*. La division de la surface *ABCD* et de la ligne AC (ou BD) se fait
suivant une même *raison* ou *proportion*. Autrement dit, si la sécante coupe la
ligne au quart, la surface partielle est ὁμοίως le quart de la surface totale. Pour le
prouver, il faut définir ce qu'on entend par *proportion* (τοῦ αὐτοῦ λόγου =
ἀναλογον, l. 35)

2. Sans exception.

3. *Datis elementorum definitionibus facillime demonstrantur prima, quae
continuo ex his defnitionibus derivantur et consequuntur. Elementa geometrica
hic dicit lineam, circulum et alia hujusmodi* (Waitz, II, 515-518).

4. *Cf.* Alexandre, 546, 13 : λόγους, l. 159 *a* 1, signifie τὰς ἐπιχειρήσεις
τὰς ἐν τῷ διαλέγεσθαι.

5. L. 3 (et *passim* dans ce chapitre), θέσις = πρόβλημα. L. 4 et 5, ἀξίωμα et
πρότασις ont l'un et l'autre le sens de : proposition que l'adversaire demande
de lui concéder en vue de la démonstration du problème (Alexandre, 546,
18-20). – Doit-on concéder à l'adversaire des prémisses plus difficiles à
admettre que la thèse elle-même? Si on ne veut pas les concéder, on semblera
injuste envers l'adversaire en lui imposant une démonstration plus difficile que

poser de telles propositions ou non : car si on ne concède pas le postulat, mais qu'on prétende le soumettre, lui aussi, à la discussion, on imposera à l'adversaire une tâche plus difficile que de prouver la thèse même posée au début ; si, au contraire, on l'accorde, l'adversaire tirera sa croyance d'éléments moins croyables. Si donc il est indispensable de ne pas rendre le problème plus difficile, on doit accorder le postulat ; si, d'un autre 10 côté, il est indispensable de raisonner au moyen de prémisses plus connues, on ne doit pas le poser. En d'autres termes, quand on procède à une sérieuse recherche, on ne doit pas le poser, à moins qu'il ne soit plus connu que la conclusion ; tandis que, dans l'exercice dialectique, il faut le poser à la seule condition qu'il ait la simple apparence du vrai [1]. On voit donc que la façon dont de tels postulats sont demandés n'est pas la même, suivant qu'on interroge ou qu'on enseigne.

4
< Rôle de celui qui interroge et de celui qui répond >

La façon dont on doit formuler les questions et les ranger, 15 ce que nous venons de dire suffit à peu près pour le montrer.

En ce qui concerne la réponse [2], il faut déterminer d'abord ce qu'on doit faire pour répondre correctement, ainsi que ce qu'on doit faire pour interroger correctement. Le rôle de celui

---

celle du problème posé ; si on les concède, l'adversaire prouvera sa thèse *ex difficilioribus*, ce qui est évidemment contraire à la nature des choses. Aristote résout la difficulté (l. 11) par une distinction entre faire une sérieuse recherche (μανθάνειν) et disputer (*Cf.* Waitz, II, 516).

1. Car, en Dialectique, le vraisemblable suffit.
2. La défense de la thèse.

qui interroge[1], c'est de conduire la discussion de façon à faire
soutenir à celui qui répond les plus extravagants paradoxes qui
20 sont la conséquence nécessaire de la thèse; au contraire, le rôle
de celui qui répond[2] c'est de faire en sorte que ce qu'il dit
d'absurde ou de paradoxal paraisse venir non pas de lui, mais
résulter de sa thèse. Car, sans doute, y a-t-il une différence
entre la faute qui consiste à poser comme point de départ ce qui
ne doit pas être posé, et celle qui consiste à ne pas assurer la
défense convenable de ce qui a été posé[3].

5

< Théorie nouvelle de l'exercice dialectique
Le rôle de celui qui répond >

25   Étant donné que personne n'a encore déterminé[4] les
règles à observer par ceux qui argumentent uniquement pour
s'exercer et s'éprouver (car le but n'est pas le même pour ceux
qui enseignent ou s'instruisent que pour ceux qui sont engagés
dans un débat, pas plus que le but de ces derniers n'est le même
que pour ceux qui discutent ensemble en vue d'une recherche :
car celui qui s'instruit doit toujours poser ce qui lui parait vrai;

---

1. De celui qui combat la thèse.
2. De celui qui défend la thèse.
3. *Cf.* Waitz, II, 516 : *Nam a respondente peccatum est, si thesin male
defendit; si vero thesis ipsa falsa est, id respondenti vitio verti non poterit.
Etenim peccavit quidem, etiam si defendendum sibi proposuit quod falsum est,
at certe in respondendo non peccavit, sed alio modo; peccavit enim eo, quod ab
initio sumsit pro vero quod falsum est.*
4. Très longue phrase, dont les l. 26-36 ont été mises entre parenthèses dans
l'édition Strache-Wallies, et dont l'apodose est l. 37. – L. 25 nous traduisons
assez largement, pour mieux faire saisir la pensée d'Aristote.

et, en effet, on ne tente même jamais de lui enseigner ce qui est faux. Dans un débat dialectique, au contraire, le but de celui 30 qui interroge, c'est de paraître, par tous les moyens, effectuer une réfutation, et le but de celui qui répond de paraître n'en être en rien touché[1]; d'autre part, dans les réunions dialectiques, où l'on argumente non pas pour débattre mais pour essayer ses forces et enquêter, on n'a pas encore bien déterminé le but que celui qui répond doit viser, et quelles sortes de choses il doit ou ne doit pas accorder pour la défense bonne ou mauvaise 35 de sa thèse), étant donné donc que nos prédécesseurs ne nous ont rien transmis sur ce sujet, essayons nous-mêmes d'en dire un mot[2].

Il est nécessaire que celui qui répond soutienne la discussion, en posant une thèse qui soit ou probable, ou improbable, ou ni l'une ni l'autre; et qui soit probable ou improbable, soit d'une façon absolue, soit d'une façon déterminée[3], 159 *b* relativement à une personne donnée par exemple, ou à celui même qui répond, ou à quelque autre. Peu importe, du reste, de laquelle de ces deux façons la thèse est probable ou improbable : car la manière de répondre correctement, c'est-à-dire d'admettre ou de ne pas admettre ce qui a été demandé, sera la même dans les deux cas. – Donc, si la thèse de celui qui répond

---

1. L'apparence suffit dans les luttes dialectiques et sophistiques; le but, c'est τὸ φαίνεσθαι : pour celui qui interroge c'est φαίνεσθαι ἐλέγχειν τι διὰ τῶν ἐρωτήσεων, et, pour celui qui répond, c'est τὸ μηδὲν φαίνεσθαι πάσχοντα (Alexandre, 549, 5)

2. Aristote marque ainsi (comme il le fera encore dans *de Sophisticis Elenchis, in fine*) l'originalité de son exposé.

3. Distinction entre, d'une part, la probabilité et l'improbabilité *per se et simpliciter*, et, d'autre part, la probabilité et l'improbabilité *alicui*.

est improbable, la conclusion demandée par celui qui interroge
doit être probable, et elle est improbable pour une thèse
5 probable : car la conclusion que tire celui qui interroge est
toujours l'opposé de la thèse posée. Et si ce qui est posé n'est
ni probable ni improbable, la conclusion sera aussi de ce
même type. – Mais puisque celui qui raisonne correctement
démontre la conclusion qu'il propose à partir de prémisses
plus probables et plus connues qu'elle, il est clair que, si la
10 thèse posée est absolument improbable[1], celui qui répond ne
doit accorder ni ce qui est absolument improbable, ni ce qui,
tout en étant probable, l'est moins que la conclusion de celui
qui interroge. Car si la thèse de celui qui répond est improbable, la conclusion de celui qui interroge sera probable, de
telle sorte que les prémisses posées par celui qui interroge
devront être toutes probables et plus probables que la conclusion qu'il propose, puisqu'on doit conclure le moins connu à

---

1. Premier cas : celui qui répond défend une thèse improbable *simpliciter*. –
Il ne devra concéder : 1) ni les *improbabilia simpliciter*; 2) ni les *probabilia*
moins probables que la conclusion opposée à la thèse. *Cf.* Waitz, II, 517, qui
expose bien cette argumentation délicate : *Jam igitur ut apte disputetur, qui
thesin simpliciter improbabilem defendit non dare debet nisi ea ex quibus rite
convinci possit, h. e. non nisi ea ex quibus cogi possit quod simpliciter sit
probabile (nam qui disserendi artem bene callet, is, quum disputat ut rei
naturam exploret, ne concedit quidem adversario ea ex quibus nullo modo cogi
posse appareal quod ille velit) : quare neque dare debet quae sunt simpliciter
improbabilia, neque quae minus probabilia sunt quam id quod cogere debet
adversarius : nam si quae adversario darentur simpliciter improbabilia essent,
thesin refutare non posset, quia ut refutaret cogere deberet quod probabile
esset; sin autem quae darentur minus probabilia essent quam id quod cogere
debet, non recte refutaret, quia in omni syllogismo ab iis quae probabiliora sunt
et notiora procedendum est ad ea quae minus nota sunt et minus probabilia.*
L. 10, τὸ κείμενον est la thèse ; l. 14, τὸ προκείμενον = τὸ συμπέρασμα,
que veut obtenir celui qui interroge (qui combat la thèse).

l'aide de prémisses plus connues. Par suite, si quelqu'une des 15
interrogations posées n'est pas de cette nature, celui qui
répond ne doit pas l'accorder. D'autre part, si la thèse de celui
qui répond est absolument probable[1], il est évident que la
conclusion de celui qui interroge sera absolument improbable.
Celui qui répond doit donc concéder tout ce qui est probable,
et, parmi les choses qui ne sont pas probables, toutes celles qui
sont moins improbables que la conclusion de celui qui interroge : car alors on estimera qu'il a argumenté d'une manière
satisfaisante. De même encore[2], si la thèse de celui qui répond 20
n'est ni probable, ni improbable : car alors aussi, on doit accorder tout ce qui est probable, et, parmi les choses qui ne sont pas
probables, toutes celles qui sont plus probables que la conclusion de celui qui interroge ; car, de cette façon[3], il arrivera que
les raisonnements deviendront plus probables. – Si donc[4] ce
qui est posé est absolument probable ou absolument improbable, alors ce qui est absolument probable doit être pris comme
point de comparaison ; tandis que, si ce qui est posé n'est pas 25
absolument probable ou absolument improbable, mais est
probable ou improbable seulement pour celui qui répond, alors
le point de comparaison par lequel celui qui répond doit juger

1. Deuxième cas : celui qui répond défend une thèse probable *simpliciter*.
– Il devra concéder les propositions probables et les propositions moins
improbables que la conclusion.

2. Troisième cas : celui qui répond défend une thèse ni probable ni improbable. – Il devra concéder non seulement les propositions probables, mais aussi
les propositions non-probables, pourvu qu'elles soient moins improbables que
la conclusion. La raison est la même que pour le cas précédent.

3. C'est-à-dire ἐξ ἐνδοξοτέρων καὶ γνωριμωτέρων τὸ προβληθὲν
συμβήσεται ἀποδείκνυσθαι (Waitz, II, 518).

4. Résumé comparatif des trois cas qui viennent d'être étudiés.

ce qui est probable ou non-probable et accorder ou refuser la chose demandée, est lui-même[1]. – Et si celui qui répond défend l'opinion d'un autre, il est clair que c'est l'opinion de ce dernier vers laquelle il devra tourner ses regards pour accorder ou rejeter les différents points. C'est pourquoi aussi ceux qui se font les introducteurs des opinions d'autrui, par
30 exemple que le bien et le mal sont identiques, suivant la parole d'Héraclite[2], refusent d'admettre l'impossibilité pour les contraires d'appartenir, en même temps, au même sujet, non pas parce qu'eux-mêmes ne le croient pas, mais parce que, en raisonnant d'après Héraclite, on doit se prononcer de cette façon. C'est ce que font aussi ceux qui adoptent réciproquement les thèses l'un de l'autre[3] : ils visent à s'exprimer comme
35 le ferait celui qui a posé la thèse.

---

1. *Cf.* Waitz, II, 518 : *Si thesis quam defendimus est simpliciter improbabilis, dare debemus quae simpliciter probabilia sunt : sin autem non simpliciter, sed non nisi alicui improbabilis sit, dare debemus non quae simpliciter probabilia sint, sed quae eidem probabilia videantur.* – Mais il est préférable, l. 27, de lire, avec Strache-Wallies et Pickard-Cambridge, αὐτόν au lieu de αὐτόν : le point de comparaison est ainsi celui même qui répond.

2. Fragment 58, 102 Diels. – L. 32, nous lisons, avec Pickard-Cambridge, αὐτοῖς et non αὑτοῖς, ce qui éclaire singulièrement le sens.

3. Tel est, suivant Alexandre, 553, 2, le rôle de Protarque, dans le *Philèbe* de Platon.

6
< Rôle de celui qui répond, déterminé par le caractère
de l'interrogation >

On voit donc quelles choses doit avoir en vue celui qui
répond, que sa thèse soit absolument probable, ou probable
pour une personne donnée.

Et puisque toute interrogation[1] doit être nécessairement
ou probable, ou improbable, ou ni l'une ni l'autre, et qu'elle
doit aussi ou bien se rapporter à l'argument, ou bien ne pas se
rapporter à l'argument ; alors, si l'interrogation est probable et
qu'elle soit sans rapport avec l'argument, celui qui répond doit
l'accorder en disant qu'elle est probable[2]. Si elle n'est pas **160 a**
probable et qu'elle soit sans rapport avec l'argument, il doit
encore l'accorder, mais en indiquant en outre qu'elle n'est pas
probable, en vue d'éviter de passer pour simpliste. Si elle se
rapporte à l'argument et qu'elle soit probable, il devra dire
qu'elle est probable, mais qu'elle est trop près de la thèse posée
au début, et que, si elle est accordée, le problème posé **5**
s'écroule[3]. Si la proposition demandée par celui qui interroge
est en rapport avec l'argument mais aussi trop improbable,
celui qui répond admettra bien que, si elle est accordée, la

1. Aristote passe à l'étude des interrogations pour lesquelles il établit une
division semblable à celle des thèses (probable, improbable) et en y ajoutant
une nouvelle (connexe ou non connexe avec la question posée). Il examinera
les six combinaisons qui en résultent, dans les lignes suivantes. *Cf.* Alexandre,
553, 9.

2. Cette concession ne gêne, en effet, en rien celui qui défend la thèse.

3. *Cf.* l'exemple de Pacius II, 467. – *Quia est connexum [quod postulatur]
cum eo de quo disputetur, eoque admisso evertitur positio posita, ideo a defen-
dente talem positionem admitti non debet* (Sylvius Maurus, I, 590).

conclusion cherchée [1] en découle, mais que la proposition est
trop simpliste pour être admise. Si la proposition n'est ni
improbable ni probable, alors, dans le cas où elle ne se rapporte
10 en rien à l'argument, il faut l'accorder sans restrictions ; mais
si, elle se rapporte à l'argument, celui qui répond doit indiquer
en sus que, si elle est accordée, le problème posé au début
s'écroule. – En observant ces règles, celui qui répond ne semblera être tenu en rien pour responsable personnellement de ce
qui lui arrive [2], s'il prévoit la conséquence de chaque point
concédé, et, d'autre part, celui qui interroge sera en mesure de
conclure, puisque toutes les prémisses qui sont plus probables que la conclusion lui ont été accordées. Mais ceux qui
s'efforcent de tirer une conclusion en partant de prémisses plus
15 improbables que la conclusion, ne raisonnent évidemment pas
correctement : aussi ne doit-on pas les accorder à ceux qui les
demandent.

7
< Caractère de l'interrogation, suite >

Même façon de procéder aussi pour celui qui répond, dans
le cas où les termes sont obscurs, c'est-à-dire pris en plusieurs
acceptions. En effet, puisqu'il est toujours permis à celui qui
répond, s'il ne comprend pas, de dire qu'il ne comprend pas, et
qu'à une question à sens multiples il n'est jamais forcé de
20 répondre par *oui* ou par *non*, il est évident, en premier lieu, que

---

1. L. 7, συμβαίνειν = *id quod cogere velit adversarius*, τὸ ἐλέγχεσθαι
τὴν θέσιν.
2. Et c'est là le but de celui qui répond (cf. *supra*, 4, 159 *a* 21, et Alexandre,
554, 22). – L. 12, προορῶν = προορῶν τὸ συμβησόμενον.

si l'expression manque de clarté, il ne doit pas hésiter à dire qu'il ne la comprend pas : car souvent, on rencontre des difficultés, du fait d'avoir répondu à des questions qui n'ont pas été clairement posées. S'il comprend l'expression, bien qu'elle soit prise en plusieurs acceptions, alors, dans le cas où l'expression est dans tous ses sens vraie ou fausse, il doit l'accorder ou 25 la rejeter absolument; si, au contraire, elle est partiellement fausse et partiellement vraie, il doit indiquer en outre qu'elle est prise en plusieurs acceptions, et aussi que dans l'une de ces acceptions elle est vraie, et dans l'autre fausse : car s'il ne fait cette distinction que plus tard [1], on est dans le doute si, au début aussi, il a bien aperçu ou non l'ambiguïté. Si celui qui répond n'a pas vu préalablement l'ambiguïté, mais qu'il ait donné son assentiment à la question en ayant seulement en vue un seul sens des mots, alors il doit dire à l'adversaire qui dirige sa 30 question vers l'autre sens, que ce n'était pas là le sens qu'il avait en vue quand il a admis la proposition, mais bien l'autre. En effet, si plusieurs choses sont comprises sous le même terme ou la même expression, l'ambiguïté se produit facilement. – Mais si la question est à la fois claire et simple, il faut répondre [2] par *oui* ou par *non*.

8
< De la réponse à l'induction >

Puisque, dans le raisonnement, la prémisse [3] est toujours 35 soit l'une des propositions à partir desquelles le raisonnement

---

1. *Argumento concluso.*
2. *Simpliciter.*
3. La proposition proposée par l'adversaire.

est constitué, soit une proposition faite en vue d'établir l'une de ces propositions constituantes (et on voit toujours quand elle est prise en vue d'une autre proposition, du fait que plusieurs questions semblables ont été posées[1] : car c'est ou par induction ou par similitude que, la plupart du temps, on atteint l'universel), celui qui répond peut concéder toutes les propositions particulières, si elles sont vraies et probables.

160 b D'autre part, contre la proposition universelle on doit tâcher d'apporter une objection[2], car sans une objection de ce genre, réelle ou apparente, entraver la marche de l'argument[3] constitue une mauvaise chicane. Si donc on refuse d'accorder la proposition universelle résultant clairement[4] de beaucoup d'exemples particuliers, quoiqu'on n'ait aucune objection à présenter, il est clair que ce n'est là qu'une mauvaise chicane.

5 Si, en outre, on ne peut même pas montrer, par un contre-argument, que la proposition n'est pas vraie, on paraîtra plus encore se livrer à une mauvaise chicane, bien que même ce contre-argument ne soit pas suffisant[5] : car nous nous trouvons

---

1. *Appareat autem non per se, sed propter alia sumi alia ex quorum similitudine propositio universalis derivetur* (Waitz, II, 519). – Sur la similitude, cf. *supra*, 1, 156 b 10.

2. Une *instantia*, une *exceptio*, un exemple négatif.

3. Autrement dit, empêcher sa conclusion.

4. L. 3, nous lisons φαινόμενον, avec Pickard-Cambridge, au lieu de φαινομένων (Bekker) ou φαινομένου (Waitz, Strache-Wallies).

5. L'argumentation d'Aristote est assez difficile. Voici comment, croyons-nous, il convient de comprendre le sens des l. 5-10.

À une proposition donnée, il n'est pas toujours facile d'apporter une réfutation directe (c'est le cas, par exemple, pour les arguments de Zénon sur le mouvement). Tout ce qu'on peut faire, c'est de démontrer la proposition contraire (par exemple, que le mouvement existe) car le fait de ne pouvoir réfuter une proposition ne saurait être une raison suffisante pour l'admettre. Mais si

souvent en présence d'arguments qui sont contraires aux opinions communes, et dont la solution est difficile ; c'est le cas, par exemple, pour l'argument de Zénon sur l'impossibilité du mouvement ou sur l'impossibilité de parcourir le stade. Ce n'est cependant pas une raison pour ne pas adopter les opposés de ces propositions. – Si donc, sans avoir ni objection, ni contre- 10 argument à présenter, on refuse de concéder la proposition de l'adversaire, il est évident que c'est de la mauvaise chicane : j'entends par mauvaise chicane, dans les discussions, une réponse faite d'une façon différente de celles dont nous venons de parler [1], et destructive du raisonnement.

9
< De l'exercice préalable, et des thèses improbables >

Avant de soutenir une thèse ou une définition, celui qui répond doit se faire à soi-même toutes les objections : car 15 évidemment son rôle est de prendre le contraire des arguments par lesquels ceux qui interrogent réfutent ce qu'il a posé.

Il se gardera aussi de soutenir une hypothèse improbable. Or une hypothèse peut être improbable de deux façons. Elle est improbable, quand il en découle des propositions absurdes : par exemple, si l'on disait que tout se meut ou que rien ne se

---

on ne peut même pas apporter une démonstration de la proposition contraire, il est clair qu'on paraîtra chicaner, bien qu'à elle seule la preuve de la proposition contraire ne soit pas suffisante pour réfuter l'adversaire.

Sur les arguments de Zénon, cf. *Phys.*, VI, 2, 233 *a* 21-31, et VI, 9, 239 *b* 9-14.

1. C'est-à-dire, sans avoir d'exception ou de démonstration contraire à présenter.

meut[1]. Sont encore improbables celles qu'adopteraient des
gens de mœurs dépravées et qui sont implicitement contraires
20 aux sentiments de tout homme : par exemple, que le plaisir est
le bien, et que commettre l'injustice vaut mieux que la subir.
En effet, on déteste celui qui soutient ces maximes, dans l'idée
qu'il les soutient non pas pour les besoins de la discussion,
mais parce qu'il les pense réellement.

10
< De la solution des faux arguments >

Pour tous les arguments qui aboutissent à une fausse
conclusion, la solution à apporter consiste à supprimer la
partie d'où procède l'erreur : car la suppression d'une partie
25 quelconque ne rétablit pas l'argument, pas même si la partie
supprimée est fausse. L'argument, en effet, peut contenir plus
d'une erreur. Supposons, par exemple, qu'on ait pris comme
prémisses : *Celui qui est assis écrit* et *Socrate est assis*; la
conséquence qui en découle est : *Socrate écrit*. En supprimant
la proposition *Socrate est assis*, on n'est pas plus avancé pour
la solution de l'argument; il peut se faire que la proposition
demandée[2] soit fausse, mais ce n'est pas d'elle que la fausseté
30 de l'argument dépend : car s'il arrive que quelqu'un soit assis
mais n'écrive pas, il serait impossible, dans un pareil cas,
d'appliquer la même solution. Par suite ce n'est pas cette

---

1. Référence à Héraclite et à Parménide.
2. La mineure, *Socrate est assis*, qu'on vient de supprimer. – Les deux
prémisses, l. 26 et 27, sont fausses, et entraînent une conclusion fausse, mais la
majeure est celle qui, par sa fausseté, détermine la fausseté de la conclusion :
c'est elle qu'il faut supprimer.

proposition [1] qu'il faut retrancher, mais bien *celui qui est assis écrit*, car celui qui est assis n'écrit pas toujours. La solution complète à apporter à l'argument consiste donc à retrancher la partie d'où dépend l'erreur, et quand on sait que c'est de cette partie-là que dépend l'argument, on connaît la solution, **35** comme cela se passe dans le cas des figures fausses [2]. Car il ne suffit pas de faire une objection, même si la partie supprimée est une erreur, mais il faut encore démontrer la raison de l'erreur [3] : de cette façon, en effet, on pourra voir clairement si, quand l'objection est faite, la conséquence a ou non été prévue.

On peut empêcher la conclusion d'un raisonnement de **161 a** quatre façons. – Ou bien, en supprimant la partie d'où dépend l'erreur [4]. – Ou bien, en adressant une objection à celui qui interroge, car souvent, même quand on ne peut pas en fait apporter de solution, celui qui interroge n'en est pas moins par là rendu incapable de poursuivre plus avant son argumentation [5]. – En troisième lieu, l'objection peut s'adresser aux questions posées [6] : car il peut arriver que la conclusion voulue **5**

1. La mineure.

2. En Géométrie (Alexandre, 561, 15; *contra*, Pacius, II, 470, qui pense qu'il s'agit des figures du syllogisme).

3. Dans l'exemple précédent, il faut savoir pourquoi la majeure est fausse, et pourquoi elle doit être niée plutôt que la mineure, bien que celle-ci soit fausse aussi.

4. Comme on l'a expliqué dans les lignes précédentes.

5. *Instantia ad interrogantem.* – Tout en ne voyant pas bien la fausseté de la thèse de l'adversaire et en étant incapable de la réfuter, on lui adresse une objection (un exemple particulier) qu'il est incapable de résoudre, et qui arrête sa marche.

6. *Instantia ad interrogata*, c'est-à-dire aux propositions accordées à l'adversaire. – Ces propositions sont insuffisantes pour mener à la conclusion, alors qu'il suffirait d'une autre proposition (que celui qui interroge a le tort de négliger de demander) pour parfaire le raisonnement.

par celui qui interroge ne découle pas des questions posées,
du fait que les interrogations ont été vicieuses, alors que
l'addition de quelque autre élément conduirait à la conclusion.
– Si donc [1] celui qui interroge est incapable de poursuivre plus
avant son argumentation, l'objection sera dirigée contre celui
qui interroge, tandis que s'il peut poursuivre son argumentation, c'est contre ses questions que l'objection sera dirigée. –
10 La quatrième et la plus mauvaise espèce d'objection [2] est celle
qui a rapport au temps consacré à la discussion : il y a, en effet,
des gens qui font des objections d'une nature telle que leur
examen exigerait plus de temps que n'en dispose la discussion
en cours.

Ainsi donc, comme nous venons de le dire, il y a quatre
façons de faire des objections ; mais seule la première d'entre
elles constitue une véritable solution, les autres ne sont que des
15 entraves et des obstacles apportés aux conclusions.

11
< Des critiques contre le raisonnement et contre
l'adversaire lui-même >

La critique dirigée contre un argument n'est pas la même
quand elle porte sur l'argument pris en lui-même et sur l'argu-

---

1. Comparaison entre *l'instantia ad interrogantem* et *l'instantia ad
interrogata*.
2. À laquelle on ne doit recourir qu'en cas de nécessité absolue. Ce genre
d'objection consiste à soulever des difficultés d'une nature telle que l'adversaire n'a pas le temps de les réfuter.

ment présenté sous forme de questions[1]. Souvent, en effet, la mauvaise marche de l'argumentation est due à celui qu'on interroge, du fait qu'il refuse d'accorder les propositions d'où on pourrait légitimement tirer un argument contre sa thèse[2] : car il n'est pas au pouvoir d'un seul des deux adversaires 20 d'accomplir convenablement l'œuvre commune aux deux. Il est donc nécessaire parfois de s'attaquer à l'interlocuteur lui-même et non à sa thèse, lorsque celui qui répond se tient malignement à l'affût de tout ce qui est contraire à celui qui interroge : car, avec ces mauvaises chicanes, les discussions deviennent des disputes et ne sont plus de la dialectique. – En outre, comme les arguments de ce genre[3] sont faits en vue de 25 s'exercer et de s'éprouver, et non de s'instruire, il est évident qu'on doit conclure non seulement le vrai mais encore le faux, et procéder non pas toujours par des prémisses vraies mais quelquefois aussi par des fausses. Souvent, en effet, quand une proposition vraie est posée, on est, dans la discussion, obligé de la détruire, de telle sorte qu'il faut bien avancer des propositions fausses[4]. Quelquefois aussi, quand c'est une proposition fausse qui est posée, il faut la détruire par des propositions fausses[5] : car rien ne s'oppose à ce qu'un adversaire donné 30

---

1. Distinction entre la critique dirigée contre l'argument lui-même, et la critique dirigée contre celui qui s'en sert (ὅταν ἐρωτᾶται, l. 17, = *quatenus ab opponente proponitur*).

2. Ce qui oblige l'adversaire à faire appel à des propositions moins idoines.

3. Cas où on est obligé de se servir de la preuve *ex falsis*.

4. Le faux ne peut se conclure de prémisses vraies, mais le vrai peut procéder de prémisses fausses (*Anal. post.*, II, 2, 3, 4).

5. Autrement dit, la conclusion à prouver est vraie. On peut se servir de propositions fausses, à la condition qu'elles soient plus probables pour l'adversaire que des propositions vraies.

croie ce qui n'est pas, plus que ce qui est vrai ; il en résulte que si l'argument dépend de propositions qui lui semblent vraies, on le persuadera ou on l'aidera plus facilement. Mais celui qui veut passer correctement < du vrai au faux, ou du faux au vrai >[1] doit opérer ce passage dialectiquement, et non pas éristiquement (à la façon dont le géomètre raisonne géomé-
35 triquement), que sa conclusion soit vraie ou fausse. – Quant à savoir quelles sortes de syllogismes sont dialectiques, nous l'avons dit plus haut[2].

Le principe d'après lequel est un mauvais partenaire celui qui met obstacle à l'œuvre commune s'applique évidemment aussi à la discussion : en effet, il y a aussi dans les arguments un but commun qu'on se propose, exception faite pour les gens qui ne discutent qu'en vue de la lutte elle-même, car ils ne
40 sauraient poursuivre les uns et les autres la même fin, puisque
161 b la victoire ne peut appartenir à plus d'un seul. Peu importe, du reste, que ce soit là le fait de celui qui répond ou de celui qui interroge : celui qui pose des interrogations d'une manière éristique est un mauvais dialecticien aussi bien que celui qui, en répondant, ne donne pas la réponse qui lui semble vraie[3] ou refuse en définitive de comprendre le point sur lequel porte la
5 recherche de celui qui interroge. – On voit donc, d'après ce que nous venons de dire, qu'il ne faut pas critiquer de la même

---

1. *Cf.* Alexandre, 565, 3, dont nous suivons l'explication. – L. 33, τὸν καλῶς μεταβιβάζοντα = ἢ ἀπὸ ἀληθῶν ἐπὶ ψεῦδος ἢ ἀπὸ ψευδῶν εἰς ἀληθὲς μεταφέροντά τινα λόγον. – Le dialecticien doit procéder δι' ἐνδόξων, διὰ διαλεκτικῶν, comme le géomètre doit effectuer ses démonstrations διὰ γεωμετρικῶν ἀρχῶν (Cf. *Anal. post.*, I, 7).

2. *Cf.* I, 1, 100 *a* 22.

3. L. 3, τὸ φαινόμενον = τὸ φαινόμενον ἔνδοξον (Alexandre, 565, 23).

façon et l'argument en lui-même et celui qui interroge : rien n'empêche, en effet, que le raisonnement soit vicieux et que celui qui interroge ait discuté le mieux possible avec celui qui répond ; car, avec les mauvais chicaneurs, il n'est peut-être pas possible de faire tout de suite ses raisonnements comme l'on 10 veut, mais seulement comme l'on peut.

Et, dans la mesure où on n'a pas déterminé[1] quand les hommes prennent des choses contraires, et quand ils prennent ce qui a été posé au début (car souvent quand ils se parlent à eux-mêmes ils admettent des choses contraires, et après avoir refusé de concéder une chose ils l'admettent ensuite : pour cette raison, quand ils sont interrogés ils donnent souvent leur assentiment à des choses contraires, et à ce qui était proposé au début), les arguments deviennent nécessairement vicieux. 15 Cependant, c'est celui qui répond qui en est cause, en refusant d'accorder certains points et en accordant d'autres de cette nature[2]. – Il est donc manifeste[3] que la critique ne doit pas s'exercer de la même façon à l'égard de ceux qui interrogent et à l'égard de leurs arguments.

---

1. Il arrive trop souvent que les hommes, soit en se parlant à eux-mêmes, soit en répondant, ne s'aperçoivent pas qu'ils admettent des ἀντικείμενα (s'ils prétendent, par exemple, que l'infini est limité par l'infini, ce qui est rendre la même chose à la fois finie et infinie : Alexandre, 566, 23) ou qu'ils commettent des pétitions de principe. Alors l'argument est vicié par la faute de celui qui répond, et l'adversaire est obligé de se réfugier vers d'autres propositions. – L. 12, καθ' αὑτοὺς λέγοντες = secum reputantes.

2. Vs. 16, τὰ μὲν οὐ διδούς h. e. ea quidem ex quibus rite redargui possit thesis quam ipse defendat (ὁ ἀποκρινόμενος) non concedens, dum concedat ea (τὰ δὲ τοιαῦτα) quae cum thesi ipsa aperte pugnent vel ea ex quibus per petitionem principii quae dicitur thesis refellatur (Waitz, II, 521).

3. Conclusion générale de tout le début de ce chapitre.

Pris en soi-même, l'argument est susceptible de cinq
espèces de critiques. – En premier lieu, quand, des questions
20 posées, n'est tirée ni la conclusion proposée, ni aucune conclusion du tout, et que sont fausses ou improbables, sinon toutes,
du moins la plupart, des prémisses sur lesquelles repose la
conclusion, et quand, en outre, ni par des retranchements, ni
par des additions, ni par des retranchements et des additions
ensemble, on ne peut obtenir la conclusion[1]. – La seconde
25 critique, c'est si le raisonnement ne peut s'effectuer par rapport
à la thèse, bien que constitué à partir des prémisses de cette
nature et par les procédés indiqués ci-dessus[2]. – La troisième,
c'est quand certaines additions permettent d'obtenir la conclusion, mais que ces additions sont cependant inférieures aux
questions posées, c'est-à-dire moins probables que la conclusion[3]. – Autre sorte de critique : c'est quand, certains retranchements étant effectués, on obtient cependant la conclusion :
car parfois on prend plus de prémisses qu'il n'est nécessaire,
de telle sorte que ce n'est pas par leur présence que le raison-
30 nement a lieu. – Enfin, dernière critique : c'est si les prémisses
sont plus improbables et moins persuasives que la conclusion,
ou si, bien que vraies, elles exigent plus de peine pour être
démontrées que le problème lui-même.

---

1. Trois conditions sont donc requises pour cette première critique
(Alexandre, 567, 10). – On remarquera que ces cinq critiques vont par ordre de
gravité décroissante.

2. Il y a bien une conclusion, mais elle n'a pas rapport à la thèse. – L. 25, ἐκ
τοιούτων τε καὶ οὕτως = ἢ ψευδῶν ἢ ἀδόξων ἐν τῇ πρώτῃ ἐπιτιμήσει
(Alexandre, 568, 8-9).

3. L. 28, καὶ a le sens explicatif (Waitz, II, 522).

On ne doit pas demander que, pour tous les problèmes, les raisonnements soient, d'une façon égale, probables et persuasifs[1] : car c'est une conséquence immédiate de la nature des **35** choses, que certains sujets de recherche soient plus faciles et d'autres plus difficiles, de sorte que si l'on a conclu en partant des opinions les plus probables que puisse comporter le sujet, on a discuté correctement. On voit donc que, même en considérant l'argument lui-même, la critique est différente suivant qu'il est pris par rapport au problème ou qu'il est pris en lui-même : car rien n'empêche que l'argument soit en lui-même **40** blâmable et pourtant recommandable par rapport au problème posé[2]; ou encore, inversement, recommandable en lui-même **162 a** et blâmable pour le problème posé, lorsqu'il existe plusieurs propositions à la fois probables et vraies d'où l'on pourrait facilement tirer une conclusion. Il peut se faire aussi parfois qu'un argument, même concluant, soit moins bon qu'un argument non-concluant : c'est quand le premier tire sa conclu- **5** sion de prémisses faibles alors que le problème ne l'est pas[3], et que le second, tout en ayant besoin de certaines additions, ne les requiert que comme des additions probables et vraies, lesquelles, au surplus, ne sont pas le siège du nerf même de l'argument. Ceux qui concluent le vrai au moyen de prémisses fausses ne peuvent être légitimement critiqués : car, tandis que le faux se conclut toujours nécessairement à l'aide de prémisses fausses, le vrai peut parfois être conclu même à **10**

1. Autre chose est de critiquer l'argumentation elle-même, autre chose de critiquer ce qu'elle prouve.

2. Etant donné qu'on ne peut rien trouver de mieux.

3. Autrement dit, si l'argument concluant tire de prémisses improbables (εὐήθων, l. 5 = ἀδόξων) une conclusion probable.

l'aide de prémisses fausses, ainsi qu'on peut le voir par les *Analytiques*[1].

Quand on démontre quelque chose par l'argument dont il s'agit, et s'il y a une chose autre que celle-là n'ayant aucun rapport avec la conclusion, le même argument ne démontrera pas en même temps cette autre chose aussi; et s'il paraît le démontrer, ce sera un sophisme et non une démonstration[2].

15 – Le *philosophème* est un raisonnement démonstratif; l'*épichérème*, un raisonnement dialectique; le *sophisme*, un raisonnement éristique; un *aporème*, un raisonnement dialectique de contradiction[3].

Si on démontre quelque chose à partir de prémisses l'une et l'autre probables, mais non également probables, rien 20 n'empêche que la conclusion démontrée soit plus probable que chacune des deux. Mais si l'une des prémisses est probable et que l'autre ne soit ni probable ni improbable, ou si l'une est probable et l'autre improbable: alors, si les deux prémisses sont de même degré, il y aura aussi égalité de degré pour la conclusion[4]; mais si l'une l'emporte sur l'autre, la conclusion suivra la plus forte.

---

1. *Cf.* II, 2.
2. L. 14, ἐκεῖνο = τὸ μηδαμῶς ἔχον πρὸς τὸ συμπέρασμα, *id quod non confectum est, sed confici debebat* (Waitz, II, 523). – On ne peut passer d'un genre à un autre (*Anal. post.*, I, 7).
3. C'est-à-dire, *qui reddit nos dubios, adeo ut nesciamus utram contradictionis partem probare debeamus* (Pacius, I, 777). – Sur les 1. 15-18, qui paraissent bien inutiles et dont Alexandre ne parle pas, *cf.* les développements de Trendel., *Elementa*, p. 108-111.
4. Si une prémisse est probable autant que l'autre n'est ni probable ni improbable, ou si une prémisse est probable autant que l'autre est improbable,

Voici encore une faute qu'on peut commettre dans les raisonnements : c'est quand la preuve s'effectue par un trop **25** grand nombre de termes intermédiaires, alors qu'elle pourrait se faire par un moindre nombre, et par ceux qui sont contenus dans l'argument ; si, par exemple, en voulant montrer qu'une opinion est plus opinion qu'une autre, on posait les postulats suivants[1] : *Toute Chose-en-soi est ce qui est le plus cette chose ; il existe réellement un Objet-d'opinion-en-soi*, ce qui donne comme conclusion : *l'Objet-d'opinion-en-soi est plus objet d'opinion que les objets d'opinion particuliers.* Ensuite : *Au terme relatif qui admet le plus répond un corrélatif qui* **30** *admet aussi le plus*, et *Il existe une réelle Opinion-en-soi qui sera plus rigoureusement une opinion que les opinions particulières.* Mais il a été postulé, à la fois : *Une réelle Opinion-en-soi existe* et *Chaque Chose-en-soi est ce qui est le plus cette chose*, d'où l'on conclut : *l'Opinion-en-soi sera plus rigoureu-*

la conclusion participera également de la nature des deux prémisses (Alexandre, 572, 1) ; elle sera probable autant qu'improbable.

1. Exemple assez obscur. Il s'agit de prouver que l'opinion est susceptible de plus et de moins, autrement dit qu'une opinion peut être plus une opinion qu'une autre. Le plus simple est assurément de dire :

La Chose-en-soi existe plus pleinement que les choses particulières qui en participent ;

Or, *il y a une Opinion-en-soi* ;

Donc *l'Opinion-en-soi est plus opinion que les opinions particulières*.

Mais l'argumentateur qu'Aristote critique se sert d'un détour inutile : au lieu de raisonner du premier coup sur l'Opinion-en-soi, il commence par raisonner sur l'objet de l'opinion (corrélatif de l'opinion) ; il est alors obligé de poser autres propositions parfaitement oiseuses :

Quand un terme relatif (l'objet d'opinion) *admet le plus, son corrélatif* (l'opinion) *admet aussi le plus*, etc.

Le vice du raisonnement consiste à dissimuler le nerf du raisonnement sous un fatras de propositions inutiles.

sement une opinion. Quel est le vice de ce raisonnement ?
Simplement qu'il cache la cause d'où dépend l'argument.

12
< De la clarté de l'argument – De la fausseté de l'argument >

35   Un argument est clair, en un premier sens, et c'est le plus
vulgaire, lorsque sa conclusion est telle qu'on n'a plus aucune
autre question à poser après elle. – En un autre sens qui est
aussi le sens habituel[1], c'est quand les propositions adoptées
sont telles que la conclusion en découle nécessairement, et que
162 b l'argument est conclu par des prémisses qui sont elles-mêmes
des conclusions[2]. – En un dernier sens, c'est quand l'argument
passe sous silence un élément qui est extrêmement probable[3].

Un argument est appelé faux en quatre sens. – En un premier
sens, c'est quand il paraît conclure, tout en ne concluant pas en
5 réalité : c'est ce qu'on appelle un raisonnement éristique. – En
un autre sens, c'est quand il aboutit bien à une conclusion, mais
qui n'est pas la conclusion proposée : c'est surtout le cas pour
les réductions à l'impossible[4]. – Ou encore, si l'argument
mène à la conclusion proposée, mais non pas selon la méthode

---

1. *Cf.* Alexandre, 574, 1 : ὁ τρόπος συνήθης ἐστι· τὸ αὐτὸ γὰρ τῷ « ὡς
μάλιστα λέγεται ».
2. Des conclusions de prosyllogismes.
3. Et qu'on peut ainsi aisément suppléer. C'est un syllogisme tronqué,
l'enthymème des modernes (*cf.* l'exemple d'Aristote lui-même, *Rhét.*, II, 21,
1394 *b* 21 : ἀθάνατον ὀργὴν μὴ φύλαττε, θνητός ὤν). – L. 2, le sujet de
ἐλλείπει est λόγος, I. 162 *a* 35.
4. *Saepe enim impossibile sequitur quidem, sed non ex contradictorio ejus
quod intendimus probare* (Sylvius Maurus, I, 599). *Cf.* aussi *Anal. prior*, II, 17,
65 *a* 38 et *sq.*

propre au sujet[1] : c'est ce qui arrive quand un argument non-médical paraît médical, ou un argument non-géométrique géométrique, ou un argument non-dialectique dialectique, que 10 le résultat acquis soit vrai ou faux. – Un autre sens, enfin, c'est quand la conclusion est obtenue par le moyen de prémisses fausses; et la conclusion de ce type peut être alors quelquefois vraie et quelquefois fausse : car tandis qu'une conclusion fausse est toujours le résultat de prémisses fausses, une conclusion vraie peut être tirée aussi de prémisses qui ne sont pas vraies, 15 comme nous l'avons dit également plus haut[2].

La fausseté de l'argument vient plutôt d'une erreur de l'argumentateur que de l'argument lui-même; pourtant ce n'est pas toujours non plus la faute de l'argumentateur, mais seulement quand il ne s'aperçoit pas qu'il fait un faux argument : car nous admettons souvent en lui-même, de préférence à beaucoup d'arguments vrais, un argument qui détruit une proposition vraie[3], s'il procède à partir de prémisses les plus probables possible. En effet, un argument de cette nature 20 constitue une démonstration d'autres choses qui sont vraies[4] : car l'une des prémisses qui ont été posées[5] ne devait absolu-

---

1. Autrement dit : μὴ ᾖ οἰκεῖα τὰ λαμβανόμενα τῷ δεικνυμένῳ (Alexandre, 575, 8). C'est ce qui se passe quand on démontre, par exemple, une proposition géométrique par des prémisses non-géométriques.

2. Cf. 11, 162 a 10, et Anal. prior, II, 2.

3. Cas de la réduction à l'absurde, où le faux raisonnement est pleinement conscient. Cf. Waitz, II, 525 : si ad absurdum deducentes utimur propositionibus falsis quidem, sed valde probabilibus, ex quibus colligimus id quod absurdum est et veritati repugnat.

4. La réduction à l'impossible prouve une proposition opposée à la fausse proposition obtenue.

5. Dans la démonstration conduisant à l'absurde.

ment pas l'être, et c'est de cela qu'il y aura alors démonstration. Mais si une conclusion vraie était obtenue par des
prémisses fausses et par trop simplistes, l'argument serait bien
inférieur à beaucoup d'arguments conduisant à une fausse
conclusion[1], quoique un argument conduisant à une fausse
conclusion puisse aussi être de ce type[2]. – On voit donc que la
25 première chose à examiner dans un raisonnement pris en lui-
même, c'est s'il a une conclusion; la seconde chose, c'est si
la conclusion est vraie ou fausse; la troisième, c'est de quelle
sorte de prémisses elle procède : car si les prémisses sont
fausses, mais probables, l'argument est dialectique; si elles
sont vraies mais improbables, il est vicieux; et si elles sont à la
fois fausses et trop improbables, il est clair qu'il est vicieux,
30 soit absolument, soit par rapport à la chose en question.

13
< La Pétition de principe et la Pétition des contraires >

La façon dont la pétition de principe et la pétition des
contraires peuvent être commises par celui qui interroge,
nous l'avons traitée du point de vue de la vérité dans nos
Analytiques[3]; il nous reste à en parler maintenant du point de
vue de l'opinion.

1. Autrement dit : la réduction à l'absurde qui conclut le faux de prémisses
fausses en vue d'établir une proposition vraie est bien préférable à la conclusion
vraie tirée de prémisses fausses non-vraisemblables.
2. C'est-à-dire, partir de prémisses fausses. Dans ce cas, il est clair que
l'argument doit être rejeté aussi (cf. *infra*, I. 29).
3. *Anal. prior*, II, 16. – Sur l'expression τὸ ἐν ἀρχῇ (ou ἐξ ἀρχῆς)
αἰτεῖσθαι, cf. *Anal. prior*, I, 24, 41 *b* 9, et la note 3 de notre traduction, p. 146.
– La version *pétition de principe*, que nous ne pouvions qu'adopter, est

On peut, semble-t-il, commettre une pétition de principe
de cinq façons[1]. – La première et la plus évidente, c'est si on **35**
postule la chose même à démontrer : c'est là une faute qui
échappe difficilement à l'attention, quand c'est le terme même
en question qu'on postule ; mais elle est plus difficile à déceler
dans le cas de synonymes[2], ou d'un terme et d'une expression
ayant la même signification. – En second lieu, c'est quand on **163 a**
postule universellement quelque chose qui doit être démontré
particulièrement : si, par exemple, essayant de prouver que
la science des contraires est une, on posait que la science des
opposés en général est une ; car alors, il semble bien que la
chose qu'il fallait prouver par elle-même, on la postule avec
plusieurs autres choses. – En troisième lieu, c'est si on postule **5**
particulièrement ce qu'on se propose de prouver universellement : si, par exemple, se proposant de prouver que la science
des contraires est toujours une, on le posait pour certains
couples de contraires ; car, ici encore, il semble bien que la
chose qu'il fallait prouver avec plusieurs autres, on la postule
séparément et en elle-même. – Il y a encore pétition de principe, si on postule le problème après l'avoir divisé : si, par
exemple, ayant à montrer que la Médecine est science du sain
et du malade, on posait chacune de ces deux choses séparé- **10**
ment. – Ou bien, enfin, si on postule l'une de deux propositions
qui s'impliquent nécessairement l'une l'autre : si, par exemple,

---

d'ailleurs vicieuse : ce qu'on demande d'accorder, c'est non pas un principe,
mais la conclusion à prouver, τὸ κείμενον. Le verbe αἰτεῖν (et αἰτεῖσθαι) a
d'ailleurs le sens de λαμβάνειν, *poser, demander qu'on accorde*.

1. Sur les lignes 162 *b* 34-163 *a* 13, *cf.* les développements de Trendel.,
Elementa, p. 125-129.

2. *Synonymes* a plutôt ici le sens de *polyonymes* (Alexandre, 577, 18).

ayant à démontrer que la diagonale est incommensurable avec
le côté, on posait que le côté est incommensurable avec la
diagonale.

Il y a autant de sortes de pétitions de contraires que de péti-
15 tions de principes. – Premièrement, c'est si l'on pose l'affirmation et la négation opposées. – Secondement, si on pose les
termes contraires d'une antithèse : par exemple, que la même
chose est bonne et mauvaise. – Troisièmement, si, après avoir
posé une proposition universelle, on demande sa contradic-
toire portant sur un cas particulier : si, par exemple, ayant posé
que la science des contraires est une, on prétendait qu'elle est
différente dans le cas du sain et du malade. – Ou encore, si,
20 après avoir postulé cette dernière proposition, on essayait de
prendre universellement l'antithèse. – Enfin, si on postule le
contraire de la conclusion découlant nécessairement des prémisses posées, et cela, même si, sans prendre les opposés eux-
mêmes, on postulait deux prémisses telles que la proposition
opposée à la première conclusion en procédera.

La différence entre la pétition des contraires et la pétition
de principe, c'est que, dans cette dernière, la faute a lieu par
25 rapport à la conclusion (car c'est en regardant la conclusion
que nous disons que la question posée au début a été postulée),
tandis que la pétition des contraires a lieu par rapport aux
prémisses, c'est-à-dire dans une certaine relation de l'une à
l'égard de l'autre.

14

< De la pratique des discussions dialectiques >

Pour s'exercer et s'éprouver dans les arguments de cette nature, le mieux est, en premier lieu, de s'accoutumer à convertir les arguments : car, de cette façon, nous serons plus 30 en mesure de discuter la proposition en question[1], et, après quelques tentatives, nous connaîtrons à fond beaucoup d'arguments. En effet, convertir un argument, c'est prendre l'inverse de la conclusion avec les propositions demandées qui restent, et détruire ainsi l'une de celles qui ont été concédées : car il suit nécessairement que si la conclusion n'est pas vraie, l'une des prémisses est détruite, puisque, toutes les prémisses étant 35 données, la conclusion devait nécessairement suivre[2]. À l'égard de toute thèse, il faut se mettre en quête d'arguments à la fois pour et contre, et, une fois trouvés, rechercher aussitôt 163 *b* comment on peut les réfuter : car, de cette façon, il se trouvera qu'on s'est en même temps exercé tant à poser des questions qu'à y répondre. Et si nous n'avons personne d'autre avec qui discuter, c'est avec nous-mêmes que nous le ferons. En choisissant, en outre, les arguments par lesquels nous pouvons combattre cette même thèse[3], nous devons les mettre en 5

1. Savoir, la thèse de l'adversaire. – Sur le mécanisme de la conversion des syllogismes, cf. *Anal. prior*, II, 8, 9, 10.

2. La conversion montre, en effet, que l'une on l'autre des prémisses posées par l'adversaire est fausse si la conclusion (autrement dit, la thèse que nous combattons) est fausse.

3. Que nous défendions tout à l'heure. – *Cf.* l'exposé de Waitz, II, 526, que nous suivons : *Eligentes simul argumenta, quibus eandem thesin, quam modo defendimus, impugnare possimus, utraque argumenta juxta ponere et inter se comparare debemus, ut appareat utra sint potiora.*

parallèle avec les précédents : car c'est là acquérir une grande
abondance d'arguments pour contraindre l'adversaire, et aussi
une aide puissante pour réfuter[1], que d'être bien pourvu
d'arguments pour et contre ; car alors on se trouve soi-même
mis en garde contre les propositions contraires à celle qu'on
veut établir. Autre avantage : en ce qui concerne la connaissance et la science au sens philosophique[2], ce n'est pas un ins-
10 trument négligeable que de pouvoir embrasser d'un coup
d'œil, ou d'avoir déjà embrassé, les conséquences qui résultent de l'une et de l'autre hypothèses ; car il ne reste plus qu'à
faire un juste choix entre les deux. Mais, pour une tâche de
cette sorte, il faut une heureuse disposition naturelle, et cette
heureuse disposition naturelle n'est pas en réalité autre chose
que la faculté droite de choisir le vrai et d'éviter le faux. Or
15 c'est là ce que les gens bien doués sont capables de faire : car,
par une attirance ou une répugnance heureuse pour ce qui leur
est proposé, ils savent fort bien juger ce qui est le meilleur.

Pour les problèmes qui se présentent le plus fréquemment
dans les discussions, il est bon de connaître à fond les
arguments à employer, surtout quand il s'agit de propositions premières[3] : car, en les discutant, ceux qui répondent

---

1. Première utilité de pouvoir disputer *in utramque partem* : c'est de
pouvoir réfuter l'adversaire et le contraindre à nous donner (*extorquere*, traduit
Waitz, II, 526) ce qu'on veut.

2. Seconde utilité. Aristote passe du domaine de l'opinion et de la
dialectique au domaine de la vérité et de la science (*cf.* Alexandre, 584, 5 : ἡ τοῦ
ἀληθοῦς ἐπιστημονικὴ γνῶσις. – Voir aussi *supra*, I, 2) : pour trouver la
vérité en elle-même, il n'y a plus qu'à choisir entre les deux propositions
inconciliables dont on connaît déjà les conséquences.

3. C'est-à-dire des principes (Alexandre, 585, 3), en ayant soin d'entendre
non pas les principes *natura*, mais *ordine disputationis* (Pacius, I, 782).

éprouvent souvent du dégoût[1]. En outre, il faut faire provision **20**
de définitions, et avoir sous la main celles qui sont probables
et aussi celles qui sont premières, car c'est par elles que les
raisonnements s'effectuent. Il faut essayer aussi de bien posséder les lieux communs sous lesquels retombent le plus souvent
les arguments[2] : car, de même qu'en Géométrie il est utile
d'être versé dans la connaissance des éléments, et, en Arithmétique, de savoir sur le bout du doigt la multiplication des dix
premiers nombres[3] (ce qui, en effet, a une grande importance **25**
pour la connaissance des multiples des autres nombres aussi)[4],
de même aussi, dans les arguments, c'est un grand avantage
de tenir bien en main les principes et de connaître par cœur
les prémisses. De même, en effet, que les lieux confiés à la
mémoire suffisent à nous rappeler immédiatement le souvenir des choses elles-mêmes, ainsi les dispositions dont nous **30**
parlons[5] rendront plus capable de raisonner, du fait qu'on a
devant les yeux des propositions définies en nombre[6]. Il est,
du reste, préférable de confier à la mémoire une prémisse

---

1. Apparemment, parce que ces propositions sont acceptées par tous et leur
paraissent trop évidentes.

2. *Cf.* Alexandre, 585, 24.

3. La table de Pythagore. – L. 25, à l'exemple de Waitz, nous mettons une
virgule après ἔχειν.

4. Si on sait que 2 x 2 = 4, on sait aisément que 2 X 20 = 40, ou
20 X 20 = 400.

5. L. 30, ταῦτα = τὸ πρόχειρον εἶναι καὶ ἐξεπίστασθαι, l. 27
(*cf.* Waitz, II, 527).

6. *Certas propositiones et argumenta definita et numerata ante oculos
habeamus quae nobis indicent quo quidque referamus et quo intuentes ab eo
quod nobis propositum sit minus aberremus* (Waitz, II, 527).

commune [1] qu'un argument, car il n'y a pas grande difficulté à posséder en abondance principe ou hypothèse [2].

En outre, il faut s'accoutumer à tourner un seul argument en plusieurs, en dissimulant l'opération le plus complètement 35 possible. Un pareil résultat sera atteint en se tenant le plus loin possible des lieux voisins du sujet de l'argument; ce sont les arguments les plus universels qui peuvent donner surtout ce résultat : par exemple, la proposition qu'il ne peut pas y 164 a avoir une seule science de plus d'une chose, car c'est ce qui se passe à la fois pour les relatifs, les contraires et les termes coordonnés [3].

On doit aussi rapporter les discussions antérieures dans une forme universelle, même si l'argumentation de l'adversaire a porté en fait sur le particulier, car, de cette façon, d'un 5 seul argument on pourra faire plusieurs. La même règle s'applique encore, en Rhétorique, pour les enthymèmes [4]. Pourtant, pour soi-même, on doit éviter le plus possible de présenter ses propres raisonnements sous une forme universelle [5]. – Et on

---

1. C'est-à-dire d'application générale.
2. Nous adoptons, pour la l. 33, l'interprétation de Pacius, I, 783 et II, 477, et rapportons en conséquence μετρίως à χαλεπόν. Nous comprenons donc : *facilius est quam memoriae mandare totam argumentationem*. La conjonction καὶ a le sens explicatif : Aristote appelle les principes des hypothèses parce qu'ils sont posés sans démonstration (Alexandre, 587, 4).
3. Termes qui sont évidemment *plusieurs*. Les propositions universelles sont celles qui admettent le plus de divisions et qui permettent ainsi de transformer un seul argument en plusieurs, pour embarrasser l'adversaire et ralentir sa marche.
4. Sur l'enthymème, cf. *Anal. prior*, II, 27, 70 *a* 10, et les notes de notre traduction, p. 323 et *sq*.
5. Ce qu'on doit faire pour l'adversaire, il faut se garder de le faire pour ses propres arguments.

doit toujours examiner si les arguments s'appuient sur des
principes communs[1] : car tous les arguments particuliers
sont aussi prouvés universellement, autrement dit, dans une
démonstration particulière se trouve toujours contenue une
démonstration universelle, parce qu'on ne peut faire aucun 10
raisonnement sans employer les universels[2].

On doit utiliser sa pratique des raisonnements inductifs
contre un débutant, et celle des raisonnements déductifs contre
un adversaire expérimenté. Il faut essayer, en outre, de faire
admettre des prémisses par ceux qui raisonnent déductive-
ment, et des comparaisons par ceux qui raisonnent inducti- 15
vement, car c'est sur ce point qu'ils se sont respectivement
exercés. En général aussi, de ses exercices dialectiques on doit
s'efforcer de tirer soit un syllogisme sur quelque sujet, soit une
réfutation, soit une proposition, soit une objection, soit enfin
un éclaircissement sur le point de savoir si la question a été
bien ou mal posée par soi-même ou par autrui, et pourquoi
elle a été bien ou mal posée[3]. En effet, c'est de ces choses-là
qu'on tire sa force, et c'est en vue d'acquérir cette force qu'on 164 b
s'exerce, particulièrement en ce qui concerne les propositions
et les objections. C'est que, pour le dire en un mot, est un
dialecticien celui qui est apte à formuler des propositions
et des objections. Or formuler une proposition, c'est faire
une seule chose de plusieurs (puisqu'on doit prendre dans un
sens général, comme une chose une, la conclusion à laquelle

1. Autrement dit, sur des principes d'application générale.
2. Cf. *Anal. prior*, I, 24, 41 *b* 6.
3. L. 19, παρὰ τί ἑκάτερον = διὰ τί συμβέβηκε τὸν ὀρθῶς ἔρεσθαι
τὸν δὲ μὴ ὀρθῶς (Waitz, II, 528).

5 l'argument conduit)[1], tandis que formuler une objection[2] c'est
d'une seule chose en faire plusieurs, puisqu'alors on divise ou
on détruit, en concédant telle partie et en refusant telle autre
partie des propositions avancées.

Il ne faut pas discuter avec tout le monde, ni pratiquer la
Dialectique avec le premier venu, car, à l'égard de certaines
10 gens, les raisonnements s'enveniment toujours. Contre un
adversaire, en effet, qui essaye par tous les moyens de paraître
se dérober, il est légitime de tenter par tous les moyens
d'arriver à la conclusion ; mais ce procédé manque d'élégance.
Et c'est pourquoi il est préférable de ne pas se commettre à
la légère avec les premiers venus, car alors, inéluctablement,
une discussion malheureuse en découle. Et, en effet, ceux qui
s'exercent ainsi sont incapables de s'empêcher de discuter
15 sans en arriver à une altercation.

Il faut enfin tenir des arguments tout prêts pour ces sortes
de problèmes où, avec de modiques ressources, nous pourrons
nous en servir dans le plus grand nombre de cas possible : tels
sont les arguments qui sont universels et qu'il est plus difficile
de se procurer à l'aide de l'expérience courante[3].

1. *Ad concludendum debet assumi aliquid universale, in quod plura
particularia coalescant* (Sylvius Maurus, I, 604).

2. Une objection portant sur un exemple particulier, qui détruit partiellement la proposition universelle.

3. L. 18, nous lisons, avec Bekker et Waitz, καὶ πρὸς οὓς πορίζεσθαι (*et
argumentationes quas assumere*, traduit Pacius, I, 784). Ces arguments, en
raison de leur petit nombre, sont difficiles à se procurer dans l'expérience
journalière, et doivent être pris *ex rebus obscuris et occultis*.

TABLE DES MATIÈRES

ACHEVÉ D'IMPRIMER
EN AVRIL 2012
PAR L'IMPRIMERIE
DE LA MANUTENTION
À MAYENNE
FRANCE
N° 880559S

Dépôt légal : 2ᵉ trimestre 2012